ウィリアム・メレル・ヴォーリズの建築

ミッション建築の精華

山形政昭 著

創元社

ウィリアム・メレル・ヴォーリズ
（William Merrell Vories 1880–1964）

一柳記念館（ヴォーリズ記念館）

アンドリュース記念館（旧八幡YMCA会館）内部

ヴォーリズ記念病院希望館（旧五葉館）

旧佐藤邸居間のステンド・グラス

吉田邸玄関

ダブルハウス北道路側

ダブルハウス庭側

関西学院時計台(旧図書館)と中央芝生

関西学院時計台正面上部

神戸女学院理学館

神戸女学院図書館閲覧室

神戸女学院ソール・チャペル内部

明治学院礼拝堂

西南学院ドージャー記念館（旧中学部本館）

横浜共立学園本館

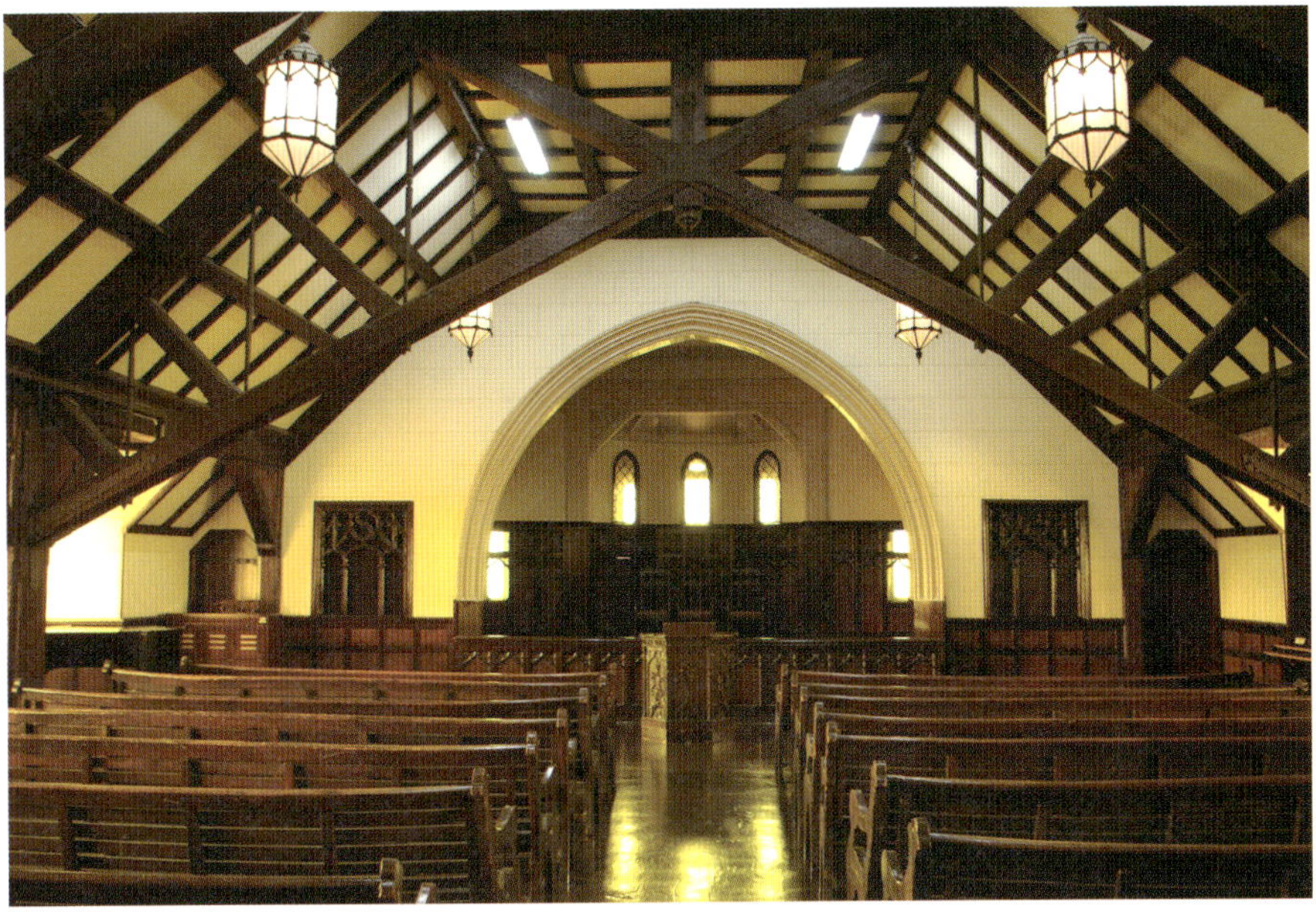

活水学院チャペル

九州学院ブラウン記念講堂

豊郷小学校旧校舎群

豊郷小学校本館の
階段飾り（ウサギと亀）

大阪女学院北校舎

久慈幼稚園

久慈幼稚園ホールと階段

ピアソン記念館

旧朝吹家別荘(睡鳩荘)

福島教会

大阪教会聖堂

大丸心斎橋店

大丸心斎橋店エレベーター

大丸心斎橋店1階天井

大丸ヴィラ（旧下村邸）

大丸ヴィラ階段ホール

山の上ホテル（旧佐藤新興生活館）

東華菜館（旧矢尾政）と玄関上部のテラコッタ装飾（下）

目次

地図 河本佳樹 装丁 上野かおる

はじめに

二〇一八年五月、三陸の港町久慈を訪ねた。久慈にはヴォーリズ建築事務所の設計で一九三九年（昭和一四）に建てた幼稚園舎があり、筆者は木造園舎の名品の一つと思っている。

実は二〇年ぶりの再訪で、二〇一一年の大震災後の復旧も気がかりであったが、幸いに広い園舎には、桜の並木とプラタナスの大樹の間に建物は美しく変わらずにあり、園児の歓声が響いていた。以前お目にかかった矢幅先生は、先年天に召されていたが、数年前に着任された田高園長に迎えていただいた。スタッフはこの数年で代替わりですとうかがったが、宣教師タマシン・アレンによる働きの賜物として、その思想とともに建築が継承されている。

久慈は、かつて陸の孤島、日本のチベットと呼ばれたという町であるが、仙台に赴任していたミス・アレンは単身でこの地を活動の場として入り、拠点とする建築の設計をウィリアム・メレル・ヴォーリズに託したのだった。「久慈社会館」と称された建物は、破格にモダンで立派な幼稚園を主とした施設だったが、その名のように、幼稚園にとどまる建物ではなく、そこからさまざまな社会活動がはじまったという。珍しい事例であるが、類例と言えるものはいくつもあるようだ。一九一四年（大正三）に北海道の北見に建ったピアソン夫妻の住宅があり、また、鹿児島には一九一七年（大正六）に建った宣教師アリス・フィンレーの住宅にまつわる伝承がある。ヴォーリズが赴任した近江八幡において、一九〇七年（明治四〇）に建てた八幡基督教青年会館にはじまる建築が目指したものも、共通する未来像があったのではないか。つまり、宣教師たちが伝道活動で各地に洋風文化を伝え、近代化に貢献した物語であるが、そこでの教会堂、学校、住宅建築において、一九一〇年（明治四三）代以降、ヴォーリズは目を見張る成果を挙げたのだった。

一九〇五年（明治三八）、キリスト教徒の魂をもって、商業学校英語教師として来日したヴォーリズは近江八幡でさまざまな活動を行う。幼年期より建築に惹かれていた氏は、アマチュアからの出発であったが、健康で豊かな生活を目指すユニークな建築設計で活躍し、やがて「ヴォーリズ建築事務所」は全国に多数の建築を残したのである。

「実際メレル・ヴォールズは、ヤンキーのヤンキーである。日本にきても少しもヤンキー味が抜けてをらない。もし日本人が米国人の米国人を見たいと思へばメレル・ヴォールズを見るが一番よい、賢くて快活で一生懸命で、発明的だ。そしてやんちゃで、苦難を平気できり抜けて行く。(中略)メレル・ヴォールズは世界の中心は近江の八幡だというてゐる。それほど諧謔の持主である。之も彼がヤンキーである証拠だ。あの男は一寸や、そっとでへこむ人間ではない。滑稽家であったアブラハム・リンコルンが奴隷解放をした如く、この中背のヤンキーは泣くべき所でも笑ひ乍ら仕事をする。私はメレルの中に善きものを発見するのは此処である」(賀川豊彦が吉田悦蔵著『近江の兄弟』一九二三年に寄せた跋文より)

この一節は、来日から十数年が過ぎ、近江八幡を第二の故郷として意識しつつあった頃のヴォーリズの人となりを、キリスト者の賀川が共感と親愛のまなざしでつづったものである。自分の信ずるところに身を挺して邁進する情熱と、ウィットに富んで人好きのする人柄が活写されている。

実際、二四歳で一人して異郷の地を訪れ、頼るべきものといえば、あまり頑健とは言えない身一つ。そこからはじめたユニークなキリスト教事業が、近江ミッションという形で姿を現し、また自ら熱心なクリスチャンで、また天性に恵まれて、建築家としての技量を発揮したヴォーリズの強靱な使命感と行動力には驚かされるのだが、そういう日々の中で音楽を楽しみ、詩を詠む心を失わない。その心性が人をとらえて離さないのである。

筆者はわが国近代建築の研究の一つとして、ヴォーリズ建築に関心をもち、一九七四年(昭和四九)以来、近江兄弟社の方々にはおりおりに協力をいただいて成果を上げることができた。そして一九八九年に拙書『ヴォーリズの建築　ミッション・ユートピアと都市の華』を上梓することができた。その後、二〇〇八年にはヴォーリズの建築活動一〇〇年を機に滋賀県立近代美術館で「ウィリアム・メレル・ヴォーリズ展」が開かれ、展覧会は東京、軽井沢、大阪などを巡回し、ミッション建築家ヴォーリズが広く知られることとなった。

ところで、わが国の近代建築には、国家・公的な建築、業務ビル、宗教建築、住宅などさまざまあり、各地の歴史、文化を伝える近代の文化遺産として注目され、近年は保存活用の事例も多い。そこで、キリスト教会建築や近代住宅などヴォーリズ建築が再発見されることも多く、話題が話題を呼んでいるらしい。そうしたことで出版社よりおすすめをいただき、本書は先の拙書を大幅に増補のうえ改稿、加筆し、代表的な住宅建築を合わせた総論的なヴォーリズ建築書を目指したものである。とはいえ、おおむね先書をもととしているが、近年の情報を補うように努めた。

一九〇七年（明治四〇）の八幡基督教青年会館（以降八幡YMCA会館と記す。現・アンドリュース記念館）を嚆矢《こうし》として、およそ半世紀にわたるヴォーリズの建築作品は一千数百件を数える膨大な量にのぼっている。一五〇棟余りの教会建築、三〇〇棟余りの学校建築、三〇棟余りの病院建築、四〇〇棟余りの住宅建築、そして七〇棟余りの商業建築が主なものであり、内容の明らかなもの六〇〇余件を、本書の巻末にヴォーリズ建築リストとして挙げた。数のうえからは住宅建築が最も多く、北米の住宅スタイルをルーツとした一連の住宅作品に、米国人建築家ヴォーリズの個性がよく示されている。そのことに着目して、早くにまとめたのが『ヴォーリズの住宅』（一九八八年）と、『ヴォーリズの西洋館』（二〇〇二年）の二つの小著である。

それに続く本書では、ミッショナリー・アーキテクトと呼ばれるにふさわしい実績を残したミッション・スクール、キリスト教会などのキリスト教系の建築作品群と、多彩な特色をもつ住宅建築、そしてアメリカン・アーキテクトの力量が発揮されたであろう商業建築、オフィスビルの類を扱うことで、ヴォーリズ建築の全体を視野におさめたいと思った。それに加えて、冒頭に近江ミッション（後の近江兄弟社）にまつわる建築を取り上げている。その建築を通して、ヴォーリズを中心とした近江ミッションのコミュニティが目指し、実現させてきたものに迫ろうとしたのである。

本文の構成は、ヴォーリズ建築の探訪記のスタイルをとり、全体を五つの建築種別に再編することで、それぞれの特質を探っている。建築が構想され、生まれた背景を探り、建物が語りかけてくる言葉と想いを書き連ねたものである。そのため読み通していただくには多分に冗長な内容になっているが、言葉以上に建築を物語る写真をできるだけ多く活用することで目的を果たそうとした。

ここで、ミッション建築家としてのヴォーリズの全体像を俯瞰しておきたいと考え、以下にヴォーリズの履歴とヴォーリズ建築事務所に関する概説（『ヴォーリズ建築図面集』二〇一七年における拙稿）を付すことにする。

略歴および建築活動

ウィリアム・メレル・ヴォーリズは一八八〇年一〇月二八日に米国カンザス州レブンワースに生まれた。六歳の時アリゾナ州フラッグスタッフに転居して成長し、コロラド・カレッジ哲学科に学んで一九〇四年に卒業した。在学中のYMCA活動を通してキリスト教の海外宣教活動を志していたヴォーリズは、YMCAのルートにより「青年会英語教師」として一九〇五年（明治三八）一月二九日に来日し、滋賀県立商業学校に赴任した。教員時代は二年で終わるが、その間に教え子たちに深い感化を与え、また独力で八幡YMCA会館を建てるなど、後の活動を予感させるものがあった。

ヴォーリズは失職していた一九〇八年（明治四一）、京都YMCAの支援者の紹介で京都YMCA会館の建築工事の代理監督に就き、ここで建築設計監督事務所をはじめたとされている。一九一〇年（明治四三）には支援者を求めて欧米をめぐる旅を行い、米国人建築技師チェーピンを伴い近江八幡に戻り、まもなくヴォーリズ合名会社を設立した。一方、同志によるキリスト教活動は、一九一一年（明治四四）に起こした近江ミッション（一九三四年に近江兄弟社と改称）として組織づけられ、建築設計はその産業部の一つとされていた。

つまり、近江八幡に拠点を置いて、YMCAをモデルとした伝道活動とともにはじめた建築設計、加えてメンソレータム（現・近江兄弟社メンターム）や米国製ピアノなどの販売事業を進め、やがて大阪、東京に支所を置くヴォーリズ建築事務所を開設し、近江八幡では近江サナトリアム（現・ヴォーリズ記念病院）やさまざまな教育事業など地域に根づき貢献した。

奇跡とも思える事業の広がりと、建築活動の進展には目を見張るものがあり、ヴォーリズのもつ類まれなる天性と資質に惹かれるものがある。

実際、建築活動では、北米ミッションに関わるキリスト教の関係者と広く通じて、各地のキリスト教会堂やミッション・スクール、そして宣教師住宅を建て、米国の伝統的住宅スタイルを応用した数多くの住宅設計を行い、日本住宅の洋風化に影響を与えた。また、大同生命ビル（大阪、横浜、札幌など）、百貨店の大丸心斎橋店や京都店、主婦の友社ビル（当時の社名表記は主婦之友社）、矢尾政（現・東華菜館）など著名な近代建築も残している。

ヴォーリズは少年の頃から絵画、音楽に才能を発揮し、とりわけピアノ、オルガンの演奏を自由にし、かつ詩人でもあったという。そうした優れた資質と敬愛すべき人柄は、幼少年期を過ごした敬虔なクリスチャン家庭と、アリゾナの清浄な空気と大自然の息吹によって育まれたものだった。

自然を求めたヴォーリズは、宣教師との交流を通して軽井沢を見出し、一九一二年（明治四五／大正元）よりコテージのような事務所を置いていた。実際、ヴォーリズの活動は夏の軽井沢を第二の拠点として進められ、山荘建築の設計はもとより、日本各地で活動していた宣教師との交流を深めたところでもあった。

ヴォーリズは日米開戦の迫る一九四一年（昭和一六）、満喜子夫人の生家である一柳家に入籍し、日本に帰化して一柳《ひとつやなぎ》米来留《めれる》となる。そして、夫妻は軽井沢の山荘に居を移し戦中をしのいだが、近江八幡での建築活動もやがて休止した。一柳米来留は一九四六年（昭和二一）に建築活動を再開したが、一九五七年（昭和三二）に倒れ、療養を続けて一九六四年（昭和三九）五月七日に他界した。その晩年の喜ばしいことでは、近江八幡での功績により名誉市民第一号に推挙されたこと、そして一九六一年（昭和三六）に新しい世代の建築の後継者により、大阪で一粒社ヴォーリズ建築事務所が開設されたことだったと思われる。

建築活動とその特色

ヴォーリズの建築活動は先に述べたように、教員時代の一九〇七年（明治四〇）に建てた八幡YMCA会館を処女作とし、近江ミッションという、独自のキリスト教活動とともに推進されたものであるが、組織としては一九〇八年（明治四一）の建築設計監督事務所の開設、一九一〇年（明治四三）のヴォーリズ合名会社、そして一九二〇年（大正九）のヴォーリズ建築事務所の設立へと展開した。具体的には一九二〇年（大正九）一二月にW・M・ヴォーリズ、吉田悦蔵、村田幸一郎の三名による匿名組合としてヴォーリズ建築事務所が設立され、さらに一九二五年（大正一四）に佐藤久勝、小川祐三、宮本文次郎、浪川岩次郎の四名を組合員に加えて組織が確立されている。実質的な建築部の組織は、ヴォーリズ合名会社設立の時より段階的に発展し、一九一二年（明治四五／大正元）夏にはヴォーリズ合名会社軽井沢事務所を開設し、一九一五年（大正四）東京支所を開設した頃には十数名の建築技師を擁していた。

そして組織の変化にほぼ対応して、一九一〇年代の初期と一九二〇年以降の盛期としての特色が指摘できるのである。

初期では、ヴォーリズ合名会社の創設が、米国人建築技師L・G・チェーピンの参画で実現し、続いて一九一二年（明治四五／大正元）のJ・H・ヴォーゲルの参加など、数名の米国人技師が実務を先導していたとみられている。そして建築作品には米国ミッションに関係する学校や教会堂、そして住宅、とりわけ宣教師住宅が多い。それに加えて、一九一五年（大正四）の西邑邸が際立つ作品であり、続いて廣岡家など名家の邸宅を残していた。ヴォーリズはアマチュア建築家ではないか、と指摘されるとおりの出発であったが、備わった天分と努力で練成し、またヴォーリズの教え子だった商業学校卒の佐藤久勝、瀧川健次、柿元栄蔵、隈元周輔ら、日本人中堅技術者が育ち活躍した。

ヴォーリズ建築事務所の時代に入ると、米国ミッションに関係する建築が依然として過半を占めていたものの、一九二〇年代には加島銀行、大丸百貨店など商業建築も加わる。また関東大震災を契機に鉄筋コンクリート造建築の導入にも積極的に対応していた。そうした当時における事務所とスタッフの役割について、次のような興味深い記述がある。

「ヴォーリズさんが図面殊に平面図を引かれるときは、インスピレーションに満ち構図、計画は、忽然として、出て来る天才肌の人です。この大天才を中心として、総務として村田幸一郎氏あり、美術的方面に佐藤久勝氏あり、構造方面に小川祐三氏あり、其他雑務に吉田悦蔵氏が当ることにして部員の総計は三十名で、本店を近江八幡町に、支店を、東京と大阪に置いてドシドシ仕事をして居ます」（『近江ミッション・ハンドブック草稿』一九三〇年）

最盛期とみられる一九三〇年代には所員数三〇名ほどを擁しており、ヴォーリズの目指したのは「統制のとれた団体で、必要な専門家達が、各自の専門の受持を担当し、又専門家同志の相互扶助をなしうる建築事務所」（『ヴォーリズ建築事務所作品集』序言、一九三七年）だったのである。

こうしたヴォーリズ建築事務所、すなわち近江ミッション産業部に位置づけられていた建築部について、近江ミッションの発行誌に、建築部について次のようにレポートされている。

「建築部門は、伝道活動や社会奉仕活動を経済的に支える近江ミッションの一部門であるだけでなく、それ自身が地域社会に対しキリスト教教義を示す直接的な機関であり、存在そのものが独特なのです。二五人の専門職のスタッフのうち、飲酒したり、喫煙するものはだれもいません。そして全員が自分の専門の仕事と日々の生き方を通して『神の国』の理想を広めることを目指しています」（『The Omi Mustard-Seed』vol.21-3、一九二七年。訳出は『伝道と建築』一粒社ヴォーリズ建築事務所、二〇〇八年）

キリスト教団体の活動とともにあったヴォーリズ建築事務所の活動に、類例を見ない特色があるが、その建築設計業務は、ヴォーリズ合名会社の開設時に建てられていた、近江八幡の魚屋町《うわいちょう》の社屋を拠点に行われていた。そして夏期には所員の多くが軽井沢に移り、軽井沢本通りにあった合名会社軽井沢事務所で活動していたことも特色だった。また、建築工事の監理業務のため建築部は、一九一五年（大正四）に東京、一九二一年（大正一〇）より大阪に支所を設けて活動し、業務の拡大にも対応していた。

そうしたなかで事務所が設置した、特色ある関連部門が二つある。一つは建築設備部門の設置で、一九二二年（大正一一）に米国人建築設備技師F・ドルバック（Fred Dortzbac）を建築部に迎えて設けられた設備暖房部（Plumbing & Heating Department）である。記録によると、その年のうちに女子聖学院（東京）、遺愛学院（函館）、東京YWCA会館などの設備設計を担当していたという。ドルバックは一九二四年（大正一三）に事務所を去り帰国したが、近代的建築に欠かせない暖房、衛生設備に関して最新の知見をもたらしたものと思われる。

もう一つは建築金物の輸入と自社での生産があった。洋風建築において建築金物は窓や建具に欠かせないものであり、それらの確保のため、ヴォーリズ合名会社の創業時から、米国ニューヨークのサージェント（Sargent）社の建築金物を輸入品目に加えていた。それらは事務所の設計建築に常用され、ヴォーリズの建築の一種の品質基準とされていたものである。そして一九二九年（昭和四）に至り、近江セールズ株式会社の商標「OSC」による建築金物制作を国内金物会社に委託製造をはじめ、さらに一九三二年（昭和七）には近江セールズ株式会社金物工場を東京蒲田に設け、いわば自社による製造販売が行われている。近江ミッションの伝道誌『湖畔の声』（一九三二年八月）誌上では「純国産OSC建具金物」の広告掲載があり、「シリンダー錠、シリンダー・ナイトラッチ、非常口錠、掘込箱錠、ドア・クローザー、フロアーヒンジ、自由丁番、ボール・ベアリング丁番、ルーズピン丁番、建具金物一切」として製品が紹介されている。こうした建具金物、建築金物が、当時の建築に使用されていたのであり、OSC建具金物は事務所の設計作品を示す指標になるものでもあった。しかし近江セールズ株式会社における生産は一九三七年（昭和一二）に停止されることとなる。

一九三〇年代前半期は、知られるようにヴォーリズ建築事務所の最盛期をなす時代であるが、歴史が示すように社会では経済不況が広がり、やがて一九三七年（昭和一二）の盧溝橋事件を境に戦時統制下に向かう。その時代の変わり目の年に、次に記す事務所の建築作品集が刊行されている。当時において事務所の活動は、東アジアの近隣地域に広がる一方、国内においては漸次減少する。とりわけ米国ミッションに関連する建築は、まもなく停滞を強いられる。一九四一年（昭和一六）にヴォーリズは日本に帰化し一柳米来留となるも、近江八幡にとどまれず軽井沢に逗留することとなる。一九四四年（昭和一九）に至り、残された事務所所員の多くが同年に設置された滋賀県土木建築株式会社に移り、事務所活動は休止されている。

戦後、一柳米来留が近江八幡に戻り、元所員の復帰も進んだ一九四六年（昭和二一）に業務の再開が果たされた。おりしも戦後日本のキリスト教事業復興に向けて米国よりの支援がはじまり、ヴォーリズ建築事務所の活動は再び注目されることとなる。

『作品集』とステートメント

一九三七年（昭和一二）七月に『ヴォーリズ建築事務所作品集　W. M. VORIES & COMPANY ARCHITECTS』が刊行されている。わが国の著名建築家の作品集の刊行を進めていた中村勝哉の編集で城南書院より出版されたもので、事務所の業績と特色を公にしたものである。作品集では六二件の代表的建築が収録されていて見応えがあり、巻頭に記されたヴォーリズによる「序言（Introduction）」は氏の建築思想を表明するものである。収録作品には、数件のキリスト教会堂およびYMCA会館などがあるが、目につくのは一三件を数える学校建築、一四件に及ぶ商業建築、そして二三棟の住宅である。住宅は一九二〇年（大正九）の廣岡邸（神戸）にはじまるが、初期作品に多い宣教師住宅は見あたらず、中上流階層に属していた日本人の邸宅の類が並んでいる。それぞれに上質で秀でた内容を備えたもので、コロニアル・スタイル、ハーフ・ティンバーによるチューダー・スタイル、スパニ

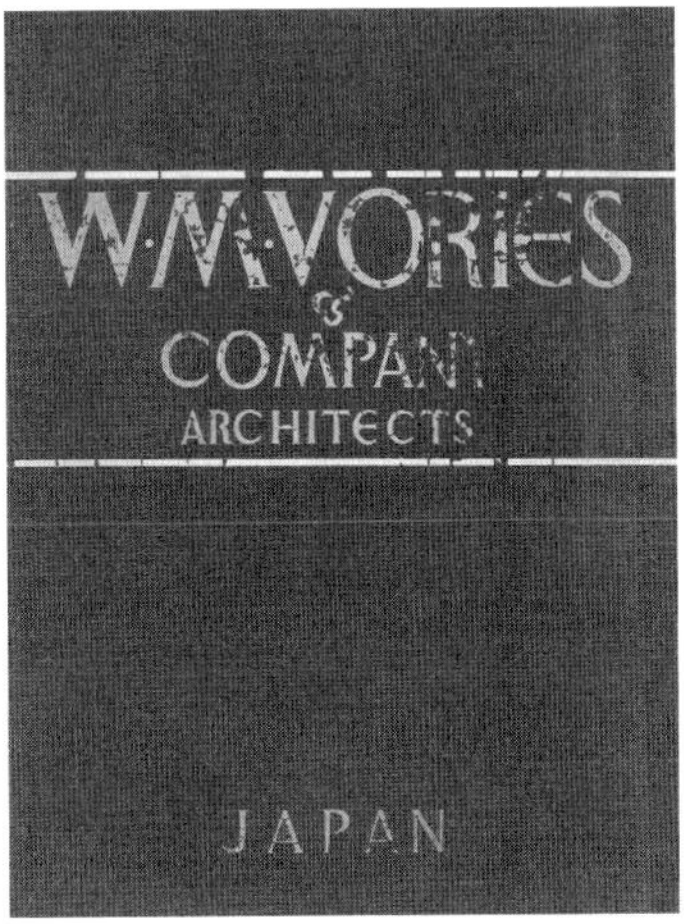

『ヴォーリズ建築事務所作品集』1937年

ッシュ・スタイルなど米国で広く用いられていたさまざまな様式が応用された住宅であり、加えて和室の配置や玄関の設備など、和風の導入と融合が工夫されていることも特色とわかる。ヴォーリズ建築事務所における住宅作品は総じて、米国の近代住宅をモデルとして近代的改善を加え、わが国の住環境に適合した住宅であり、こうした邸宅作品に数えられる一群と、快適で文化的と言われる相当数の上質の洋風中流住宅を残したのである。

実際、住宅件数は三〇〇〜四〇〇件を数えるのであり、それらの多くは町なかに見ることの多い中流住宅であった。『作品集』の序言にある次の言葉が、ヴォーリズ建築事務所の設計理念と建築観を表すステートメントであり、主要と思える三つの部分を以下に記しておきたい。

「現在焦眉の急を要する日常生活の使用に対して、住心地のよい、健康を護るによい、能率的建物を要求する熱心なる建築依頼者の需《もとめ》に応じて、吾々はその意をよく汲む奉仕者となるべきである」

「吾々の主張するところは、建築上の様式の非常に目立った進出を、試みんとするものではなくて、吾々が過去三十年間終始一貫守り来ったことは、その建築の目的が、如何なるものであろうとも、至極簡単なる普通の住宅をはじめ、条件の多い建物に至るまで、最小限度の経費を以って、最高の満足を与え得る建築物を、人々に提供せんと、一途に努力し来った」

「凡そ住宅なるものは、その元来の目的は、住居するためのものなりとの見解を持つべきである。同じ解釈により、次のことが云える。即ち、学校とは、教育的計画を収容する特別の機関であり、病院は、病人を治療するために、病人の自然的恢復力と共働せんとする機械であり、商店建築は、商業取引の能率のあがる中心的建物である」

ここに表明された事務所の設計理念は、キリスト教主義に導かれたところの奉仕の精神に基づく合理主義と、ヴォーリズの実践的なヒューマニズムに発するものと言えよう。

I

湖畔のユートピア

近江ミッションの建築

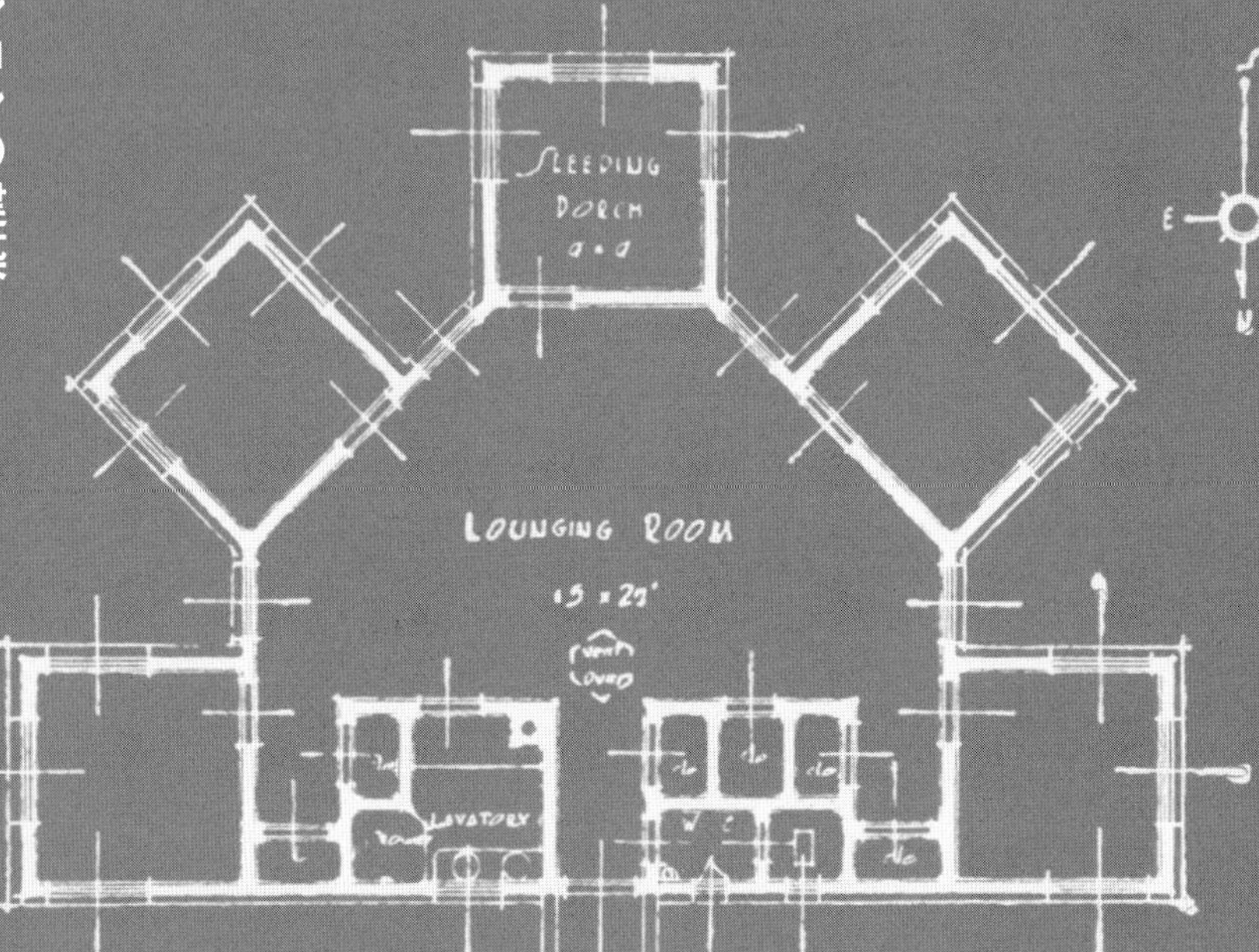

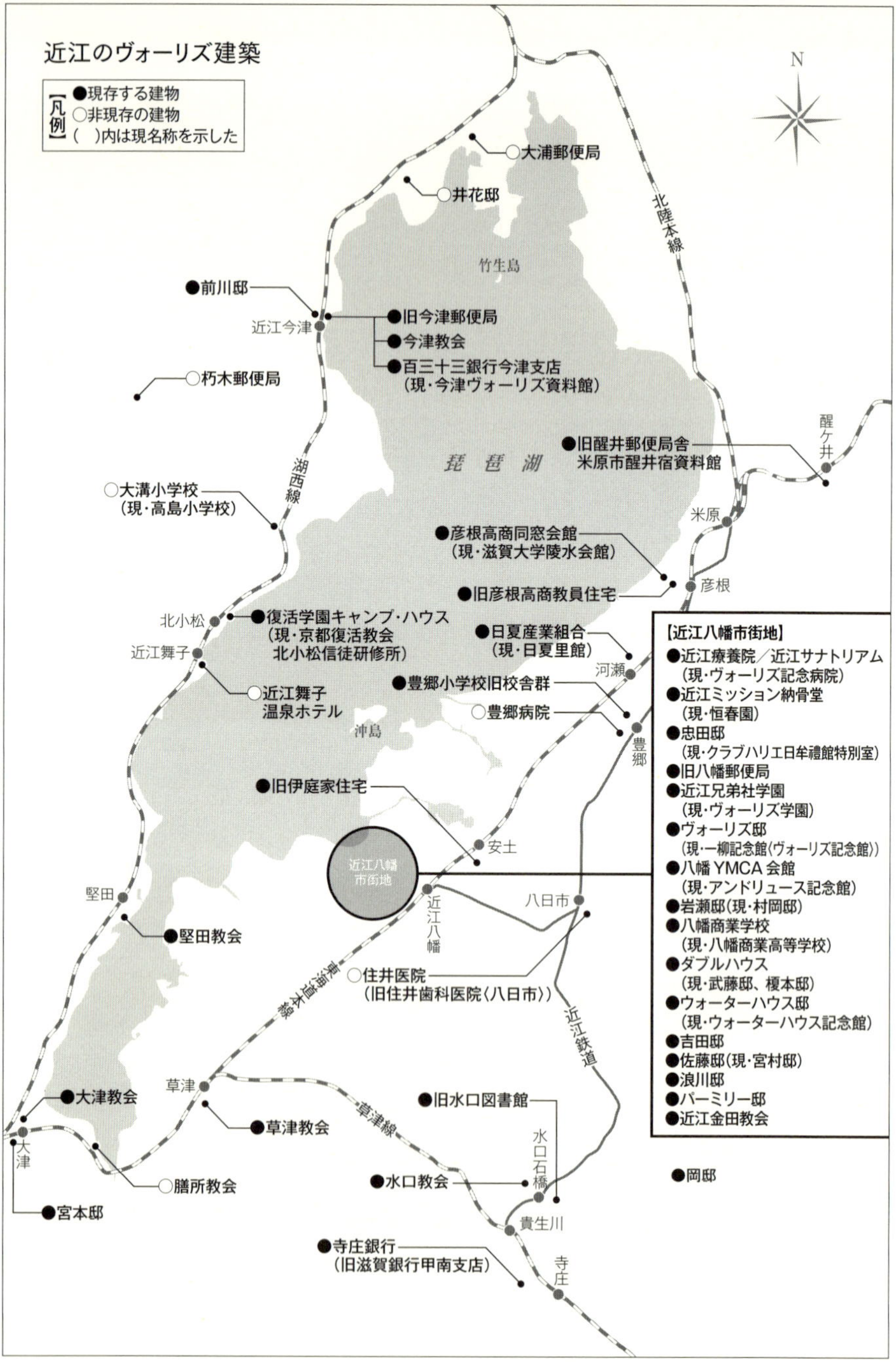
近江のヴォーリズ建築
凡例
●現存する建物
○非現存の建物
( )内は現名称を示した
N
○大浦郵便局
○井花邸
竹生島
●前川邸
近江今津
●旧今津郵便局
●今津教会
●百三十三銀行今津支店
(現・今津ヴォーリズ資料館)
○朽木郵便局
北陸本線
琵琶湖
●旧醒井郵便局舎
米原市醒井宿資料館
醒ケ井
湖西線
○大溝小学校
(現・高島小学校)
米原
●彦根高商同窓会館
(現・滋賀大学陵水会館)
彦根
●旧彦根高商教員住宅
北小松
●復活学園キャンプ・ハウス
(現・京都復活教会
北小松信徒研修所)
近江舞子
●日夏産業組合
(現・日夏里館)
河瀬
●豊郷小学校旧校舎群
○近江舞子
温泉ホテル
○豊郷病院
沖島
豊郷
●旧伊庭家住宅
安土
近江八幡
市街地
堅田
八日市
近江八幡
●堅田教会
東海道本線
○住井医院
(旧住井歯科医院〈八日市〉)
近江鉄道
【近江八幡市街地】
●近江療養院/近江サナトリアム
(現・ヴォーリズ記念病院)
●近江ミッション納骨堂
(現・恒春園)
●忠田邸
(現・クラブハリエ日牟禮館特別室)
●旧八幡郵便局
●近江兄弟社学園
(現・ヴォーリズ学園)
●ヴォーリズ邸
(現・一柳記念館〈ヴォーリズ記念館〉)
●八幡 YMCA 会館
(現・アンドリュース記念館)
●岩瀬邸(現・村岡邸)
●八幡商業学校
(現・八幡商業高等学校)
●ダブルハウス
(現・武藤邸、榎本邸)
●ウォーターハウス邸
(現・ウォーターハウス記念館)
●吉田邸
●佐藤邸(現・宮村邸)
●浪川邸
●パーミリー邸
●近江金田教会
草津
●大津教会
●草津教会
草津線
●旧水口図書館
大津
○膳所教会
水口石橋
●岡邸
●水口教会
●宮本邸
貴生川
●寺庄銀行
(旧滋賀銀行甲南支店)
寺庄

ヴォーリズ建築事務所。1927年頃

セピア色に染まった一枚の写真がある。琵琶湖畔の町、近江八幡にあったヴォーリズ建築事務所の設計室を写したもので、製図台に向かう二十数名のスタッフと、その脇に立って話をするヴォーリズの姿がある。窓から入る日差しが白い天井で反射し、和らげられて室内を照らしている。一九二七年（昭和二）頃の様子で、揃いのユニフォームを着たスタッフには、エリートの技術者集団としての誇りが満ちている。それにしても設計室のつくりは簡素なものである。このこぢんまりとした設計室から、ヴォーリズの数多い建築作品が生まれてきたのである。

実際、この時期は二年前に大同生命ビルを竣工させ、続いて大阪ＹＭＣＡ会館、京都の矢尾政（現・東華菜館）を竣工させたところだった。そしてこの年から一九二九年（昭和四）に建築された関西学院の設計に着手しようとしている時であり、ヴォーリズ事務所の一つの盛期にさしかかっていた頃だった。

ヴォーリズの建築は北海道から九州にまで広がり、一部は朝鮮半島、中国の大連から上海地域にまで及んでいる。そして、建築事務所の支所を東京、大阪に置いていたが、大半の設計作業はここ近江八幡で進められていた。そして、都市に置かれた二つの支所以上に重要な拠点としていたのが避暑地の軽井沢で、設計スタッフの大半が夏期の二か月、軽井沢事務所のほうに移動していたという。ヴォーリズは、近江八幡と軽井沢という個性ある二つの町を拠点としていたのである。

ヴォーリズの建築を見ていくのに、最初に訪れなければならないのは、ホーム・グラウンドと言える近江八幡だろう。そこでまず近江ミッションにまつわる種々の建築と、バックグラウンドと考えられる軽井沢の建築について述べておく。

近江兄弟社旧本社社屋

近江八幡駅から北に向かってほぼ二キロ、八幡山の麓を境内地にする日牟禮《ひむれ》八幡宮にほど近い魚屋町元《うわいちょうもと》に、近江兄弟社がある。今はすでに建て替えられて近代的な建物となり、往時の面影はない。しかしこの場所は、ヴォーリズが近江八幡にはじめの一歩を印した一九〇五年（明治三八）二月二日夜からの逗留地であり、一九一〇年（明治四三）にヴォーリズ合名会社を創立して以来、近江ミッション産業部の本拠地としてきたところである。

最初の社屋は一九一一年（明治四四）に建ったもので、正面三間奥行二間半、二階建て大壁造、床は洋風板張りの洋館だが、日本瓦葺き屋根と町屋風の外観構成をとる和洋折衷式の建物だった。特色は当時では珍しいモルタル壁と、正面全面に配置された欄間付きの大きなガラス窓だった。東面だから朝の光が射しこむ設計室はヴォーリズの求めたものに違いない。建築構法は町屋造であったが、軒裏につけた洋風刳形《くりかた》の垂木《たるき》と、玄関ポーチのデザインに洋風を発揮していた。この社屋は一九一八年（大正七）と一九三二年（昭和七）に増築されていき、ヴォーリズ合名会社創業期の記念的な建物として一九八七年（昭和六二）まで残されていたが、今はない。しかし、当時の間取り図から、近江ミッション産業部の活動が、視覚的なイメージを伴って読み取れるのである。一九一八年（大正七）の図によると、一階はおおむね近江セールズ株式会社の事務所に充てられ、二階の表通りに面した窓の大きな部屋が建築部の設計室で、先の写真もこの設計室の風景なのである。

一九三一年（昭和六）には敷地内に、鉄筋コンクリート四階建てのメンソレータム工場が建てられる。それまで米国から送られてくる商品の販売に限られていたものが、それ以後ここで加工、生産され、メンソレータム（現・近江兄弟社メンターム）が近江兄弟社の看板商品として知られていく。

さらに一九三四年（昭和九）には、道を隔てて東館事務所を建てて建築施設が整えられた。

近江ミッション住宅

新しい社屋が建ち、建築事務所としての設備も整った。その一九一〇年代初頭にかけて、二人の米国人建築技師がスタッフとして迎えられている。コーネル大学の建築科を卒業したL・G・チェーピン（Lester Grover Chapin）と、オハイオ州立大学を卒業していたJ・H・ヴォーゲル（Joshua H. Vogel）である。彼らの参画によって当初アマチュア・アーキテクトとして出発したヴォーリズの仕事も、本格的なものとなっていく。

そして最初の成果として現れたのが、池田町の近江ミッション住宅である。

ヴォーリズ建築の見学を目的に近江八幡を訪れる建築ファンにとって、今も期待どおりの感動をおぼえるのが、この西洋館住宅だろう。七〇〜八〇メートルも続く苔むした煉瓦塀の奥に四棟（現在は三棟）の北米スタイルの住宅が、年数を経てなお瑞々しく健在である。それらの

ヴォーリズ合名会社社屋。北の棟（右）は1911年、南の棟（左）は1927年の増築

近江兄弟社東館。1934年

近江ミッション住宅（現・近江八幡市池田町）。1914年頃

住宅がヴォーリズ建築の一つの原点であることに加えて、ここに大正初期の近江ミッションの原風景を想像させるに十分なものがあるからである。

この池田町五丁目の地所約一〇〇〇坪を入手したのは、一九一二年（明治四五／大正元）の初夏のこと、八幡小学校の北辺にあるこの空地は、子供たちの自転車遊びの広場だったという。そこにヴォーリズ邸、吉田邸、ウォーターハウス邸の三棟が建てられ、少し遅れて二家族用のダブルハウスが建てられる。広々としたフロント・ガーデンが美しく整備され、テニス・コートも一面設けられた。軒の低い和式の町屋が続く町に、ヴォーリズの故郷の風景が忽然と現れたようなもので、このエステートが八幡の町に与えた感化は予想を超えるものがあったに違いない。

これらの西洋館はそれぞれの個性を備えながら、北米建築の伝統的な様式であるコロニアル・スタイルをもとにした様式で建てられた。コロニアル・スタイルとは、米国の開拓時代に東部沿岸に渡った入植者が、英国様式のジョージアン・スタイルなどをもとにしながら、より実用的な間取りをもち、それをローカルな建築技術で建てられるよう、新天地米国の風土に合わせて工夫した建築様式である。それが簡素でありながら古典的な風格を備えていたため、開拓者のフロンティア・スピリットの投影されたもの、そしてピューリタン精神を表すものとして人気があった。やがて米国の古典的な建築様式として定着し、郊外住宅地に広がった。だから、ヴォーリズに与えられたはじめの地である近江八幡で、コロニアル・スタイルのエステートを構想したことは、氏の開拓者精神の表れだったように思われる。

ヴォーリズ邸。1914年

ヴォーリズ邸食堂

旧ヴォーリズ邸

大きなギャンブレル・ルーフ（腰折れ屋根）をかけ、二階建てながら延床面積七〇坪をもつ住宅である。しかし、一九一四年（大正三）の竣工時、ヴォーリズはまだ単身だったため、生活ゾーンを一階にまとめ、二階は近江ミッションのオフィスとゲストルームに充てていた。

建物の正面中央に玄関ポーチを構え、ホールの奥に階段を設けている。ホールを中心にして南側に居間と寝室

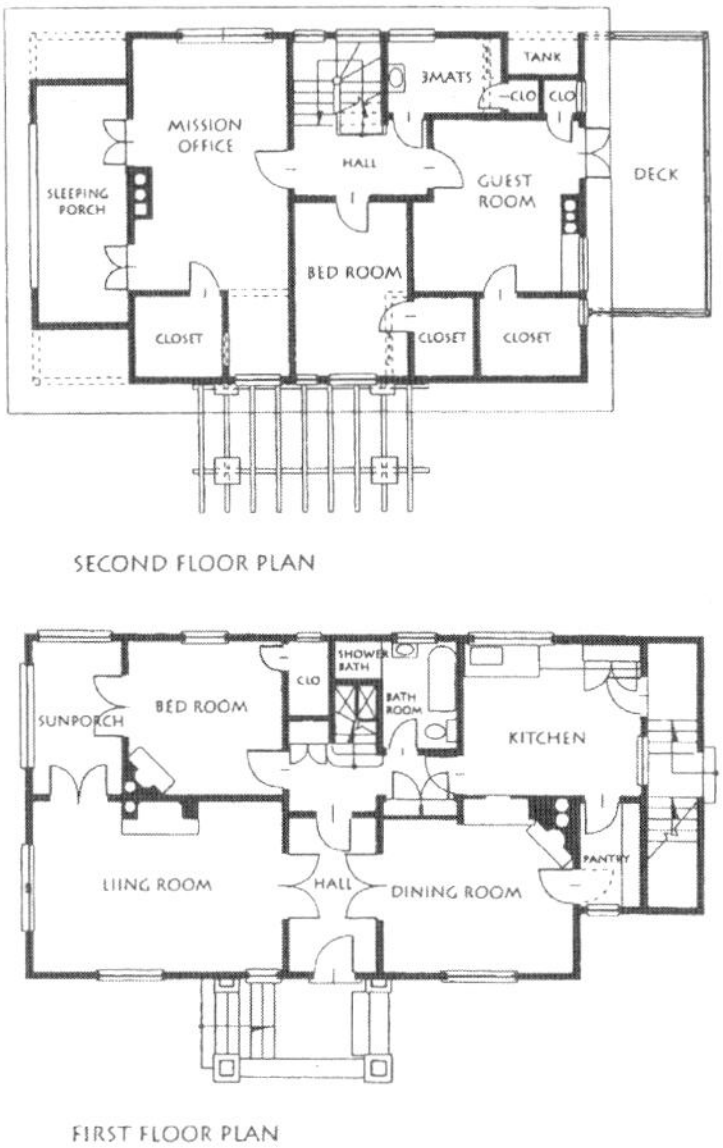

ヴォーリズ邸設計図面。1914年

を置き、北側に食堂とキッチンをほぼ対称形に配置している。あたかも日本家屋の田の字形の間取りに似て伝統的な構成で計画されている。居間の中心は中央に据えられた大きなクラシック・スタイルの暖炉である。そこに緑色のタイルが張られ、一点の彩りを添えていた。一方、食堂、キッチンには、ヴォーリズの住宅観に則して細かな実用性が配慮され、壁面にはサイドボード、小引き出し、飾り棚がつくり付けられていた。その部屋の隅に据えられた暖炉は煉瓦積みで、優しく親しみあるものだった。ヴォーリズ邸は、次の吉田邸とともにこの近江ミッション住宅の中心であったものだが、一九七六年（昭和五一）に取り壊された惜しまれる作品である。

吉田邸。1913年

吉田邸居間

吉田邸

ヴォーリズ合名会社の創設メンバーの一人、吉田悦蔵はヴォーリズが商業学校英語教師に着任時に出会った第一の教え子で、生涯ヴォーリズの協力者として、キリスト教活動におけるパートナーであった。この自邸は当地においで隣家のウォーターハウス邸とともに、いち早く一九一三年（大正二）に建てられた住宅である。当時、吉田も建築を志しており、この設計図面には吉田のサインが記されていることから、自ら建築に積極的に関わっていたこともわかる。

ギャンブレル・ルーフとクラシックな玄関ポーチを備えた邸はコロニアル式の特色を備えるもので、広いフロント・ガーデンに面する東側正面の端正な意匠は、ひときわ印象が鮮やかなものである。

一五畳の広さはあろう居間には格調高い暖炉を構え、飾り棚の上の壁面に、建築技師チェーピンが壁画を残している。ロマンティックな残照の風景だ。近江遠望か、それともチェーピンの故郷のイメージか。部屋に合わせて神戸の家具屋であつらえた大ぶりの家具調度が所を得ている。その一つ、黒光りのするハイボードに並べられた置物の一つ一つが、この邸と家人の歴史を物語っている。言うまでもなく、ヴォーリズとともに歩んだ吉田悦蔵のメモリーが刻まれた住まいである。竣工の数年後に数寄屋造の和館部が西側に移設され、また昭和初期には用途の拡大に対応して正面の東側に増築がされているが、主要部はよく維持され、当初の様子を伝えている。そして、竣工から一〇〇年余りを経た現在まで、何度か改築されながらも最初期のヴォーリズ建築をとどめ、建物の履歴を伝えている。

ウォーターハウス邸

吉田邸とともに隣地にウォーターハウス邸が建った。一九一三年（大正二）に近江ミッションに加わったポール・ウォーターハウスと夫人のベッシィの住まいである。夫妻はともにハートフォード神学校で学び、ヴォーリズの協力者として来日した宣教師で、ここで生活をはじめた夫人のベッシィは、「マナ会」と称した料理講習会を開き、さらに英語と聖書、そして賛美歌を指導する「春の会」と称した教室を開くなど活躍した。そうした目的をもって建てられたらしく、三階建て切妻造の大ぶりの住宅となった。

ウォーターハウス夫人の活動に、まもなくヴォーリズの両親、吉田悦蔵の母柳子、そして、やがて吉田の妻となる清野も加わり、ヴォーリズの一家および宣教師の指導による米国式生活がここから発信されたのである。吉田柳子は元来熱心な仏教徒であったが、当地で交流した宣教師ビンフォード夫妻の強い感化を受けてクリスチャンに転じており、物心両面で近江ミッションを支援していたのである。

ヴォーリズは来日して八年余り、いまだ独身で両親との生活であったが、ウォーターハウス夫妻の生活と活動に接し、宣教師夫妻の実践する理想的な生活を見出したことであろう。

こうした近江ミッション住宅とその生活について、ヴォーリズは次のように『湖畔の声』（一九一六年六月）誌上に記している。

『世界の中心』即ち近江国八幡町に其地方の人々から『アメリカ町』と呼ばれて居る所があります。其所には丁度米国にある住宅街に見る様に、三つの洋館が相並らんで立つて居ります。（中略）

洋館の中、二つには米国の家族が住んで居ります。そして他の一つにはかつて米国に住んだ事のある人が居ります。家具は米国式です。主に米国から輸入したのです。言葉は英語です。風俗習慣は米国流です。

家の周囲の地面は米国流です。高い壁の如きものはありませんですから家は外からよく見えます。壁の代りに、地面のぐるりに垣があります。道路側には米国に於ける様に蔭木が列をなして植えられてあります。庭には、日本の様に山や岩や、其他橋、泉水、石灯籠、或は川原等と言うものはありませんが一面に青草が廣々と生えて居ります、そして常に機械で刈りますから丁度青い段通を敷いた様です。家の周囲には米国流に花床があつて種々の植物が植えてあります。家の後方には庭球コートがあつて其周囲には高い網が張つてあつてボールを防ぐ様にしてあります。此処は外国人の非常に重んずる運動をする所です。

寝室も面白いものです。米国人は病気殊に肺結核を防ぐために夜間新鮮な空気を取る様に主張しますが、寝室を見ると此方法が解かります。此健康上有効なる方法は米国に於てのみならず、日本に於ても可能であると言ふ

ウォーターハウス邸。1913年

事を此寝室は証明して居ります。（中略）多くの窓があつて、空気及日光を多量に取る設備のしてある事は大切な事です。

近頃は多くの料理屋にありますが、洋食を好む人は、此八幡で真実に其れを味ふ事が出来るのみならず、肉叉、ナイフ及び匙等の食器の正しい使用法を習ふ事が出来ます し尚亦、食机に於ける礼儀作法の如きも習ふ事が出来、洋行でもした時に何かの役に立ち当惑を防ぐ時が出来るでせう」

ところで、ウォーターハウス夫妻の生活は、不測の事情により途絶え、一九二三年（大正一二）に惜しまれて帰国することとなり、ここでの活動は長くは続かなかった。残された住宅はその後、近江ミッションに継がれ、さまざまに供されていく。今も公益財団法人近江兄弟社が所有する歴史的住宅で、二〇〇八年に煙突などが改修され公開活用されている。

ダブルハウス

近江ミッション住宅地の北側に、米国人スタッフらの住宅として一九二〇年（大正九）秋に計画され、翌年竣工したダブルハウスがある。本邸はその名前のように二世帯住宅という珍しさのみならず、ヴォーリズの住宅建築の特色を随所に備えていた作例として注目しておきたいものである。

竣工の頃のダブルハウスは、南に広がる広い前庭に面して玄関ポーチとリビングルームの広い窓が並び、大きなスレート葺きの寄棟屋根（現在はセメント瓦葺き）の中央に三階の窓を屋根窓式に設け、中央と左右に煉瓦積みの煙突を立ち上げた、モダンで堂々たる住宅だった。図のように厚い煉瓦壁を境にして、東西に対称形のプランをもつ二戸一住宅であり、それぞれ一階二一坪、二階一九坪、三階五坪、延床面積四五坪ほどのミドルサイズの住宅である。

この住宅は、ヴォーリズにとっても会心の出来栄えだったようで、一九二三年（大正一二）に著した『吾家の設計』において、合理的な間取りと小住宅の作例として取り上げたものだった。

二軒の住宅を背中合わせにして一棟としたもので、一戸分の規模はややコンパクトであるが、巧みなプランニングで快適性と機能性を工夫している。その要点は部屋同士のフレキシビリティーにある。例えば、居間と食堂の仕切りは大きな四折戸で、それを開けるとたちまち風通しのよい広間になる。また、二階に設けた二つの寝室

ダブルハウス。1921年

の境にバスルームを配し、相互の利用に応えている。こうした間取りの巧みさやインテリアに、心地よさが備わっている。

竣工し最初に入居したのは、一九一四年（大正三）から来幡（近江八幡に来ることを地元ではこう記す。以下同様）していたヴォーリズの両親と、建築技師のハインズで、その後、米国留学から帰国して入社していた小川祐三や近江勤労女学校の教員らが相次いで住まい、昭和初期には、メンソレータムの業務で活躍していた佐藤安太郎、諸川庄三らが住まい、両家の住宅の時代が続いた。そして、ミッションの住宅（近江兄弟社住宅）から、それぞれが私邸へと変わる頃に増改築が加えられている。

まず、東の佐藤邸（現・武藤邸）では一九三〇年（昭和五）頃、居間の南面をベイ・ウィンドウ式に張り出し、そこを畳四畳を敷いた高床とし、和洋折衷の居間とした。そして一九四二年（昭和一七）頃、玄関の東に茶室の棟を加えて、洋間の書斎ならぬ、茶室をもつ洋館という折衷式の珍しい住宅となった。茶室は二畳中板の席に加えて土間縁をめぐらせた七畳座敷をもつ特色のあるものである。建築部員の佐藤正夫の設計と伝えられ、ヴォーリズ建築における個性ある上質の数寄屋建築として興味深いものとなっている。

西側の諸川邸（現・榎本邸）は一九三九年（昭和一四）に一階部分が改築されている。当初南に設けられていた玄関を北に移し、元の玄関ポーチを広げてサンルームとして屋内に取りこむなど巧みに計画されたものだった。つまり、朝食堂を玄関ホールとして開き、北から入ると南の庭とサンルームの光が目に入るというプランとなっている。加えて、美術に趣味をもつ諸川のこだわりによって、玄関や暖炉まわりには鮮やかな美術タイルが張られて彩りを添えている。

両邸ともに、こうした改築を経て、近年も新たな居住者に受け継がれ、主要部の空間、竣工時のモルタル壁の風合いなどをよくとどめ維持されている。

＊

ここにみる近江ミッションの活動は、後に述べる八幡YMCA会館と、ヴォーリズ合名会社を主なる拠点として展開されたのであるが、この近江ミッション住宅もその一翼を担うものであった。米国式を範とした環境において、米国式の住習慣に従った生活、そこにキリスト教精神に基づく健全な生活がモデルとして実現していたのであり、それがヴォーリズの実践的な住宅思想の背景であったと考えられる。

この近江ミッション住宅地とそこで展開された婦人活動を、米国式生活をモデルとした一種の生活改善運動として注目し研究した川崎衿子氏による著書『蒔かれた「西洋の種」』（二〇〇二年）では、宣教師の活動について次のように述べられている。

「キリスト教伝道はまた一方でアメリカの生活文化の伝道でもあった。これに効果的とされたのは生活の基盤である住居すなわち『環境』であった。環境が与える感化の影響力に着目した宣教師たちは洋館を建て、本国での典型的な『クリスチャンホーム』にみられるライフスタイルの維持に努めた。自分たちの住まいを教場にして衣・食・住の生活全般の実際を見せ、洋風生活への羨望と憧憬を引き出して派遣先の人びとの生活向上意欲に刺激を与えた」

ここで指摘されている「クリスチャンホーム」とは米国の宗教的伝統として保持されるピューリタニズムに導かれる理想的な家庭であり、一九世紀にキャサリン・ビーチャーらにより提唱された合理的なる家政学に基づく住宅であった。ビーチャーの提唱したホームについて奥出直人氏の『アメリカンホームの文化史』（一九八八年）では、「真のキリスト教徒のホームは効率的に家事が行われるようにつくられ、換気がよく、清潔で、暖房の設備が整っていて、収納の場所がたっぷりあり、洗濯や食事の準備が素早くでき、趣味よく室内が装飾されたものであった」と述べられている。キリスト教徒は神に祈ることと、神の求める多くの仕事に取り組むため、家事は能率的に処理し、住宅はよく整理され、身体を健康で安楽に維持して常に仕事に応じる用意をしなければならないとされた。つまり、ピューリタニズムは健康的、機能的にして健全な趣味で整えられた住宅を求めたのであり、そうした住宅はクリスチャン精神の具体化したものであった。ヴォーリズの実践したキリスト教活動は、こうした理念に基づき住環境の改善を目指したと言えよう。

ヴォーリズ記念病院

健康の維持、それは故郷を遠くしたヴォーリズにとって切実な問題だった。元来、あまり丈夫ではなかったヴォーリズは、来日から数年のうちに二度も病気療養のために帰国しなければならなかった。しかし、帰米中に予期せぬ励ましや支援を得て、近江八幡でのキリスト教事業に確信を深めていった。

来日の翌年一九〇六年（明治三九）に帰国した時、コロラド・カレッジ時代の級友で早逝したハーバート・アンドリュースの家族を見舞いに訪ねたところ、逆にヴォーリズの仕事に大きな期待をかけられ、第一作の建築となる計画を進めていた八幡YMCA会館の建築資金が贈られた。それによって、近江八幡での伝道と建築活動の第一歩が印されることになる。

続く一九一四年（大正三）、慢性盲腸炎の手術と療養のため帰国していたおりには、メンソレータム社の創業者、アルバート・アレキサンダー・ハイドよりメンソレータムの代理販売権が、キリスト教伝道事業の支えとして譲られる幸運に恵まれた。

近江療養院全景、1935年頃。西（左）より本館（ツッカー・ハウス）、新生館、看護婦寄宿舎が並ぶ

建築設計、そしてメンソレータムに続く第三の事業として、一九一六年（大正五）に近江療養院（結核療養所）の開設を計画した。それは、後の清友園幼稚園にはじまる教育事業と並ぶ、慈善事業としての医療活動の実践だった。

近江八幡の町から北へ約一キロ、八幡山の北に延びるなだらかな山麓、北之庄の地がサナトリアムの敷地と決められた。そこは一九一四年（大正三）以来、近江ミッションの農園として拓かれていたところで、南に八幡町の市街地を遠望し、背後の丘を越えていくと琵琶湖の景勝地、長命寺のある湖岸に出る好適地だった。

計画が具体化し、一九一八年（大正七）五月に近江療養院は開院した。米国の支援者メアリー・ツッカーから贈られた資金をもとに建てられた本館を中心に、希望館、新生館、更生館、チャペルなど、八棟の建物が丘陵地に点々と建てられた。

「簡素であるが奉仕の精神に満ちている。人々から寄せられた贈り物を、単なる装飾に浪費すべきでない。ここでは自然が美を与えてくれるのだ」と、ヴォーリズが語るように、自然に溶けこむ簡素な建築群によって、美しいランドスケープがデザインされた。サナトリアムの建築は、ヴォーリズが常に語る、健康な建築の原則を具体

ツッカー・ハウス。1918年

的に実現させたことで、ヴォーリズ建築の一つの特質を示したものであった。

一般に、病院施設は近代化に伴って次々と増改築されることが多く、建築の履歴をたどることも容易でない。このサナトリアムも、今は総合病院として拡充され、一九七一年（昭和四六）には「ヴォーリズ記念病院」と名を改め、近代的施設へと更新されているが、歴史的なシンボルとして当時のヴォーリズ建築もよく保持している。そうしたなかで第一に挙げられるのが旧本館のツッカー・ハウスである。

木造二階、中央部三階建てで、玄関ポーチを中央に全体を左右対称に構成し、左右の両翼部は病室の延長にある日光浴室、三階は日本間の看護婦室で、患者とともにスタッフの居住環境もよく配慮されたものだった。外観は緑に映える明るいクリーム色で、変化をつけた屋根と、暖炉の煙突が小気味よい味を添えている。

その左手奥にある希望館（一九一八年）は、楓の葉形状の間取りから五葉館とも呼ばれ、五つの独立した棟をもつ病室が中央の社交室を囲んでいる。床高は高く、床下吹き放しで自然換気に最大限留意された建物である。

本館右手に連なる明るくモダンな建物が新生館（一九三五年）で、太陽光線を最大限に取り入れる形として、南

希望館（旧五葉館）。1918年

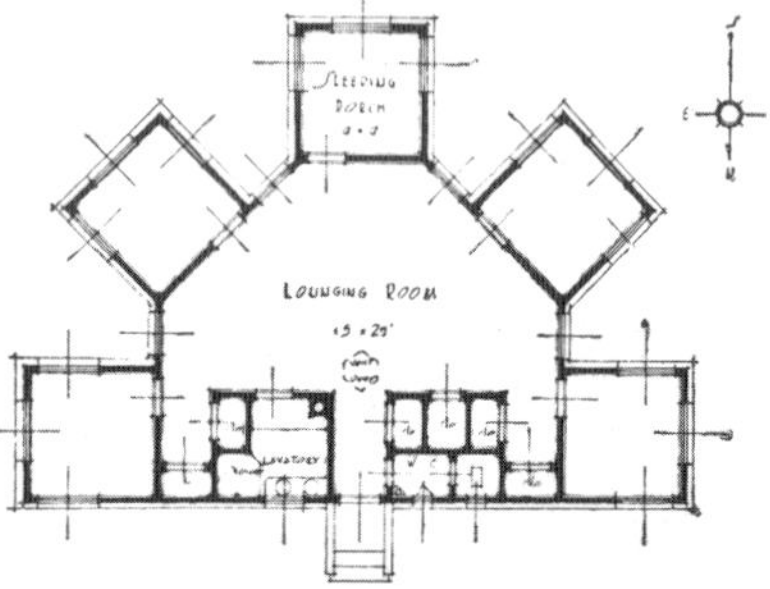

五葉館平面図

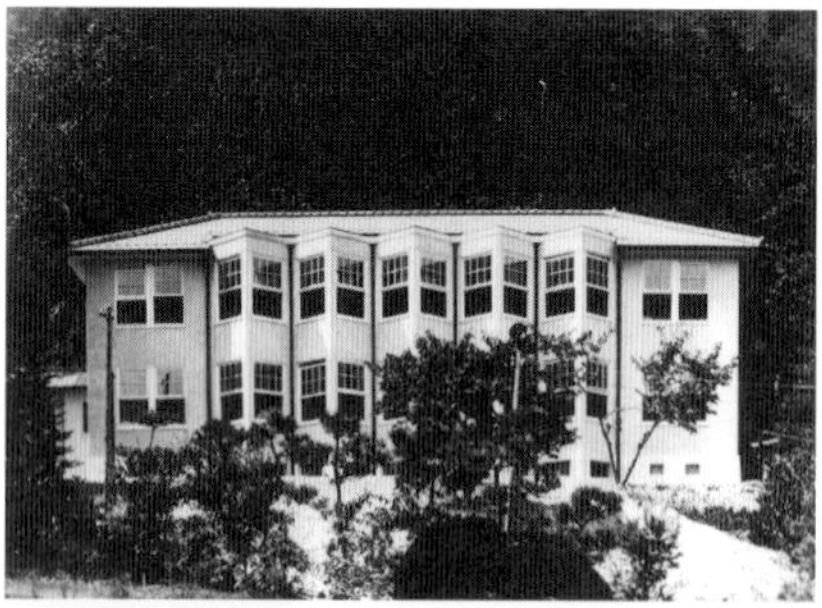
新生館。1935年

礼拝堂。1937年

面壁が屏風のようにデザインされた最初の分棟である。そして、食堂と新生館をつなぐ渡り廊下から数十段の石段を上がったところにチャペル（一九三七年）がある。

チャペルに至るゴロタ石の石段は、自然と精神的高まりをおぼえるようにデザインされ、ヴォーリズの得意としたミッション・スクールの回廊を思わせる雰囲気がある。木造トラスの架構と側壁にアーチ窓を連ねた礼拝堂は、簡素であるが良質の建築で、聖壇のつくり、長椅子などの質は高い。ここで患者とスタッフはともに礼拝に集い、ともに奉仕的医療活動における近江ミッション精神を共有したという。

なお、病院施設の拡充により、木造建築の新生館、更生館、渡り廊下などは消失しているが、礼拝堂、ツッカー・ハウス、希望館の三棟は二〇〇九年より続いて登録有形文化財となり、建築保存整備が図られている。

ヴォーリズ学園

近江ミッションの一つの事業としてはじまる教育活動は、主として婦人たちの手で実践されていく。一九一九年（大正八）六月、ヴォーリズに嫁いで近江八幡にやってきた満喜子は、キリスト教精神に基づく児童教育を自らの使命と考え、その翌年から、野外の広場や自宅内に子供たちを集め、児童会を開き「プレイグラウンド」と称した。やがて、それが清友園幼稚園へと発展し、市の北東に位置する市井町に一六〇〇坪余りの土地を得て、本格的な園舎が一九三一年（昭和六）に建てられた。そして隣接して、同年秋にヴォーリズ夫妻の住宅（現・一柳記念館〈ヴォーリズ記念館〉）が建てられたことで、ここが近江ミッションの一つの中心のような役割をもつところとなる。実際、近江八幡において近江ミッションに関係する建築は一九〇七年（明治四〇）の八幡YMCA会館など少なくないが、規模と内容において、この教育施設は最も充実した建築と言える。一方、一九三三年（昭和八）には、社内で働く婦人たちのために近江勤労女学校が吉田悦蔵によりはじめられ、また、婦人たちの文化活動と家政学教育を試みた近江家政塾が吉田悦蔵の妻、清野によって開かれている。こうしたさまざまな教育の試みが発展し、戦後に設立された近江兄弟社学園（現・ヴォーリズ学園）に統合されている。

学園は今もこの市井町にあり、鉄筋コンクリート造の校舎群がキャンパスの中心を構成しているが、南の一画にこの学園の萌芽となった幼稚園舎の木造校舎がある。この建築は、メンソレータム社の創設者アルバート・ア

ヴォーリズ学園旧清友園幼稚園（現・ハイド記念館）。1931年

ヴォーリズ学園教育会館。1931年

レキサンダー・ハイドの夫人であるアイーダ・E・ハイドより贈られた三万ドルの寄付により実現したもので、「日本国内にあって最も理想に近い幼稚園」を目標として、一九三〇年（明治三六）に計画され翌年に建った。建物は南のグラウンドに面して建築面積約一一〇坪、赤色桟瓦葺き屋根、二階建ての園舎と、その背後に教育会館と呼ばれる体育館兼講堂がL字形に配置されたものである。外観は、赤瓦とクリーム色のモルタル・スタッコ壁の調子が素朴に美しく、むしろ質素な建物だが、その特色は内部にある。

園舎には教室、遊戯室はもちろんのこと、サンポーチ（サンルーム）、食堂、寝室、衛生室などがあり、加えて教職員室、園長室、応接室、同窓会室、二つの八畳和室、台所などが設けられていた。当時、園児三五名ほどに対してこれだけの設備を備えていたのであり、まことに整った幼稚園であったはずである。そして、建築的特色と

ハイド記念館ホール

教育会館講堂・体育館

して機能的で、玄関や階段は簡素、堅実にして緩やかなつくりであり、相当規模の建築であるが住宅風の優しい表現としている。別棟の体育館棟には、地階に暖房のためのボイラーを設備し、ギャラリー、舞台を備えて七〇〇名余りが入れる講堂としても使われる設備と広さをもっていた。もちろん、体育館は講堂（オーディトリアム）として幼稚園の行事ばかりでなく、近江ミッションの活動、さらには地域活動に広く供されるよう計画されていたのであり、先の開館式の記録において、次のように記されている。

「体育館兼講堂の建築はヴォーリズ建築事務所会心の作であり、音楽的に一〇〇パーセントの構造で、もし詰めこめば一五〇〇人を入れられる様子。まったくさっぱりした講堂で、五〇〇個の椅子を広間に整頓した姿は、嬉しいほど整った景色でした。これからミッションは毎月一回くらいは映画、劇、スポーツ、音楽、クリスマス、講演、ページェントの夕べを催す計画です」。この新しい教育会館に各地から次々に見学者が訪れ、「完全で理想に近い教育施設」「どこにもない最上の教育施設」という感嘆の声を発せられたことが伝えられている。（「The Ida E. Hyde-Memorial Educational Plant」『The Omi Mustard-Seed』1931.12より。筆者訳）

ここに近江ミッション・コミュニティにおける教育事業の拠点が設けられたのであり、それが一九四三年（昭和一八）の近江兄弟社女学校に継がれていった。そして戦後、幼稚園から高等学校までを統合した学園へと発展し今日に至っている。

一柳記念館（ヴォーリズ記念館）

近江八幡市慈恩寺《じおんじ》町元《ちょうもと》に、先の学園に隣接して、公益財団法人近江兄弟社・一柳記念館の表札を掲げる洋館がある。ヴォーリズと満喜子夫妻が、先の池田町の住宅から一九三一年（昭和六）に転宅して後、半生の住みかとした家で、来日当時から愛蔵してきた書籍や記念的な遺品の数々を保存展示する記念館である。そして、今日の近江兄弟社事業を統括する財団事務所と、出版部の湖声社が置かれているところでもある。

赤煉瓦の段々を付した小さな玄関に建つと、その簡素なことに驚くとともに教育宣教師としての夫妻の精神性が伝わってくる。それはこぢんまりとした広さと、自然味のある建築材の風合いと、土間に据えられた優しい姿の腰掛けの存在によるものか、ヴォーリズ建築の一つの原点として印象づけられる場所なのである。

玄関ホールの東に続いて記念館の中心的な場である居間がある。そのスペースはかなり広く、家庭的というより二〇名ほどが集える談話室という雰囲気であり、北側壁面には、左右に書架を配した堂々たる暖炉が据えられている。それは一種の秩序を求める構成なのだが、石積みの暖炉は温かい表情を見せ、天井高は八尺七寸と洋間にしては低く、天井の太い梁も手斧《ちょうな》ハツリという柔らかい表現になっている。ここに大小の円卓と椅子、歴史のあるソファー、書斎机やピアノが配され、東面にはヴォーリズ夫妻の肖像写真が掲げられ、並んでヴォーリズが揮毫した「神の国」（国は國と旧字で記されている）の扁額が飾られており、夫妻の自邸の特色を一瞬のうちに感得させるのである。

一柳記念館（ヴォーリズ記念館）。1931年

この建築は一九三〇年（昭和五）に立案された清友園幼稚園および教育会館に続いて計画されたもので、一九三一年（昭和六）九月に学園の建築が竣工した後、晩秋の頃にこの住宅が建った。「清友園教師寄宿舎」と記された建築図面をここで見直してみると、建物は慈恩寺町の通りに西面する奥行きの深い敷地にあり、東西に細長い矩形で、南面のほぼ中央に玄関とホールを置き、西側にキッチンと食堂、階段を置き、東側は広い居間としている。二階にバスルームを付した主寝室を西側に設け、東側には三室の個室を並べている。つまり、間取りを見ると西側は住宅のようであり、東側は寄宿舎のように使えそうであり、当初より住宅と寄宿舎を併用する意図で計画されていたものかもしれない。ともかく、ヴォーリズ夫妻は生活の中心をここへ移し、夫人は清友園幼稚園の園長として運営に邁進することとなる。

この竣工直後と思しき住宅の写真があり、ベンガラ入りのオイル・ステインで塗られた板壁と白いスタッコ壁の対比を意図したデザインであること、そして東西両面に付された白いデッキと、切妻屋根のシャープな構成がこの建築の特色だった。そして広い前庭には、若木が植えられたところであろうか、玄関脇の様子を見ているヴ

旧ヴォーリズ邸。1931年竣工当時

ォーリズらしき人が見える。この前庭を東に見通すと、赤い瓦の明るい学園の建築群が目に入り、この住宅と地続きの環境であることがわかる。この竣工数年後に東に接して和室部が増築され、夫妻が炉辺でお茶を楽しむ光景や、正月の書き初めにいそしむヴォーリズのスナップ写真で知られた四畳半の茶室と、飾り棚付きの八畳座敷が加えられている。

それにしても、凛としたコロニアル・スタイルの西洋館である池田町の自邸に比べ、日本瓦屋根とステイン仕上げの質素な板壁の和洋折衷式住宅は、外見的には見どころのさして多くない洋風住宅で、数多くの名建築をつくってきた建築家の住まいとしては簡素に過ぎるものである。それにもかかわらず、近江兄弟社におけるヴォーリズ夫妻の象徴的建築であり、文化財として顕彰され、ヴォーリズ夫妻の生活をこの建築が直接に伝えるものである。さらにヴォーリズの建築思想、生活思想を理解させるものがこの建築のうちに宿っているからである。

実際、学園に近い地の利があり、いわば別宅に近い性格の住宅だったと考えられる。そして、ヴォーリズがこの住宅に移って一〇年余りの間に、一つの区切りと大きな転機を迎えることになる。

思えば一九〇七年（明治四〇）四月、たった一人、いや、

自邸における一柳一家の団らん。『毎日グラフ』1941年

商業学校時代の教え子だった吉田悦蔵と二人ではじめた伝道活動。そして一九一〇年（明治四三）には建築技師のチェーピンを加えて、同志七名で設立したヴォーリズ合名会社。それらはヴォーリズ独自のキリスト教事業として、実に奇跡的な成功を収めていくが、その仕事は、ヴォーリズのもとに集う一種の家族的な組織で運営され、その徹底した平等主義からロマンに満ちたユートピアを思わせたものだった。

それから四半世紀を経た昭和初期には、ヴォーリズの「家族」は二五〇名余りを数え、皆それぞれに湖畔の伝道、産業部の仕事、サナトリアムの運営などについていたが、一九三四年（昭和九）に組織が再編されることになる。すなわち「近江ミッション」を「近江兄弟社」と改称し、その事業部は庶務部、教務部、建築部、薬品部、雑貨部、療養院部の六部門に組織づけられた。そして一九三七年（昭和一二）には『ヴォーリズ建築事務所作品集』を刊行し、ヴォーリズ建築事務所が、わが国有数の建築事務所に成長していることを公にしたのである。一方では、その年から戦争の兆しが建築規制というかたちで現れてくる。

日米間で戦争のはじまる一九四一年（昭和一六）は、在日米国人にとっては極めて厳しい年となった。ヴォーリズは、多くの米国人の友と行動をともにして帰国するか、それとも帰化して日本にとどまるかの選択を迫られ、この切迫した状況のもとで後者の道を選んだ。一九四一年（昭和一六）一月二四日、妻満喜子の里である一柳家に入籍し、日本国籍を取得して、一柳米来留と改名した。その名に「米国人来朝し留骨す」の決意を表したと言われるように、戦時体制のもとでのキリスト教団体・近江兄弟社の多難が予想される時にあって、兄弟社の社員とともに生きる道を選択したのだった。

一九四一年の『毎日グラフ』（一九四一年三月号）に収録された貴重な写真がある（前頁）。居間の暖炉を背にヴォーリズ夫妻と御母堂のジュリア・ヴォーリズが団らんする情景である。今も記念館に伝わる肘掛椅子や円筒形のストーブなどが見られ、壁には広重の浮世絵や盆石、そして仕切りに飾り屛風を立てるなど、日本趣味への傾倒を感じさせる室内である。誌面は「日本人になった一柳米来留さん」と題され、一九四一年（昭和一六）一月二四日の帰化の状況を報じ、一柳家の様子を紹介しているもので、自邸での穏やかで充実した日常が伝えられているが、夫妻はまもなく近江八幡を離れ、軽井沢で戦中をしのぐことになる。

夫妻が再びここに落ち着くのは、一九五七年（昭和三二）、ヴォーリズが軽井沢で倒れた後、八幡に帰り療養生活に入った時なのだろうか。ヴォーリズが最晩年の数年を眠れる人として過ごした二階の寝室は、その後、記念室として整備され、近江八幡での半生の生活と業績を伝える品々を展示している。

旧八幡YMCA会館と湖畔の教会

市内のほぼ中央、為心町中《いしんちょうなか》の近江八幡教会と並んで、旧八幡YMCA会館（現・アンドリュース記念館）がある。

赤い日本瓦の入母屋屋根に洋館仕立てのクリーム色のモルタル・スタッコ壁と、もちろん内部はおおむね洋式の会館だが、二階には広い和室のあることが外からもわかる和洋折衷建築である。しかし、不思議と周囲の古い町並みに溶けこんでいる。

しばらく観察を続けていると、屋根の小さな三角破風に窓が開き、また東側の屋根に設けられた一基の屋根窓が目につく。もっとも、この建物の印象を深くしているのは、立ち上がる二本の煙突と、その間にバランスよく設けられたバルコニー、そして玄関ポーチの周辺にさりげなくデザインされたスパニッシュ・モチーフの表現であろう。それらが和のシルエットの中に一種異なる要素をのぞかせている。

今ある会館は一九三五年（昭和一〇）に建て替えられた二代目の建築だが、一九〇七年（明治四〇）二月に創建された会館のイメージを、独特の和洋折衷式の構法と、赤煉瓦の色鮮やかな暖炉を構えたメモリアル・ルームの一角に残している。

　振り返るならば、かつての八幡基督教青年会創設の萌芽は、一九〇五年（明治三八）、ヴォーリズが商業学校教師着任の一週目にしてはじめたバイブル・クラスにある。それが発展し、その年の一〇月にはわが国で最初の中等学校YMCAとして発足している。

　ヴォーリズは、教師在職の時から胸中にしていた独自のキリスト教伝道を実践していくため、近江ミッション設立の構想と、八幡YMCA会館の建築計画を立てていた。つまり近江ミッションのキリスト教事業は、YMCA活動の伸展として構想されたものだった。キリスト教団体・近江ミッションの性格については、奥村直彦氏の『ヴォーリズ評伝』（二〇〇五年）など精緻な研究のあることを記して深くは立ち入らないが、ヴォーリズの設計による最初の建築作品として、一九〇七年（明治四〇）に竣工した八幡YMCA会館を拠点として、独自のキリスト教事業がはじめられた。

　この八幡YMCAは、先の商業学校内での活動から脱皮した、一つの都市YMCAとして万国YMCA同盟に参会したもので、当時は大都市でもまだ数えるほどしか発足していなかったYMCA活動に仲間入りしたのであ

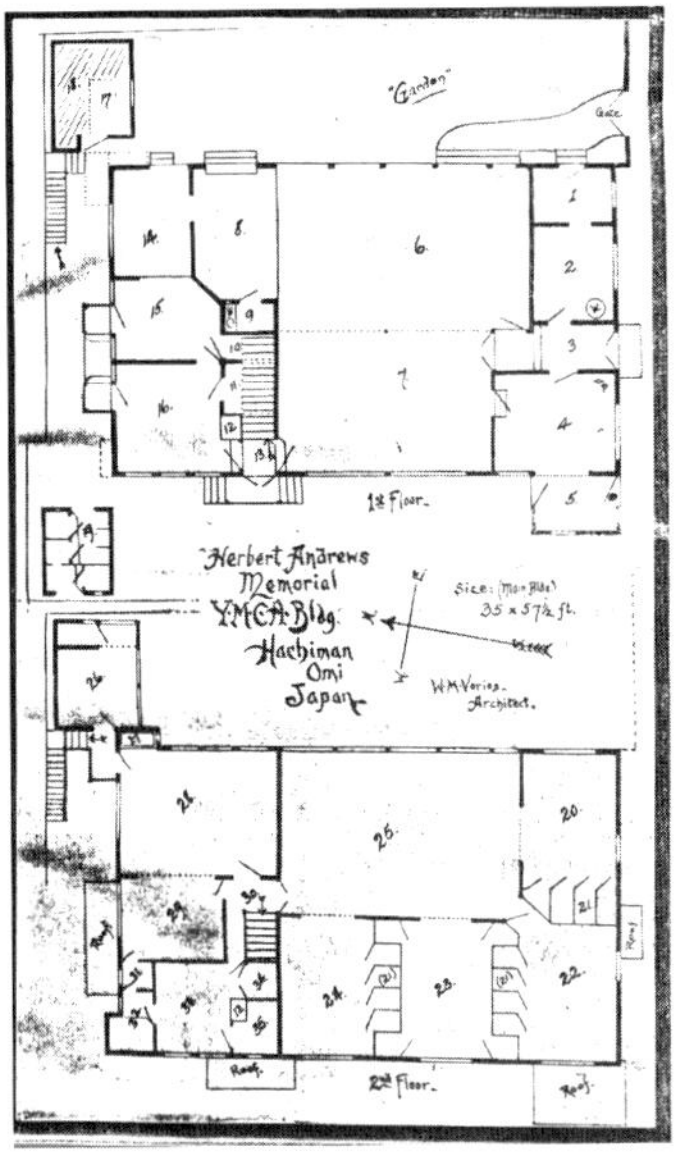

最初の建築となった八幡YMCA会館設計図面。1906年

八幡YMCA会館。1907年

八幡YMCA会館。1935年

ガリラヤ丸での伝道風景

る。

ヴォーリズの前に進むべき道が開かれたと思われたのも束の間、キリスト教の伝道活動が商業学校で問題となり、教職を解雇され、たちまちにして生活基盤を失った。しかし、ヴォーリズは八幡を去らず、商業学校での教え子で、その春卒業した吉田悦蔵とともに再出発する。八幡ＹＭＣＡ会館を本拠にして近江ミッションを設立し、米国の支援者に送る伝道誌『The Omi Mustard-Seed』を発行した。そして一九〇八年（明治四一）一二月、少しは腕におぼえのある建築設計監督業を、生活の糧としてはじめるのである。こうして八幡ＹＭＣＡ会館は、ヴォーリズのキリスト教事業と建築の出発点となった。

はじめは自転車の荷台に蓄音機を載せて、近郊の町に行き、辻説法と路上での讃美歌合唱という伝道方法をとっていた。一九一四年（大正三）に、メンソレータム社のハイド氏から小さな動力船ガリラヤ丸が贈られ、湖上を行く爽快な伝道もはじまり、近江ミッションの伝道は湖畔の町々に広がっていく。

「ポンポン、ポンポンとこころよいエンジンの響きは、教会の鐘や救世軍の太鼓の代役ともなり、それを聞いて村の人々が、いつも湖辺に集まってきた。ガリラヤ丸はすぐに湖上の名物になった。ときには寄港地で、二十人ほどの人々を乗せて、一時間ほど航行しながら、その人々に伝道することもあった。これはとくに子どもや青年に喜ばれた」（一柳米来留『失敗者の自叙伝』一九七〇年）

こうした湖畔伝道で、昭和初期の最盛期には、近江ミッションの支部がいくつもの町で活動していた。今津、堅田、愛知川、米原、水口、野田、能登川、八日市の八つの町に基督教会館を建て、それぞれにＹＭＣＡ活動、小さな教会、幼稚園を営み、なかには夜学校、図書館、柔

堅田教会聖堂

堅田教会(旧堅田基督教会館)。1930年

水口教会(旧水口基督教会館)、牧師館。1930年

今津教会(旧今津基督教会館)。1934年

道教室、農園をもっていたものもある。また、会館に準じる伝道所が木ノ本、鳥居本、深清水の村に開かれていた。

これらの中で、ヴォーリズ建築として注目しておきたい基督教会館が、堅田、今津、水口、野田にある。愛らしいハーフ・ティンバーの妻飾りと鐘塔をもつ、堅田基督教会館（一九三〇年）。スパニッシュ・ミッション様式を思わせる白い大きな妻壁を正面にして、赤煉瓦をあしらった門構えのよく似合う今津基督教会館（一九三四年）。瀟洒な洋風住宅のような水口基督教会館（一九三〇年）など、それぞれに簡素ながらスタイリッシュな風格と、親しみを誘う滋味あるもので、心に残る建築である。現在はそれぞれに日本基督教団に属する教会となり、独自の道を歩んでいるが、今に受け継がれている環境と建物を見ていると、近江ミッションの湖国伝道の息吹が蘇ってくるのである。

近江八幡を起点として広がった近江ミッションのクリスチャニズムは、琵琶湖を抱く近江の自然を背景として、互いに連なり、神の国を謳歌し生活を健やかに改めようとするものだった。そのために、教会堂の姿をとりながらも、教会活動にとどまらない活動の拠点として、これだけ多くの基督教会館を設けていったのである。そこに近江ミッションのユートピアがあった。

軽井沢事務所

ヴォーリズは、近江ミッション設立の翌年にあたる一九一二年（明治四五／大正元）、軽井沢に一棟のコテージを建てた。それに続く数年のうちに、数棟の近江ミッション・コテージが、浅間隠しと呼ばれる山あいの地に棟を並べ、近江ミッションのコミュニティが軽井沢に生まれた。

ヴォーリズが軽井沢をはじめて訪れたのは早く、来日した一九〇五年（明治三八）夏の旅行の時で、ここに数日間滞在している。その時以来、緑深い高原の自然と、避暑地の町のとりこになっていく。

元来、プロテスタントの宣教師たちが拓いた軽井沢には、日本各地で働く米国人宣教師仲間が集まってくる。ヴォーリズも、母国語で語り合える世界をこの町に見出し、生気を得たことだろう。そして高原の気候と生活は、ヴォーリズの故郷のイメージを呼び起こしたに違いない。

伝記に見るように、ヴォーリズは幼年時代には健康に恵まれなかった。六歳の時にコロラド高原の町フラッグスタッフに移り、その雄大な自然環境のもとで人並みの健康を回復し、さらに天分として秘めていた芸術的感性を伸ばした。そして、一五歳の時にはロッキー山脈の麓、標高一六〇〇メートルにある町デンバーに移り、イースト・デンバー高校からコロラド・カレッジに進学した。そこで神の声を聴く伝道者としての使命感と、音楽に示された才能、立体芸術としての建築に関心を深め、それら三つの要素が生涯を決定づけていくことになる。実際、ヴォーリズの個性と素養は、コロラド高原の自然の中で育まれたのである。

ヴォーリズ合名会社軽井沢事務所。1912年

来日により運命的に与えられた近江八幡の地では、あまりにも隔たった異国の風土に驚きながらも、温順な日本人の心を見出し、そしてよき協力者を得たことは、ヴォーリズを勇気づけたであろう。しかし、冬のみぞれ混じりの雪と、夏の厳しい暑さは、想像以上に身に堪えたに違いない。未知の町、近江八幡では、開拓者としての使命感に支えられ、言わば孤軍奮闘を続けたのに対して、軽井沢では多くのミッショナリーと、悲喜こもごもの共感を分かちあう場を見出したに違いない。

この町を仕事のうえでも第二の拠点とすべく、一九一二年（明治四五／大正元）に、ヴォーリズ合名会社の軽井沢事務所を、町の目抜き通りに建てた。愛らしく素朴な建築だが、深い軒を支える方杖《ほうづえ》や外壁に表した柱、筋交《すじかい》の意匠に特徴がある。この建物が宣伝効果を発揮したのか、ここでの建築設計の仕事も次第に増えた。そして、まもなく夏のフルシーズンにわたって、建築技師の大半がここに移動して働くようになる。

建築の仕事も能率を上げたが、それ以上に積極的に取り組んだのが、事務所の隣にあった軽井沢教会の活動である。定期的に催されていた日本全国宣教師会の仕事、そしてユニオン教会（オーディトリアム）で開かれ、避暑客の楽しみとなっていた音楽会の準備作業、地元の木工職人から頼まれた軽井沢彫りの家具のデザイン、また、町の商店から頼まれての看板書きなど、ヴォーリズは持ち前の才覚とサービス精神、それに社交性とユーモアを発揮し、ユニークな宣教師として知られていく。特に外国人宣教師の間では人気があり、信頼されていた。

　そういう背景があったからこそ、ヴォーリズはここで全国にあるミッション・スクールの建築、キリスト教会などの建築計画に関わる糸口を得て、設計作業に着手することができたのである。

　一九二七年（昭和二年）には、軽井沢の町づくりに大いに貢献した軽井沢避暑団（一九四二年に軽井沢会となる）の副会長にも推挙され、建築の設計をしたり、アドバイスを与えた建物を数多く残した。その代表的なものには、ユニオン教会（一九一八年）、診療所（一九二四年）、軽井沢会テニス・コートのクラブハウス（一九三〇年）、そ

軽井沢ユニオン教会。1918年

軽井沢ユニオン教会礼拝堂内部

軽井沢会テニス・コートのクラブハウス。1930年

して朝吹家別荘やドーミー・ハウスと呼ばれる珠玉のコテージ建築がある。

ヴォーリズにとって夏の軽井沢は、湖国八幡の風土と、そこで展開させた近江ミッションの仕事を補塡する、バックグラウンドであった。

旧ヴォーリズ山荘

一九九五年夏、青葉幼稚園の旧アームストロング山荘（現・亜武巣山荘）を訪ねたおり、近くのせせらぎの小径沿いに、かつてのヴォーリズ夫妻の山荘が健在であることを知った。その時、再発見と感じたのは、この原形をどこかで見ていたように思ったからである。それが『吾家の設計』（一九二三年）に載せられていた「最少限の住宅設計」そのものだったことがわかり、数年後の夏に再訪し、ここに住まわれて三五年余りになるという浮田和枝夫人にお話をうかがった。

「ヴォーリズさんのクシャクニケン」と説明され、それから夫人の協力を得て山荘の実測や資料探しを行ったところ、やがて二編の記録を見出した。その一つは、言い伝えどおり「文化的『九尺二間』新しく出来たヴオリスさんの別荘」（『婦人之友』一九二二年九月号）で、竣工まもない山荘の様子が取材の記者によって詳しく報じられていた。そしてもう一つは「簡単な別荘の設計と其の生活法」（『主婦之友』一九二四年八月号）で、ヴォーリズ自身がこの山荘の設計思想を平易に記しているものである。

九尺二間と称されたこの山荘は、図面のように実際にはおよそ三間四方で、約五坪ほどの広間を中心にして、その北に二段ベッドを備えた一坪大の寝室と、同じく一坪大の台所、そして西側に一坪小のバスルームとポーチを付した約一〇坪寄棟屋根の山荘であり、小山を背にした緩い斜面に建っている様子が「赤い鳥籠のよう」に見えたという小さなコテージである。その特色はコンパクトな平面プランにあるだけでなく、山荘らしいゴロタ石積みの煙突や「木材というより樹木を思わせる」荒削りの板でつくられた野趣味の深い山荘であること、そして、軽井沢での簡易な生活を目的につくられているところである。先の資料より広間に関する記述を少し長いがここに紹介しておきたい。

「正面のドアをあけると、そこはリヴィングルームです。私はすぐに、中央の卓子に、ヴォリスさん御夫婦と相対して腰かけました。

右手は簡単なカーテンをかけた広い窓です。（中略）左

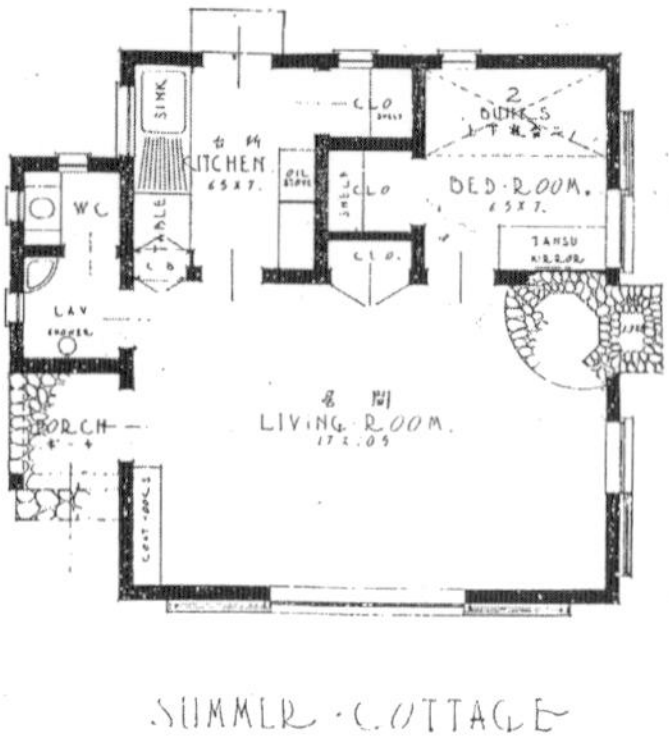

ヴォーリズ山荘図面

浮田山荘(旧ヴォーリズ山荘)。1922年

浮田山荘の居間

の隅は、自然のままの丸い石ころでたたんだ暖炉です。そしてその上は本棚になつてゐます。暖炉と向き合ひの右隅には壁に添つてやや幅広の毛布を敷いた長椅子が据えてあります。折たたみになつてゐることに気がつくと、それはアメリカの兵士の寝台だといふことでした。腰かけにもなり、昼寝場にもなるといふことでした。（中略）ベッドルームの入口に続くところは、奥行二尺位三尺幅の戸棚です。（中略）台所の入口を中にして、左右にあるのも浅い戸棚で、下の方は抽出しになってゐます。台所のテーブルの前になってゐる方の戸棚は、台所で洗ったお皿を台所の方からすぐにそこにしまはれるやうになつてゐて、下の抽出しには匙、ナイフ、フオークなどが入れてあります。九尺二間のリビングルームは、いふまでもなく食堂でも客間でもあるのです」

　この説明のとおり、壁には簡易な物入れや本棚が備えられ、そして当時からの丸いテーブルが年月を経た現在も部屋の中心に据えられている。一九二〇年（大正九）の夏といえば、ヴォーリズ夫妻の新婚二年目の年であり、二人の夏の山荘として実験的に建てられたものだったと見られる。この山荘の設計意図について、ヴォーリズは次のように記している。

「数年前から私は、軽井沢やその他の避暑地にもつと小さい家を建てたらよいといふことを、やかましくいひました。大きな家より便利な家を、見せびらかすやうな建物よりも簡素な家を、第一条件とせなければならぬと叫びました。二年前に私共夫妻は、軽井沢の近江パークに『九尺二間』といふ小さい小屋を建てまして、私の叫んでゐることを実際やってみました。（中略）生活はすべて簡単で、楽んで、時間の余裕を沢山とつて、一年中の日課や、必ずせなければならぬ圧制的な用事から自由になりたいのです」。そして別荘生活は、「日常の環境から完全に変化した生活をして、疲れた体と心（特に神経）を新鮮にし、また休息をはかるためであつて、静かに後に来る激務のためにうんと心身をよくするためです」と、その価値を読者に説いている。

　実際、こうした簡素なコテージをその頃から数多く手がけるようになるのであり、この小さな山荘が、いわゆる軽井沢での一つのモデルとなっていったように思われる。この山荘は数年後の昭和初期に、玄関ポーチの西側に広いテラスを設けた六畳の和室部が増築され、今あるように、いささか余裕のある間取りになった。やがてヴォーリズ夫妻の新しい二階建ての山荘がこの南隣に建てられ、この山荘はしばらく貸別荘となっていたらしい。その頃、近江園と称されたこの付近には近江兄弟社による山荘が一〇棟近くを数えていたのである。一九六六年（昭和四一）、この山荘を得た浮田克躬《かつみ》は、一九五〇年（昭和二五）に東京美術学校油画科を卒業し、一水会を舞台に、ほとんど風景画一筋に歩んだ画家である。晩年にはパリを中心に広くヨーロッパを旅して、自然と町の風景を描きつづけた画家だったが、氏の最も愛した別荘風景が「鳥小屋のような」この山荘であり「樹木のような」生き生きした木の空間であったという。

Ⅱ

プロテスタンティズムの花園

ミッション・スクールの建築

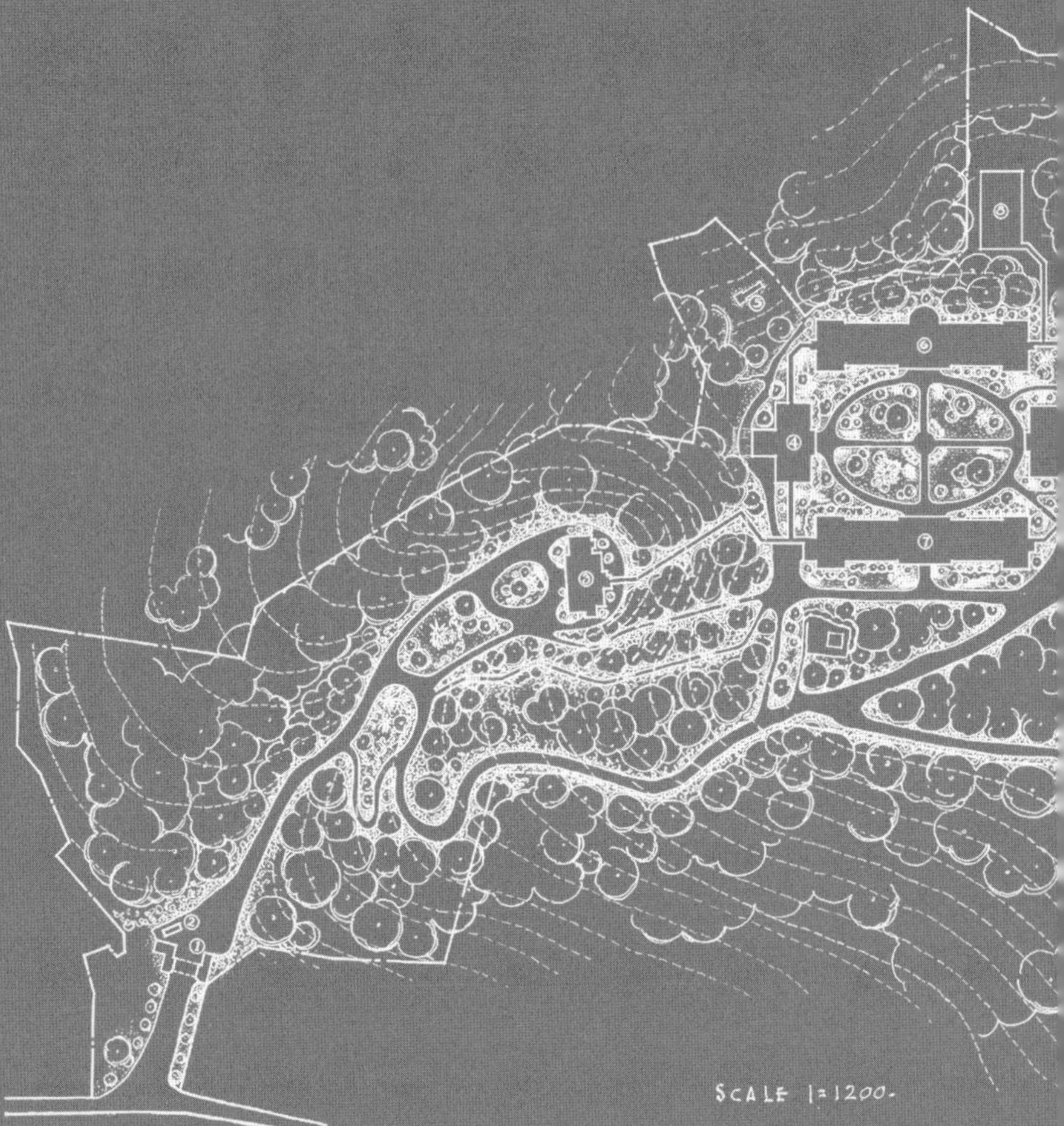

兵庫県西宮市の北郊に並ぶ関西学院と神戸女学院の建築をしてヴォーリズの代表作品とするのに異論はあるまい。昭和初期に前後してつくられたそれぞれのキャンパスには、二〇棟余りの建築が数万坪の敷地の中に展開し、まさにミッション・スクール特有の雰囲気に満ちた環境をなしている。

実際、こうした大学キャンパスを形づくるのは、校舎の建築群なのだが、それらとともに歴史を刻む大樹の森、緑の広場、それにグラウンドなどのオープンスペースが生み出す効果も少なくない。そして感動的と言えるキャンパスの環境は、単に情緒的雰囲気によるものではなく、学校の伝統と精神、それにキャンパスの機能を整然と視覚的に表現している建築群があり、そこにキャンパスのもつ独自の世界がある。

ヴォーリズ建築事務所は、大正から昭和初期にかけて、多数の学校建築をつくってきた。大半は北米プロテスタントの設立によるミッション・スクールで、その数は四三校に及んでいる。この膨大な数は、少々大げさに聞こえるかもしれないが、実際そうであり、その中の二〇校余りでは、キャンパス・プランニングを伴う校舎群の計画を行っている。これは一人の建築家の仕事量として注目に値するもので、ヴォーリズをミッショナリー・アーキテクトと性格づける理由がここにある。もちろん、後に述べる教会建築もある。しかし、一つの形式に従う教会建築では実現し得ない独自の表現とナイーブな着想が、ミッション・スクールのキャンパス・デザインに息づいている。つまりミッション・スクールの建築は、キリスト者ヴォーリズの精神と、建築家ヴォーリズの創造力があいまって開花したものなのである。

ヴォーリズの設計で建てられた建築、あるいは建築計画をもっていたミッション・スクールの主要な三六校を、設立ミッションに従って表記してみた（次頁）。作品を示す●印は竣工した建物であるが、すでに現存しないものも少なくない。〇印は建築計画を実施するため設計されたが、実際には建てられなかった設計作品で、△印は建築構想にとどまった計画案を示している。

この表から、ヴォーリズの建築活動が、日本に伝道した主要なプロテスタント・ミッションの過半に及んでいたことがわかる。特に北米プロテスタント・ミッションの主要三派と言われる日本メソヂスト教会、アメリカン・ボードの日本組合教会、日本基督教会で、今日、日本基

ヴォーリズが関わったミッション・スクール

教派			学校名	本館校舎	一般校舎	講堂・チャペル	音楽館・図書館	体育館	寄宿舎	住宅	小学部・幼稚園	キャンパス計画
日本基督教団	日本メソジスト教会	メソジスト系	遺愛学院			●						
			青山学院		○	●			●	○	○△	○
			福岡女学院	●	△			●	●	●		
			鎮西学院	●		○		○	○			○
			活水学院	●		●						
			関西学院（神戸原田）		●	●	○		●	●	●	○
			関西学院（西宮上ケ原）	●	●	●	●	●	●	●		○
			啓明学院	●		●			●	●		
			広島女学院	●	●○				●	○●	△	△
			ランバス女学院	●		●	●		●		●	
			カネディアン・アカデミィ	○△					●	●		
			東奥義塾	●								
		カナダ・メソジスト系	東洋英和女学院	●					●	●	●	
			山梨英和学院		△	●						
			静岡英和女学院	●		●		△	△	△	●	
	日本組合教会	組合教会系アメリカン・ボード	共愛学園	●							△	
			同志社		●		●		○●	○		△
			梅花学園						○	●		
			神戸女学院	●	●	●	●	●	●	●		○
			頌栄保育学院	●					●	●		
			神戸女子神学校	●		●			●	●	○	
	日本基督教会	プレスビテアン系	大阪女学院（ウヰルミナ女学校）		●	●						○
		ダッチ・リフォームド系	フェリス女学院		△			●△	●			
		合同系	明治学院		●	●				○△		
			横浜共立学園	●	●△			●		●		
		ジャーマン・リフォームド系	宮城学院	△	○●	●		△				
	デサイプル教会		聖学院	●	○	△	○	○	○			△
			女子聖学院		●		●	●	●			
			恵泉女学園		△				●			
			ヴォーリズ学園（近江兄弟社学園）	●		●				●	●	
			国際基督教大学	●		●			●	●		△
聖公会系			プール学院	●	●	●				●		
ルーテル系			九州学院		●	○●	●	△	●			△
			九州ルーテル学院（九州女学院）	●				●	●		△	
バプテスト系			日ノ本学園	●	○△	●	△		●△			
			西南学院	●	●○	●			●	●	△	
			西南女学院		●	●△		●	●	●	△	
フレンド系			普連土学園			△						

○　実施設計作品
●　竣工が確認されている作品
△　計画案

督教団として合同している教派の学校に広く関わっていたのである。

わが国でのミッション・スクール設立は、一八七〇年（明治三）のフェリス女学院を最初にして、多くの学校が一八九〇年代までに設立されている。明治期がミッション・スクールの創設時代であったのに続いて、大正から昭和初期は、その確立時代と言われている。多くの学校で校舎の増設、キャンパスの整備を図り、専門学校、高等女学校、さらに大学という高等教育機関の一翼を担うものとして発展した。ヴォーリズ建築の時代は、そういうミッション・スクールの確立時代と重なっている。

その後は、忍び寄る日米間の戦争の影が、こうしたミッション・スクールを取り巻く環境にいち早く現れ、一つの時代を閉じる。その流れは、戦後にはじまる国際基督教大学（東京・三鷹）の建築へと受け継がれていくが、建築家ヴォーリズの目覚ましい活躍は、やはり大正から昭和初期に見られるのである。

ところで、学校建築にはミッション・スクールばかりでなく、八幡小学校の講堂など公立の小中学校を滋賀県下を中心に残しており、先年の校舎建て替え問題で知られた豊郷小学校は、建築計画的にも注目すべきものであった。加えてミッションの設立によるものが多いが、近江ミッションによる清友園をはじめとして、幼稚園建築も多くあり、ここでは遠隔の地にある久慈幼稚園を取り上げている。

ここに書きとどめた二四の学校は、ヴォーリズ建築のさまざまな個性を示しながら、一面それらの学校建築が共通してもつ特質があるように思う。そのことを筆者の探訪記から汲み取っていただけるだろうか。

同志社

――伝統を継いで

同志社は、一八七四年（明治七）に米国留学から帰った新島襄により、アメリカン・ボード・ミッションの支援を受けて一八七五年（明治八）に創立された、わが国有数のミッション・スクールである。

京都のほぼ中央、京都御苑の北辺に接して設けられたキャンパスは、古都京都が受容した近代の一つの象徴であるだろう。校内には、京都市中最古の赤煉瓦建築である彰栄館（一八八四年）をはじめ、チャペル（一八八六年）、有終館（一八八七年）、ハリス理化学館（一八九〇年）、クラーク館（一八九三年）など、いずれも重要文化財に指定された明治中期の赤煉瓦建築があり、文明開化の時代から続く、栄光ある歴史を有している。

＊

ヴォーリズは近江八幡にやって来た年の三月に、京都YMCAの名誉主事で、同志社にも縁の深いフェルプス（S. Phelps）に連れられて同志社を訪れ、赤煉瓦も瑞々しいチャペルでの礼拝に臨んでいる。それを機縁として、同志社の宣教師たちとの交流も深まり、一九〇八年（明治四一）には学歌（Doshisha College Song）の作詞が依頼されるなど、建築設計案をはじめる以前から、浅からぬ縁を結んでいたようだ。

ところで社祖、新島襄の念願は、キリスト教主義大学の創設であり、そのモデルとされたのは、彼が滞米中に学んだアーモスト大学や、さらにアンドーヴァー神学校に見たピューリタニズムを根幹としたリベラル・アーツ・カレッジである。その理想に同志社を大きく進展させたのは、一九一二年（明治四五／大正元）の私立同志社大学の開設であり、一九二〇年（大正九）の大学令による同志社大学の設置である。すなわち、明治の同志社が創設期に相当するとすれば、後に続く大正時代は充実の時期と言える。

その時代の建築として、まず同志社女学校校舎の静和館（一九一二年）、ゼームズ館（一九一三年）が竣工する。ともに京都帝国大学に在職していた武田五一の設計によるものである。一方、新設された同志社大学の建築として、致遠館（一九一六年）がヴォーリズの設計で建てられた。その位置は、ゼームズ館と並ぶところにあり、連続する景観を意図してか、煉瓦造二階建てで、ゼームズ館とかなり共通したデザインが活用されている。赤煉瓦の外壁には二階窓楣《まぐさ》の線上に石のバンドがめぐり、一階窓隅の白い御影石をわずかな装飾的デザインとする、穏やかな調子の建物である。

同志社でのヴォーリズの最初の建築には、致遠館に先立つ一九一五年（大正四）に竣工した旧図書館がある。これは、その後続いて計画された本館（一九二〇年）と結ばれて、大学図書館（現・啓明館）として整備されていく。書庫の棟は煉瓦造四階建て、本館は同じく五階建ての量感あふれる建築で、二棟の大きな妻面を相国寺通りに面して並べている。従来の図書館施設には一八八七年（明治二〇）以来の書籍館（有終館）があったが、早くから蔵書があふれ、多くの図書は各館に分散していた。それを本館の完成により、図書を集中して蔵書管理し、女子部を含めた同志社図書館体制を整えたのである。このように、学内施設としては重要な役割を担ったものだが、意匠的には先の致遠館同様に地味なもので、学内の歴史的建物として話題にのぼることも少ない建築であった。というのは、同志社におけるヴォーリズ建築では、一九

致遠館。1916年

旧図書館。1915年

啓明館（旧図書館）。1920年

三二年（昭和七）に竣工したアーモスト館が出色の作品として広く知られているからである。

コロニアル・スタイルの学生寮

アーモスト館は知られるように、新島襄の母校アーモスト大学との友情のシンボルとして建てられた学生寮である。両者の交流をさかのぼってみると、一九二二年（大正一一）以来続いたアーモスト大学学生代表を、二年周期で同志社へ派遣する制度があった。その初代代表のS・B・ニコルズは大いに活躍し、アーモスト大学と同志社の第二の蜜月時代を拓く働きをしたのだが、帰国後夭逝した。彼の母は息子の遺志を継ぎ、同志社との変わらぬ親交の記念として、寄付を寄せたのである。

それを基金として計画された学生寮アーモスト館の建築は、赤煉瓦造の二階建てだが、屋根裏（アティック）が広く、実質的には三階を有する建築で、ジョージアン・コロニアル・スタイルとも、ニューイングランド・ジョージアン・スタイルとも言われる様式の建築である。赤煉瓦の壁面にバランスよく設けられたポーチや窓、コーナー・ストーンの美しい納まり、ゆったりと掛けられたスレート葺きの大きな腰折れ屋根（ギャンブレル・ルーフ）で、それに華やかさを添える屋根窓（ドーマー・ウィンドウ）、高くそびえる四本の煙突を配して、クラシカルな端正さを備える味わい深い建物である。

この建築の基本構想には、アーモスト大学の希望や、同大学出身であったカーブ神学部教授のアドバイスがあったと言われ、それに応えた設計で進められ、家具調度の多くが米国に特別注文したもので整えられた。

この恵まれた環境の学生寮は、一九三二年（昭和七）五月に完成したが、竣工式は三年後に迎える同志社創立六〇周年記念式典とあわせて挙行された。その式典で、アーモスト大学代表のプリンプトン理事長を前に、湯浅総長は「アーモスト精神、すなわち相互奉仕と善意の新しい表現たる建築」と称賛したという。

なお、アーモスト館は二〇〇九年に整備工事が行われ、主に上階は改修されている。

それに続くヴォーリズの作品に図書貴重品庫（一九四二年）がある。この建築計画が立案されたのは新島襄没後五〇周年にあたる一九四〇年（昭和一五）で、新島を偲ぶ式典、遺品展が行われた年であり、主に新島の遺品収蔵を目的としていた。その趣旨により今日では新島遺品庫と呼称され、記念的建築となっている。

ところで、アーモスト館から図書貴重品庫に至る時期に、ヴォーリズは同志社の新キャンパス計画を作成している。それは大学施設から中学部、新体育館、学生寮などを含めてキャンパス構成を再編する計画案が一九三四年（昭和九）に作成されている。スケールの大きさからして、将来の同志社のイメージを図化したものと思われるキャンパスのスケッチが、創立六〇周年記念誌として刊行された『我等ノ同志社』（一九三五年）の一ページを飾っている。

アーモスト館。1932年

談話室

関西学院

——白亜の秩序

関西学院は一九二九年（昭和四）以来、兵庫県西宮市上ケ原、阪急沿線の甲東園住宅地の高台に、およそ八万坪の広大なキャンパスを構えている。その白亜の校舎群と、そこに集う二万人近い学生たちの快活でスマートな雰囲気が、ここを阪神間で指折りの学園都市として印象づけている。スパニッシュ・ミッション・スタイルで統一されたキャンパスは、ヴォーリズの代表作品であり、昭和初期にこの近郊に数多く建てられた、スパニッシュ・スタイルをとる洋風住宅の源となったものである。

ところで、関西学院は一八八九年（明治二二）、神戸市東郊の原田村（現・灘区王子公園）に創立されて以来、西宮移転まで四〇年余りの前史がある。その原田時代の建築も、大半がヴォーリズの作品だったことは意外に知られていない。

神戸原田学舎の赤煉瓦校舎

一八九〇年（明治二三）、米国南メソジスト監督教会（Methodist Episcopal Church South）の伝道事業として、W・R・ランバスにより設立され、当初一棟の木造校舎で開校した関西学院は、その後、本館（一八九四年）、そしてブランチ・メモリアル・チャペル（一九〇四年）を建てていた。

やがて一九一〇年（明治四三）に、カナダ・メソジスト教会（Methodist Church of Canada）が学院経営に加わり、先の米国南メソジスト監督教会との合同経営時代に入る。充実した経営資金をもとに、校地の拡張とともに、ヴォーリズの手によるキャンパス整備が進められていく。

一九一二年（明治四五／大正元）四月、最初に姿を現したのが煉瓦造二階建ての神学館で、玄関上部に塔屋を立ち上げた荘重でモニュメンタルな建築であった。内部は教室、教員室のほか、チャペル、図書室を備えた独立性の高い建物になっていた。当時学院は神学部と普通学部の二学部制で、この建築は神学部の中心施設となったものであり、その後に続くヴォーリズ合名会社による建築活動の初頭を飾るものだった。

そして普通学部校舎が一九一三年（大正二）に竣工した。普通学部は一九一五年（大正四）に中学部と改称され、先に開設されていた神学部および高等学部とともに、三学部が整った。ところで、新しい中学部校舎は木造であったため新築まもない一九一六年（大正五）の火災で焼失した。その火災を契機にして耐火構造による学舎建設計画が立てられ、一九一九年（大正八）には煉瓦造の新中学部校舎が再建、さらに中央講堂（一九二二年）、文学部校舎（一九二二年）、商業学部校舎（一九二三年）が建てられた。

わが国での煉瓦造建築は一九二三年（大正一二）の関東大震災で大きな被害を受け、その反省のもとに新しく登場した鉄筋コンクリート造に道を譲っていく。一方、煉瓦建築も、大正期になると、一部に鉄筋コンクリート構造、鉄骨構造を導入して、相当レベルの耐震性を備えた高度な建築となっている。現存する煉瓦造建築はその時期のものが多い。関西学院原田学舎の煉瓦造建築は、そうした煉瓦を主体とした複合構造の進歩したもので、わが国の建築技術史上からも注目されるものと言える。

学舎には他に数棟の寄宿舎、宣教師住宅、それに日曜

神学館。1912年

関西学院原田学舎配置図面

学校施設のハミル館（一九一八年）が建てられている。これは米国南メソジスト監督教会に多大の貢献をしたハミル（H. M. Hamil）を記念したもので、学院移転の際にも上ケ原学舎へ解体移築されている。

学院は、将来の大学開設に備え、校地の拡張を図って一九二五年（大正一四）の暮れに上ケ原キャンパスへの移転を決めたが、原田時代四〇年間に築かれたキャンパスにはそうした煉瓦造校舎を中心に四五棟を数え、その大半がヴォーリズ合名会社による建築であった。

ところで、キャンパス計画と個々の学舎の設計は、建築設計の中でもスケールが大きく、複雑多岐にわたるものであり、計画的な技術力が必要であるばかりか、教育環境の理想を描く思惟的研鑽を要する、極めてグローバルなプロジェクトである。それはいかに経験豊かな建築家をもってしても一人のマンパワーでなし得るものではなく、普通は十数名のチームで行われる。つまり、確か

中学部校舎。1919年

中央講堂。1922年

商業学部校舎。1923年

ハミル館。1918年

な判断力をもったアーキテクトの存在と、設計を推進するスタッフによる設計チームが欠かせないのである。

当時における設計活動からマスター・プランナーとしてのヴォーリズと、その設計を十全に描き出す建築部スタッフの存在が示されている。建築部スタッフとして、初期にあっては米国人建築技師チェーピンの活躍が認められるが、同時に日本人技師たちの習熟がわかる。関西学院原田学舎の建築は、そうした時代を物語るものだった。

西宮上ケ原学舎

現在ある上ケ原の新キャンパス計画は一九二七年（昭和二）六月に着手され、一九二九年（昭和四）四月開校という切迫したスケジュールの中で設計が進められた。計画から一〇か月後の一九二八年（昭和三）四月に着工、翌年三月には予定の建築を竣工させた。

この新キャンパスへの移転の年、学院創立四〇周年記念式典が挙行され、神戸原田時代の歴史がここに引き継がれる。一九三二年（昭和七）には大学設立が認められ、一九三四年（昭和九）に法文学部と商経学部の二学部で大学が開設されたのである。その頃には後発で着工された大学予科学舎（現・中学部校舎）なども竣工し、二五棟余を数える種々の学舎のほか、一六棟の教員住宅を含むキャンパスの全貌が完成した。

キャンパス計画のテーマは、北西に望む甲山《かぶとやま》を背景にした基軸の中央に、中央芝生と称される周囲約三〇〇メートルの長円形の広場にあり、それをコの字形に囲んで建物を配置し、正門よりアプローチすると、緩やかな段丘状に形成された中央芝生の正面に時計台を冠した図書館（現・時計台）が仰がれる。この軸線は学院へのアプ

関西学院西宮上ケ原キャンパス

ローチとして、キャンパスの奥行きを見事に演出しているのである。さらに校他の西南寄りに計画された中学部校舎（現・高等部）と大学予科校舎（現・中学部）の間に広いグラウンドが配置され、広大なオープンスペースを確保していた。神戸の原田キャンパスに比して、校地を八倍に広げた上ケ原キャンパスの広さを最もよく示すところだろう。

関学精神を表す二つの標語がある。一つはキリスト教精神に基づく「マスタリー・フォア・サービス」で、図書館正面に掲げたタブレットに印されて緑の広場に集う若者に語りかけている。そしてもう一つは、学院全体の意気を高揚させる「ノーブル・スタボーネス」で、その碑がグラウンド北の体育館前にあり、スポーツマン精神を呼び起こしている。学院にあって二つのオープンスペースの示す意味は深い。

この上ケ原学舎の建築において用いられた建築様式をスパニッシュ・ミッション・スタイルと言う。荒い白壁に赤いスパニッシュ瓦の屋根と玄関部のデザインに特色があり、明るい陽光の下で眩しく映える建築である。

ミッション・スタイルという様式は、米国カリフォルニアの歴史と風土のもとで生まれたものである。知られるように、一九世紀半ばまでスペイン支配が続いたところで、一七六九年にフランシスコ教会から派遣されたセラ神父がサンディエゴに最切の教会を建てたことにはじまり、スパニッシュの色濃い教会建築のスタイルがカリフォルニアに根を下ろしていった。このローカルな教会堂スタイルが、二〇世紀はじめにかけて、教会堂に限らず公共建築などにおいてリバイバルし、カリフォルニア地域の伝統様式として定着していった。スパニッシュの教会建築を源としたもので、後にスパニッシュ・ミッション・スタイルと呼び慣わされている。この様式を日本に持ちこんだのがヴォーリズで、関西学院はその代表的なものとして挙げられるのである。

ところで、この地はかつて田畑であったところに造成したもので、移転当初は真新しい校舎が立ち並ぶものの、樹木らしいものは一本もなく、方々に砂地が露出する殺風景なものだった。そこに植樹を重ねて芝を育て、年々歳々キャンパスに緑の潤いを増していったのである。学院移転一〇年を経た一九三九年（昭和一四）の創立五〇周年記念式典の写真を見ると、校舎の前にはヒマラヤ杉が植えられ、苑内には棕櫚《しゅろ》も数株植えられているが、木はいまだ若い。ちなみに当時の学生数は三二〇〇名余りで、すでに移転時の二倍になっていた。その後年月を経て、大樹が木陰を落として陰影に富む風景を育ててきたのである。その間の太平洋戦争の時代には、一部の校舎が海軍施設や川西航空会社に供出されるなど荒廃した歴史もある。戦後に至り、学院は一九二八年（昭和三）に新制大学として位置づけられ、同時に高等部が開設されるなど、今日の体制が整った。その後、学生数の急増に対応して校舎の拡充が図られ、今や二万人余りの学生を擁するキャンパスとなっているが、一貫してヴォーリズのデザイン・ポリシーを引き継いで調和のとれたキャンパス整備を進めている。

中央芝生に開かれたキャンパス

この上ケ原キャンパスの今日の成熟を予測していたようなヴォーリズのマスター・プランを見直すとともに、代表的な建築に注目してみたい。

まずキャンパスのシンボルとなっている図書館は、はじめにT字形の中央部が建築された。後年両翼が増築され、戦後に至って背後に新館が取り囲むように増築されているが、大時計を備えた塔屋の象徴性は変わっていない。最頂部ランタンの小ドーム屋根には色鮮やかなモザイク・タイルが張られ、学院のシンボルである新月（クレセント）を冠したクロスが天上に捧げられて、学院の永遠性を象徴している。中央に位置づけられた図書館は開

移転当時の西宮上ケ原キャンパス

西宮上ケ原キャンパス全景

時計台（旧図書館）。1929年

文学部校舎

神学部校舎

旧中央講堂（本建築は2014年に建て替えられた）

かれた知の殿堂であり、自由で平和な印象を与えている。

館内は天井の高い二階の閲覧室が主要部を占めている。その長大なアーチ形の飾り窓が連なる壁面上部にはアラベスク模様のレリーフが刻まれ、清楚な外観を効果的に飾っている。閲覧室の伸びやかさに比べて、一階ロビーの天井は低く、ヒューマンスケールに抑えた空間は、外観の荘直さに対してむしろ親しみをおぼえる雰囲気がある。この手法はヴォーリズ建築にしばしば応用されるもので、空間のヴォリュームを控え目に扱いながら、逆に温かみのある雰囲気を感じさせている。

なお、図書館は一九九七年に新大学図書館が建築され、旧館は「時計台」と改称されている。そして、学院創立一二五周年を迎えた二〇一四年、館内に大学博物館が設けられるなど新たな活用がされている。

図書館の左右に文学部と経済学部、そして神学部と中央講堂が、広場を挟んで向き合っている。この四棟はスパニッシュ・ミッション・スタイルによる典型的な建物で、正面の玄関ポーチとその上部の破風妻壁に意匠が凝らされている。

スパニッシュ・ミッション・スタイルの要点は、中央玄関周辺の意匠の扱いと、ほぼ左右対称に構成される全体のバランスにある。左右に長く伸びる壁面は、パラペット（最上階の外壁端部）をデザインしたスパニッシュの軒瓦のほか装飾的な要素は少なく、実用的に扱われている。この二つの部分の連続感、バランスの妙が、学校建築としてのプロポーションを優れたものにしている。

中央広場の手前両脇には、宗教センターと学院本部がある。両者とも幾度か増築されているが、当初の建築は両脇に煙突（宗教センターは片方のみ）を上げたワンブロックで、住宅に近いヴォリュームの建築であるが、その質は高く、正門を入って遠景に図書館を望むところの近景として、絶妙のバランスを構成している。

ちなみに、関西学院においては、一九七〇年代以降、学生会館、関西学院会館、吉岡記念館、そして二〇一四年の中央講堂の建て替えなど、ヴォーリズ建築のデザインを継承したキャンパス整備がなされている。

昭和初期に完成したこのキャンパスは、中央広場を中心としたヤード・タイプのキャンパスとしてわが国屈指の規模と景観を誇ったものに違いない。こうしたオープンスペースを重要な要素に位置づけたキャンパスには、ヴォーリズの設計による広島女学院や西南学院、そして神戸女学院などがあるが、関西学院ほど中央広場に全キャンパスが秩序づけられた例は見あたらない。その源はミッション・スタイルという建築様式と同じく米国にある。

代表的なものを一つ挙げるとすれば、関西学院とも縁の深い南メソジスト大学（テキサス州ダラス、一九一五年）がある。ヴォーリズはミッション・スクールの計画に際して、母国の大学キャンパスのイメージを伝えたのである。

外国人住宅

キャンパスの北辺に沿って住宅区域が設けられている。竣工時の写真に示されるように、東に緩い傾斜の地形に沿って段丘状のロットが設けられ、一〇棟の外国人宣教師住宅と、六棟の日本人教員住宅が建てられていた。ミッション・スクールにおいて宣教師館をキャンパスに設ける事例はよく見られるものだが、このような規模をもって整然と計画されているのは例を見ないものであり、このキャンパスの一つの特色と言えるところである。しかしながら五棟の日本人住宅は一九九三年に取り壊されているが、宣教師住宅のほうは、今も外国人住宅として、あるいは留学生の交流施設として変わらず活用されている。

住宅ゾーンは神学部校舎の背後に広がる竹林の小径を抜けて入るとよい。キャンパスも年々新しい校舎が建てこんで過密な状態になりつつあるが、この周辺は九〇余年の時を変わらず刻んできた静けさをとどめている。開校以来、多くの宣教師が入れ替わり住み、戦後も外国人教授住宅として維持されてきたところで、今や枝を広げた老松の林、瑞々しい緑の芝庭を伴って一種理想的と思える住宅地環境をなしている。

この外国人住宅はすべて赤色桟瓦葺きの屋根、クリーム色のスタッコ壁で、随所に煙突を立ち上げたスパニッシュの外観をもち、四寝室を有する共通した基本的な間取りをとっている。しかし、よく観察すると同じデザインのものはなく、各戸に個別の意匠が用いられ、それぞれ特色のあることを発見する。つまり、階上の屋根裏部屋（アティック）の取り方により屋根に変化を与え、また玄関ポーチの構え、玄関扉の意匠、妻飾り、室内暖炉のデザインなど個々に特色を備えている。それが、道に沿う住宅の連なりの中で適度な個性を表しながら、全体としてよく調和しているのである。住宅規模は主屋六〇坪ほどに付属屋三〇坪ほどを合わせたもので小住宅の規模ではない。しかし西洋館にしてはやや低い天井（八・五尺）、窓台（二・五尺）、標準的な扉（内法七尺）が用いられており、明治大正期の西洋館に見る居丈高な感じはしない。室内の装飾、設備もシンプルにまとめられており、そうした合理性があり、心地よいくつろぎを与える住宅である。

ヴォーリズは住宅建築について『吾家の設計』（一九二

三年）、『吾家の設備』（一九二四年）の二冊の書物を著している。ともに大正一二、一三年の刊行である。その頃の日本人の住宅観では、座敷を中心とした、いまだ前近代的な住まいが一般的だった中で、居間、食堂、台所を中心とした一階と、採光、通風がよい二階に寝室、子供室を置いた近代的な住宅計画を説いたものだった。この著作に述べた住宅学を実践するものとして、米国式の多くの住宅を建てつづけたのであり、この外国人住宅もその設計思想を鮮明に表したモデル・ハウスであったように思う。

外国人住宅地

外国人住宅5号館

ところで、かつて健在であった日本人住宅の調査を行ったことがある。その時に興味深く感じたことが二つあった。まず、当時の日本人教員の一般的な居住様式を反映して、一階の居間、茶の間を畳敷きの和室とするなど、相当に和式を導入した折衷プランをヴォーリズが設計していたこと、そして和室に配置された半円形の飾り窓や広縁部を、サンルーム式に明るく整えた洋風の扱いが、和室をユニークなものとしていたことである。外国人住宅に比べていっそう簡素な住宅だったが、どこかで見おぼえのある気配があった。

神戸女学院

――アラベスクの回廊

わが国におけるミッションの教育事業は、一八七〇年（明治三）、横浜のヘボン塾でのミス・キダーの学校、すなわち横浜フェリス女学院の創立をもって嚆矢とされる。校舎、寄宿舎を建て、フェリス・セミナリーとして開校したのは一八七五年（明治八）のことだという。この年に神戸女学院の前身、神戸の女子寄宿学校、通称「神戸ホーム」が創立されている。

神戸女学院は、米国伝道会（American Board of Commissioners for Foreign Missions）が一八七三年（明治六）に派遣したタルカット（Miss Eliza Talcott）、ダッドレー（Miss Julia E. Dudley）両女史の創設による。二人は先に来日していたアメリカン・ボードの宣教師、グリーンやデイビスと連携して一八七五年（明治八）一〇月一二日の開校を目指したという。ところで、同年一一月には、ボードが強力に支援した新島により同志社が設立されている。すなわち神戸女学院と同志社は、アメリカン・ボードにより設立された最初のミッション・スクールなのである。

諏訪山を背にした、神戸市山本通四丁目の一画を校地としてはじまった女学院は、順調に発展する。創立四〇周年を迎える大正初期には、四〇〇〇坪余りの校地に煉瓦造の大講堂を中心にして、十数棟の学舎を設けていた。しかし、一九三三年（昭和八）に至り、大学開設など将来の発展を期して、現校地である西宮市岡田山に四万坪余りに及ぶ校地を得て移転する。岡田山を含む上ケ原丘陵には、女学院に先行して関西学院が一九二九年（昭和四）に、神戸女子神学校が一九三二年（昭和七）にともに神戸から移っている。それらの建築は、それぞれにヴォーリズの設計によるものであり、その最終章が神戸女学院となる。

この岡田山学舎建設について述べる前に、旧学舎、つまり諏訪山学舎の建築について概観しておきたい。ヴォーリズ自身も、かつて新校舎の構想を練るために幾度となく諏訪山学舎を訪ねたはずである。事実、いくつかの旧校舎のイメージが、岡田山の建築デザインに反映されているようだ。

諏訪山学舎

諏訪山学舎の建設は、およそ三期に分けられる。第一期には、南舎と呼ばれた第一校舎（一八七五年）、西舎（一八七八年）、中舎（一八八八年）が建てられた。それらは教室部分と寄宿舎を合わせもつ木造建築で、広いベランダを付けたコロニアル式建築で日本瓦葺き寄棟屋根という、よく見る明治初期の西洋館スタイルである。この第一期の建築は、神戸伝道区宣教師のアッキンソンの指導によるという。

諏訪山学舎、1890年末頃。右手は1974年建築の第一校舎「南舎」、中央は1894年建築の理科学館

　第二期には大規模な木造校舎である理科学館（一八九三年）、音楽館（一八九四年）ができる。この両建築は、理科教師のオールブルック女史の設計によると言われ、屋上には円塔や尖塔を上げて、特異なシルエットをキャンパスに添えたものである。

　第三期には普通科専用校舎の葆光館《ほうこう》（一九〇六年、木造三階）、そして大講堂（一九〇八年、煉瓦造三階）を建て、諏訪山学舎の主なる建設を終えている。

　その後、一九一九年（大正八）には大学部が設けられるなど学科課程が拡充されるが、諏訪山学舎には学舎増築の余地はなく、大学部の移転が計画された。それに率先して対応したのが同窓会で、一九二一年（大正一〇）には第二校地として明石大蔵谷に二万坪余りを入手し、一九一三年（大正二）にはニューヨークのH・K・マーフィ（Henry Killam Murphy）による設計案が提案されている。学院史の伝えるところによると、「建物は瀬戸内海の風光と調和すべき南欧様式をもって統一し、正門内左に講堂兼社交館、右に体育館が並び、その先に円形の花壇を前にした時計台がそびえ、その左に礼拝堂兼キリスト教女子青年会館、右には総務館兼図書館があり、時計台の背後にはまた中庭があって文科教室・理科教室各二棟が両側に向き合い、社交館のうしろには日本式庭園に面して音楽館が建ち、文科教室の裏には谷を隔てて寄宿舎が連なり、いかにもキリスト教主義女子大学にふさわしい清純にして優雅な景観を呈す」るものであった。

しかしながら、学院は同窓会の推す大蔵谷第二キャンパスの開設計画を進めることはなく、逆に阪神間への学舎移転の方針を一九二七年（昭和二）一〇月に決めている。そして岡田山校地を入手する前年の一九二九年（昭和四）四月に、新学舎の設計をヴォーリズ建築事務所とすることを決めていた。ヴォーリズを推薦したのは在米神戸女学院財団（Kobe College Corporation）だという。この財団を通じて新キャンパス建設のため七〇万ドルの寄付を寄せているから、ヴォーリズは最も強力な支持を得たと考えられる。彼にはすでに関西学院の建築をはじめとするキャリアと実績があったことは言うまでもない。そうした曲折を経てキャンパス計画はヴォーリズに一任されたのである。

岡田山キャンパスへ

キャンパス用地となる甲東村門戸字岡田山一帯は、江戸時代よりの尼崎藩の知行地であった。当時、尼崎松平、櫻井氏の別業が、丘陵頂上の平坦地、今日四棟の校舎で囲まれる中庭の位置に旧宅および和風庭園を営んでいた。その台地から南東へ下る斜面には、松とツツジが群生し、

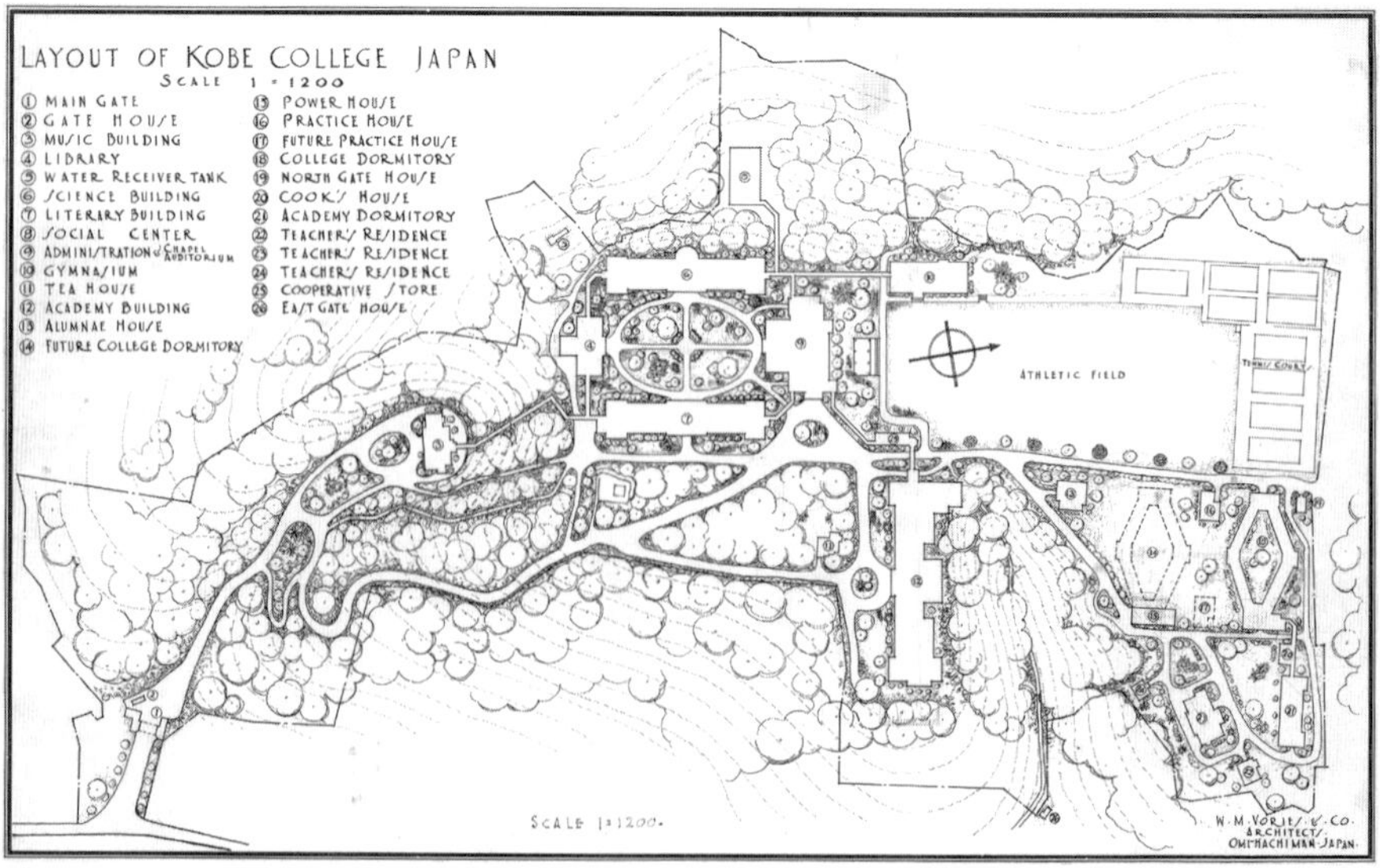

岡田山キャンパス配置図。1931年

北東部には茶畑が広がっていた。

設計は一九二九年（昭和四）に着手され一九三一年（昭和六）四月に竹中工務店と建築工事契約を結び、九月に着工、一九三三年（昭和八）四月に大半の施設が完成、女学院は岡田山キャンパスに移転した。翌年四月一八日に挙行された新校舎落成式は、女学院未曽有の盛儀であったという。

その時に竣工していた建築は、中庭を囲んで配置された総務館および講堂、文学館、理学館、図書館の四棟の建物と音楽館、規模のうえでは最大の中高部校舎、体育館、さらに寄宿舎の北寮と東寮、それに宣教師館のケンウッド館、グリーンウッド館、エッジウッド館、小住宅風の家政実習館、同窓会館、さらにボイラー室と三つの門衛舎を含めて一八棟が数えられた。

建築様式は先の関西学院と共通するスパニッシュ・ミッション・スタイルを基調としているが、アラベスク文様の飾り窓や飾り手摺《てすり》を要所に配して、いくぶんかの華やかさと彩りを添え、外壁には滋味のあるスクラッチ・タイルを張り、格調高く優雅な印象を与えるものである。

ところで、ヴォーリズ作品として女学院の建築を眺める場合、建築群が構成するキャンパス空間の特色に注目したい。

中庭広場、正面は図書館

校地の南に開かれた正門より入り、かなり続く上り坂を行くと、途中に音楽館が見え隠れし、気分を和ませる。そして校舎群のある丘上に至り北に進むと、講堂正面のロータリーである。この講堂の背後にキャンパスの中核をなす四棟の建物で囲まれた中庭がある。四棟は渡り廊下でつながれているため、中庭は閉じられ、静謐で清らかな空間となっている。

再び講堂前のロータリーから東に向かうと、中高部校舎が展開し、北に進むと、左手に運動場を見て前方に寄宿舎群を望む視界は広く開けて、尾根道を行く清々しさを感じさせる。寄宿舎、宣教師館の建つあたりは、ドメスティックな居住ゾーンである。また、校地の西には、チャペルから延びる渡り廊下で結ばれて社交館（食堂）がある。そこからは、深い木立越しに町の風景も遠望される。このように、自然地形に沿って配置される、風景のような環境を特色とするキャンパスなのである。寄宿舎に近い北門を抜けると、女学院に続いて旧聖和大学のキャンパスである。聖和のキャンパスもヴォーリズ建築であるため、双方のキャンパスに与える相乗効果は大きい。

なお近年、旧聖和大学のキャンパスは関西学院大学教育学部の施設となっている。

では、キャンパスを形成する学舎で特色ある数棟の建物をめぐってみる。

◇**講堂・総務館・チャペル**

キャンパスのほぼ中央にある講堂は、モーゼス・スミス記念講堂と称される。かつて米国中部婦人伝道会会長で、一九二六年（大正一五／昭和元）に在米神戸女学院財団を設立したモーゼス・スミス婦人を記念したもので、学院の中で最も中心的な建築である。アプローチから導かれる広場に東面して建ち、清楚なアイボリーホワイトの妻壁と、三対の二連アーチ窓、入口上部にブロンズ製のマーキー（大庇）を備えて、格調高く伸びやかな正面を構成している。講堂は八〇〇席余りを有し、講壇を横切る半円形のプロセニアム・アーチと両脇のアラベスクのトレーサリー（透かし模様）、そして側壁の長大なアーチ窓など、密度高くデザインされている。

講堂南側は廊下を境に総務館に続き、その廊下は西へ伸びてチャペルに至る。つまり講堂、総務館、チャペルは一体の建築からなっている。総務館正面は南の中庭に面し、その西にチャペルが添うように建っている。

チャペルは学院第四代院長ソール女史を記念して、ソール・チャペルと称される。一八〇席を有する会堂は、片側だけに側廊を設ける変則的な構成で、厳かな雰囲気に変化を与えている。壁面は全体にトラバーチンの石積み

講堂

講堂内部

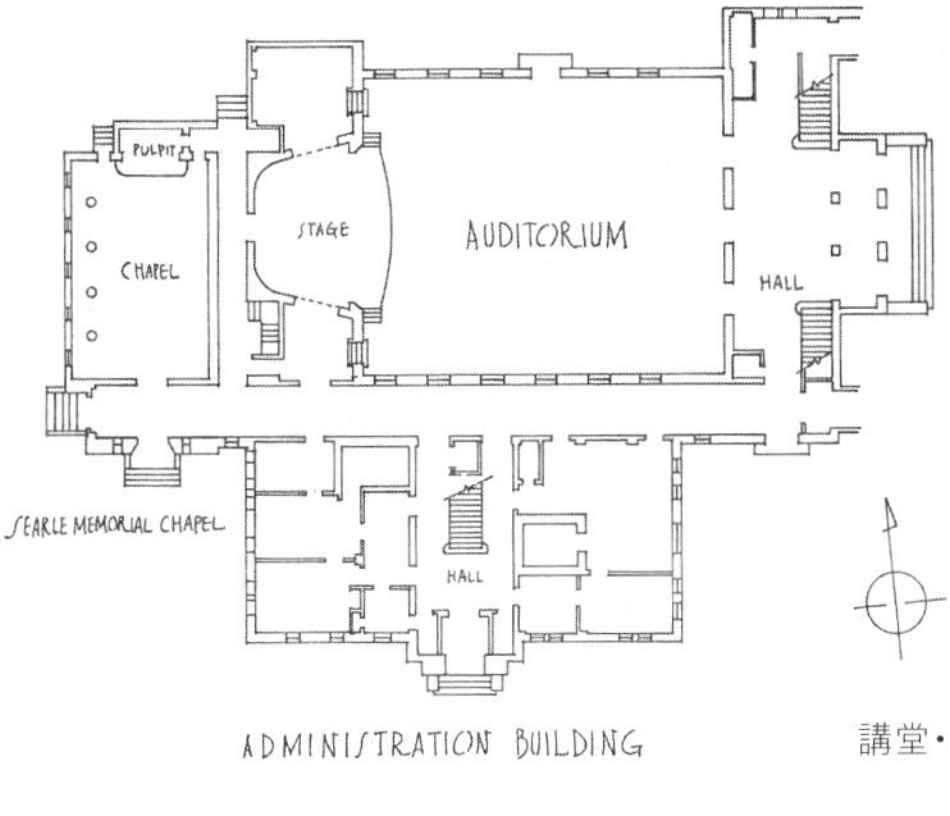

講堂・総務館・チャペルの平面図

ソール・チャペル南正面

ソール・チャペル聖堂

総務館階段ホール

を模した優れた塗装仕上げで、パルピット（講壇）の背後に、聖話にちなむ七本のろうそくを模した飾り窓が配され、吹き抜け天井を構成する大きな木造トラスと、その花弁形の飾り金具などが目を引く。

◇図書館

中庭に向かって北側を正面とし、総務館と対面している。玄関ポーチは一対の円柱を備えたクラシカルな構えで、上部デッキの手摺にはバラスタレイド（瓶子《へいじ》形の手摺子《すりこ》）や飾り壺を配している。そして寄棟屋根の下に長大なアーチ窓が続き、総じて端正なプロポーションが美しい。

玄関に続くホールは天井が低く、心落ち着かせる空間であり、階上の閲覧室に人を誘う。閲覧室は一転し天井高は二〇尺と高く、北側壁面には七連のアーチ窓が開き中庭の緑が目に入る。南側はアーチを通してギャラリーの空間に通じている。加えて、閲覧室を劇的に演出しているのは、天井面の大梁小梁に天平文様ともアラベスクとも見える文様意匠である。大梁はS字形のブラケットで支持され、奥行き感を格調高く表している。それはどこか教会堂を思わせるものであり、閲覧室西側の正面に斎藤素巌《そがん》作の彫像「像を彫る」が据えられて、講壇のような空間を宿している。

◇音楽館

正門からアプローチして最初に出会う建物で、キャンパスの中心に向かう途上にある。正面デザインには特色があり、スパニッシュの壁面には風合いのあるタイル、竜山石の擬石仕上げを用いるなど密度の高い意匠をもつ。四階建てでその上に塔屋を設け、頂上には笛を吹く少年の風見を配置するなど、シンボリックな外観を備えている。正面アーチの要石にレリーフされた竪琴を弾く女神に迎えられて玄関に入る。内部は教室のほか、二階吹き抜けのコーラス・ルーム、最上階には木造トラスの化粧屋根裏を見せる音楽科図書室、広いバルコニーを備えたレッスン室などがあり、バリエーションに富んだ内容をもつ。

◇文学館・理学館

中庭を挟んで東に文学館、西に理学館が相対し、それを結ぶ南に図書館を配置している。この構成がリベラル・アーツ・カレッジの理念を表すものという。それぞれ、南北に長く中庭に面する中央部に玄関を開いた、シンメトリーの構成をとる校舎である。屋内中央に通る廊下は幅三・六メートル、長さ七〇メートルほどあり、床仕上げの市松張りゴム・タイル、ボーダー・タイルをアクセントとする腰壁など、良質な仕上げに目が留まる。そこに

図書館正面

図書館2階閲覧室

音楽館

文学館

理学館

整然と並ぶ教室の扉、二箇所に配置された緩やかな階段も好ましく、充実した教室空間をもっている。

◇旧宣教師住宅・学生寄宿舎

かつては住居施設として、木造建築による種々の建物があったが、一九九五年の震災被災により、学生寮の北寮などを失っている。それは菱形の中庭を有する特異なタイプの建築で、規模も大きい建物であった。一方でケンウッド館とエッジウッド館の二棟は修復保存されている。ケンウッド館はかつて米国ケンウッド・コミュニティ教会の寄付で建設された宣教師館で、数名の外国人教師の共同住宅である。

寄宿舎北寮

ケンウッド館

南側正面は左右対称にデザインされていて、アーチを連ねたテラスを玄関ポーチとして、その上部をバルコニーとしている。その左右両脇には三連アーチ窓を開いた妻壁面を構えて、格調の高い妙味ある正面を構成している。この外観は、神戸ホーム時代の第一校舎「南舎」のイメージを伝えていると言われ、その意味でも学院の記念的建築とされている。

聖和大学
――聖なる合同

　幼児教育学の分野で知られた聖和大学は、西宮市岡田山、神戸女学院北側に位置するもので、歴史は古く、その萌芽は一八八〇年（明治一三）に創立された神戸女子神学校（Kobe Woman's Evangelistic School）にまでさかのぼる。神学校は米国外国伝道会社所属のダッドレー、バロウス（Miss Martha J. Barrows）およびタルカットの三名の婦人宣教師が、神戸の中山手に開いたもので、ダッドレーらは一八七五年（明治八）に神戸女学院の前身となる女学校を設立しているので、もとより神戸女学院との縁は浅からぬものがあった。

　神戸女子神学校は、一九三二年（昭和七）に神戸から西宮市岡田山に四棟の学舎を建てて移転した。その時の学舎が聖和大学に引き継がれている。すなわち旧本館（現・関西学院西宮聖和キャンパス四号館）、寄宿舎（現・同五号館）、宣教師館、日本人教師住宅があり、これらはヴォーリズによって一九三〇年（昭和五）に設計されたもので、ある。旧本館の建物は、簡素ながら学園の中心的建物で、

関西学院聖和キャンパス4号館（旧神戸女子神学校本館）。1927年

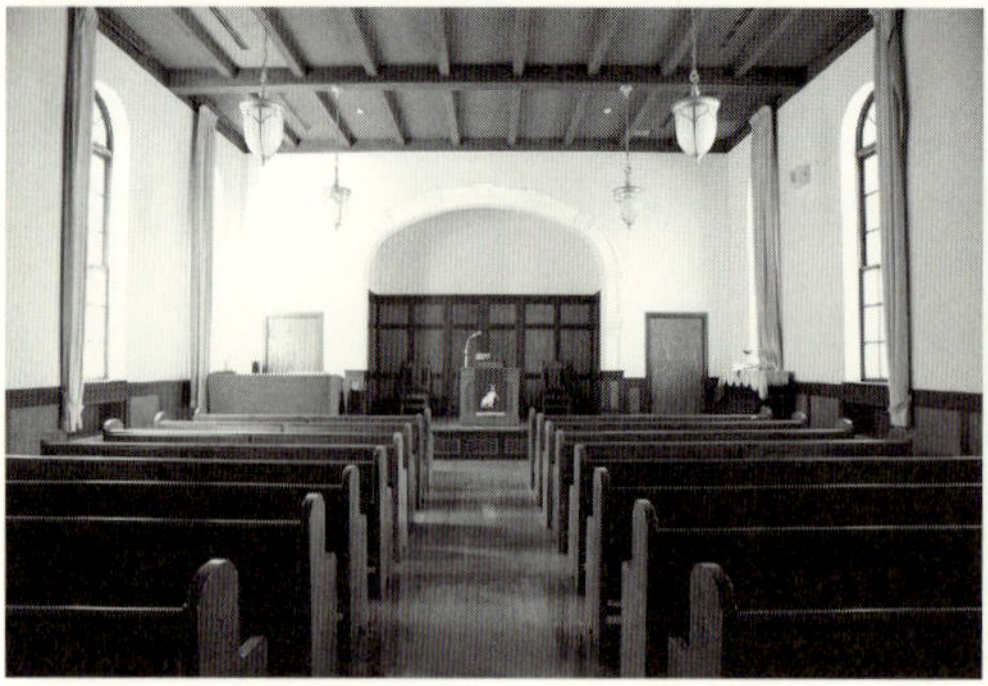

ダットレー・メモリアル・チャペル

4号館2階廊下

T字形平面の奥にチャペルを配し、手前の二階建ての棟に講義室、研究室、資料室などを置いている。建築は木造二階建て（地階の一部はコンクリート造）で簡素なつくりであるが、正面にはミッション・スタイルの特色である反転曲線を連ねる妻飾りを配し、三連アーチ窓の下にバルコニーを設けて、玄関ポーチに陰影をつくる滋味のある建築である。

旧神戸女子神学校の建築は、年代的にも、地理的にも、一九二九年（昭和四）の関西学院と一九三三年（昭和八）の神戸女学院の狭間に位置するものである。

二つの源——神戸女子神学校とランバス女学院

神戸女子神学校は、一九四一年（昭和一六）にランバス女学院と合同して、聖和女学院（聖和大学の直接の前身）を誕生させた。それゆえ、大阪の天王寺区石ケ辻町にあったランバス女学院（Lambuth Training School for Christian Workers）は、聖和のもう一つの源流であり、一九二三年（大正一二）の校舎もヴォーリズ建築だった。

この校舎は鉄筋コンクリート造三階建てで、地階をもつ相当規模の建築で、市街地に建てられた複合タイプの建築であった。『ヴォーリズ建築事務所作品集』にも収録された代表作品の一つであったが、姿を消して久しい。資料によると、建坪二四五・七八坪、延床面積八七三・二九坪で、一六教室のほか、講堂、図書室、食堂、付属幼稚園などを含むもので、他に寄宿、宣教師館を併設していたという。多様な学校施設を一棟にまとめた計画性と、関東大震災以前の鉄筋コンクリート構造による学舎として注目される建築だった。

ところで、ランバス女学院という名称は、J・W・ランバス夫人とW・R・ランバスを記念したものである。ランバス一家は米国南メソジスト監督教会伝道局より派遣され、一八八六年（明治一九）に来日した宣教師である。J・W・ランバス夫人によって、一八八八年（明治二一）に神戸婦人伝道学校（Bible Woman's Institute, Kobe 一八九九年にランバス記念伝道女学校と改称）が創立された。さらに夫人の令息、W・R・ランバスによって、広島英和女学校、関西学院、さらにパルモア学院が創立されている。

一九二一年（大正一〇）に設立されたランバス女学院は、神戸にあったランバス記念伝道女学校が発展し、さらに広島女学校保母師範科を合同して誕生したものである。

聖和大学の水脈をたどると、D・C・グリーンの来日にはじまるアメリカン・ボードの系譜にある神戸女子神学校、同志社神学校に行きつく一方、ランバス一家によって創設された南メソジスト監督教会系の学校とも連なっている。一九四一年（昭和一六）、聖和女子学院の創立は、校名にある「Holy Union」が示すように、異なった道を歩んできた両ミッションの合同を意味するものだった。

ランバス女学院（大阪）。1923年

明治学院
——白金台のチャペル

「天井の高いチャペルの内部には、黄ばんだ色に塗った長い腰掛に並んで溢れるほどの人が集つた。一致派、組合派の教会の信徒ばかりでなく、監督教会、美以美《めそじすと》教会に属するものまでも聴きに来た。捨吉等の歴史科の先生で、重いチャペルの扉を音のしないやうに閉め、靴音を忍ばせながら前へ来て着席する亜米利加人の教授もある。その後に捨吉は友達と腰掛けた」（島崎藤村『桜の実の熟する時』）

明治学院創立の一八九〇年（明治二三）の夏に開かれた、第二回基督教夏期学校の様子を伝えるこの一節は、当時学院に在籍していた捨吉こと島崎藤村の思い出である。

ここに語られるチャペルは、学院創立時に建築されたサンダム館の二階に設けられているもので、一九一六年（大正五）に建築されたヴォーリズ建築の現在の礼拝堂ではない。ヴォーリズの建築を紹介するに先立ち、学院創立の頃を少し記しておきたい。

明治学院は一八八七年（明治二〇）に現校地の港区白金

明治学院、1920年代のキャンパス。チャペルを中心とした広場はヴォーリズの計画による

の台地に開校した。創立は一八七七年（明治一〇）、東京築地に創設された東京一致神学校にさかのぼり、その後に開校された東京一致英和学校、東京英和予備校と、一八八六年（明治一九）に合同して、一致教会派のミッション・スクールとなったのである。学院創設に努めた宣教師には、初代学院総理に就任したヘボン（J. C. Hepburn）、横浜でミッション教育をはじめていたブラウン（S. R. Brown）、そして彼らとともに聖書の和訳を完成させたフルベッキ（G. R. Verbeck）らがいる。その意味で明治学院は名のごとく、明治文明開化とミッション教育事業の黎明期にその源がある。

学院の白金キャンパスには、先に述べたサンダム館のほか、ヘボン館（一八八七年）、ハリス館（一八九〇年）、煉瓦造の神学部校舎（一八九〇年、現・記念館）、さらにインブリー館（現・同窓会館）などの宣教師住宅が建てられ、充実したキャンパスを形成してきた。そうした時代の学院風景に親しんだ学生に、島崎藤村（一八八七年入学）や賀川豊彦（一九〇六年入学）らがいる。

ところで、冒頭に引用した藤村の筆で記録されたサンダム館は、学院創立を記念する歴史的建物であったばかりでなく、高等学部校舎とチャペルを有する重要な建築だったが、一九一四年（大正三）一一月に焼失している。このサンダム館の損失を補う計画がヴォーリズのもとではじまる。一方、学院礼拝堂には一九〇三年（明治三六）に煉瓦造のミラー記念礼拝堂（ゼール設計）が建てられていたが、一九〇五年（明治三八）、一九〇九年（明治四二）と二度の震災を受け、復旧されずに放置されており、新たな礼拝堂の建設も課題となっていた。

一九一五年（大正四）に立案されたヴォーリズによるキャンパス再編の計画は、ミラー記念礼拝堂を解体し、その資材を活用して新礼拝堂を旧サンダム館の位置に建築し、さらに高等学部学舎となる新サンダム館をキャンパス北側に建てるものであり、まず礼拝堂が一九一六年（大正五）三月に竣工し、次いで同年五月に新サンダム館が竣工した。この二つの建物は南北に一〇〇メートルほど隔てて建てられ、二棟を結ぶ南北軸の中央で直交する東西軸に、学院正門と、キャンパスで最大規模をもっていた普通学部校舎（旧中学部校舎、一九一一年）が向き合って建っていた。このキャンパス・ヤードの整備が一九一五年（大正四）に進められたことも見逃せない。なぜなら、後の関西学院でも実施されたキャンパスの中心に広場を設けるヤード・タイプの、最初の試みであったからである。

創建時の礼拝堂は、矩形平面の南側に講壇を設け、そ

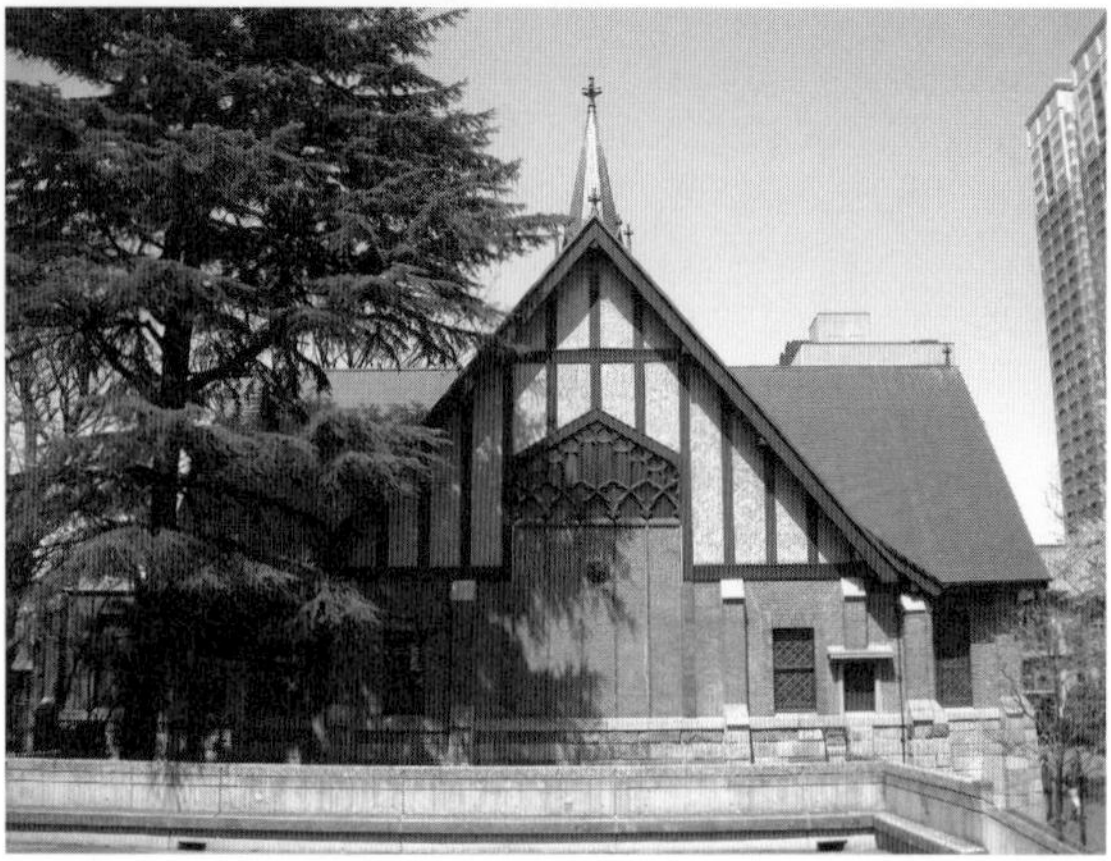

礼拝堂

礼拝堂聖堂

新サンダム館。1916年

の上部に尖塔を上げ、北側の両袖に出口を配置して、玄関ホールとその上部に二階席を設けるシンプルな構成だった。その北側外部の妻壁は現在、木陰に隠れているが、竣工の頃は新サンダム館と対峙する正面であり、大きなアーチ窓を中央に配置したもので、その真下に竣工年を記すタブレットが据えられていた。そして南の妻壁には、学院の初代総理ヘボン博士のメダリオンが納められ、学院のシンボルとされていた。

礼拝堂外周部は全体にわたり窓台まで七段の石積みがされ、その上部は煉瓦造で、四段の小口積み、七段の長手積みを交互に積む、いわゆるアメリカ積みである。屋根は木造トラス構造で矩勾配の屋根裏天井を室内に表し、トラスの合間に屋根窓（創建時にはなかった）を開いている。

竣工よりほどなく、この清楚にして華やかな礼拝堂は、ヴォーリズにとって思い出深いところとなった。廣岡邸での出会いにはじまり交際を続けていた一柳満喜子と、ここでウェディングベルを鳴らしたのである。一九一九年（大正八）六月三日、同志社の友人カーブ教授の奏するパイプオルガンの響きと、三〇〇名近くの列席者の祝福を受け、結婚式がここで催された。

その後、礼拝堂は一九二三年（大正一二）の関東大震災にも耐えたが、一九三〇年（昭和五）にかけてコンクリートのバットレス（控え壁）補強および両袖部が増築されて、十字形平面の礼拝堂となった。さらに一九六六年（昭和四一）にはパイプオルガンが設置されて、聖壇が改修され荘厳さを加えている。こうした拡張を経ながらも、アメリカ積み煉瓦壁と特色ある木造トラスの構成が、名状しがたい魅力を感じさせるものであり、ヴォーリズの礼拝堂建築の中でも初期の秀作とされている。

礼拝堂に遅れて竣工した新サンダム館（高等学部校舎）は、関東大震災で一階煉瓦壁が損傷し、煉瓦壁外部にコンクリート補強がなされ、渋味を多少減じた。その後は中学部理化学教室として活用されていたが一九六五年（昭和四〇）に消失している。

なお、礼拝堂は二〇〇六〜二〇〇八年にかけて、保存修理工事が行われ、内部における復元整備のほか、構造補強工事がなされている。

東洋英和女学院

——鳥居坂にて

六本木というと、現代的で繁華な街を想い浮かべるが、東洋英和女学院の位置する鳥居坂付近は、今も閑静な環境を保持している。それも並みの住宅地ではなく、かつては三條公爵家、李王家、大鳥圭介邸などが軒塀を連ねていたところである。そういう優雅な時代の雰囲気を大正時代の卒業生、村岡花子が書きとめている。

「鳥居坂の通りの話になるが、道の両側に桜並木が植わっていた。そしてその間にガス燈が立っていた。（中略）長い棒の上に灯がついており、夕方になると、そのガス燈に点火する人が廻ってきた。春の夕暮、桜は半開、そしておぼろ月が空にかかっている。（中略）その半開の桜の下を、三々五々宿舎の娘たちは外出先から寮舎へ急いで帰ってくる。勾配のある土地に校舎が建っているので、門を入ると高い土手があり、そこにだらだら下りの道がついていて、おりつめたところに校舎があった。二階三階が寮で、一階が教室という簡素なつくりかたの学校であった。その建物に続いて西洋人館があり、そこには十数人のカナダ婦人が起き臥ししていた」（村岡花子『生きるということ』一九六九年）

ここで村岡の記す校舎は、一八九九年（明治三二）に建った二代目の校舎で、木造三階、一部に四階を設けた延床面積四〇〇坪余りの建物で、スレート葺きの屋根、下見板の外壁に鎧戸《よろいど》付きの窓という洋風校舎である。当時はこの本館のほかに瓦葺き二階建て一棟と平屋建て一棟があり、和式、洋式の校舎が混在していた。そのキャンパスで、生徒たちはカナダ人宣教師から英語で授業を受け、英語の歌を愛唱し、ガス燈の灯に哀愁とロマンを夢見ていたのである。

この明治の木造学舎は、学院創立五〇周年を控えた一九三二年（昭和七）に、ヴォーリズの設計による鉄筋コンクリート造四階建て校舎に建て替えられることとなる。

東洋英和女学院は一八八二年（明治一五）にカナダ・メソジスト教会の婦人伝道会社より派遣されたカートメル（M. J. Cartmel）により一八八四年（明治一七）に創立された。開校当時は、木造二階建ての和風の建築を仮校舎として使用していたが、一八八七年（明治二〇）に第一期の洋風学舎を建てた。この校舎で二五〇名の生徒を迎え、さらに一八九九年（明治三二）には旧学舎からほど近い東鳥居坂町八番地に一〇五四坪余りの土地を入手し、第二期学舎を建てたのである。それが冒頭に引用した大正時代のキャンパスだった。

明治末から大正期には、社会の欧化志向を背景に順調に発展し、一九〇九年（明治四二）には学科課程を小学科（六年）、本科（五年）、高等科専門学校課程（三～四年）に編成し、一九一四年（大正三）八月に創立三〇周年を期して付属幼稚園を開園している。

東洋英和女学院旧本館。1900年

一九二五年（大正一四）、第一〇代校長としてミス・ハミルトン（F. G. Hamilton）が着任した。彼女の在任期間は戦中の不運な時期を挟んで戦後に及ぶ。その前半期は一九三三年（昭和八）の学院創立五〇周年の節目を控えて校地の拡張、校舎の新築を実現させ、戦中にあっては一九四二年（昭和一七）に強制送還されるまで学院にとどまり、理性と平和を説きつづけたという。戦後に継承された学院の遺産の多くはハミルトンの業績に負うものと言われる。

さて、昭和に入り、学舎の整備を待望する気運が生まれ、同窓会を中心に新校舎建築のための募金がはじまった。一方、一九二九年（昭和四）七月、ミッションにより近在の東鳥居坂町二番地の旧鍋島桂二郎邸の地所七九五坪を入手し、そこにミッション本部のほか、付属幼稚園舎、宣教師館、寄宿舎を建てる計画が立案され、ヴォーリズに設計が依頼された。一九三一年（昭和六）一月にこの設計がまとまり、二階にミッション本部のスペースを置いた幼稚園舎、宣教師館、寄宿舎の新築工事がはじまり、前後して新校舎の設計が依頼された。新校舎の建築は一九三二年（昭和七）二月に着工され、翌年八月に完成している。つまり、ヴォーリズによる学舎建設は、一九二九年（昭和四）より一九三三年（昭和八）まで継続して進

ヴォーリズによる本館校舎のスケッチ。3階建て、スパニッシュ瓦葺きの建築が計画されていた。1931年

手前より幼稚園舎伝道館、宣教師館、寄宿舎清楓荘が並ぶ。1932年

められたのである。

この設計から竣工に至る期間は、西宮の神戸女学院岡田山キャンパスの計画から建設時期と重なるものだった。神戸女学院は台地上に展開するキャンパス・ランドスケープを特色とするものであり、英和の本館校舎は町なかの立体的なキャンパスとして特色を見ることができる。

◇**幼稚園舎・宣教師館・寄宿舎**

幼稚園舎は南側に広いテラスを備えた遊戯室を中心に、三つのクラスの幼稚園を一階に置き、二階は社交室、チャペルなどを備えたミッション本部の施設とした。延床面積一五二坪の規模があったが、スパニッシュの変化ある外観は住宅風にデザインされていた。

その奥に続く宣教師館は、鉄筋コンクリート造三階建て延床面積二一四坪をもつ。玄関上部のベイ・ウィンドウとスパニッシュの屋根が小味をきかせた建物で、この手法は奥の寄宿舎にも通じている。一階には共用の食堂、居室、サンルームなどが設けられ、二、三階に一〇の個室を備えていた。そして一、二階から渡り廊下で東に建てられた寄宿舎とつながれていた。

青楓寮と名づけられた寄宿舎は、鉄筋コンクリート造四階建て、延床面積四二六坪を有し、生徒寄宿室一一室、教師寄宿室一四室を二、三階に配し、一階に食堂、居室、

本館。1933年

外観意匠を継いで1996年に新築された現校舎

舎監室、台所、洗濯室、そして四階にはピアノ練習室六室と広い社交室、屋上もデッキとして活用されていた。

これら三棟は一九三二年（昭和七）二月に竣工し、個別の機能を備えながら、豊かな一体感のある環境を形成していた。戦後に入り、幼稚園舎は同窓会の東光会館として、また宣教師館は法人本部として活用されていたが、一九八八年（昭和五五）に相次いで取り壊されている。

◇新校舎

新校舎の設計案は一九三一年（昭和八）一月に提案されている。この時の案ではL字形の平面プランで三階建ての建築が構想されていたが、翌年三月にまとめられた実施案ではコの字形平面で四階建て、延床面積一八一〇坪の規模を有して、高等女学部、小学部、師範科の教室のほか、主階の二階に講堂、体育館、三階に図書室、四階にチャペル、唱歌教室、それに一階に食堂カフェテリア、料理実習室などが計画されていた。工事は一九三二年（昭和七）三月に着工され、翌年八月に完成した。竣工式典は、前校長を記念して命名されたマーガレット・クレーグ記念講堂で、ミッション宣教五〇年記念とあわせて挙行された。

新校舎は四階建てだが、校地レベルが低いため、道路より見ると一階は半地階にあり、西側の正面道路に開いた二つの出入口は二階に設けられている。外観構成は、玄関を中心にほぼ左右対称形だが、講堂のある北側ウイングは半階高く、また飾り窓の配置が妙味と変化を与えている。最頂部にはスパニッシュ瓦が浅い軒を見せ、壁には星形レリーフや、浅いバルコニーを備えたスパニッシュ・アーチ窓が華やかさを添える。そういう軽妙な意匠とともに、正面玄関の素朴であるが入念に石積みされた半円アーチが印象的だ。石造のロマネスク建築を思わせる重厚なアーチに、繊細な透かし模様のアイアン・ワークを飾りにした扉がしつらえられて、まことに魅力的な玄関ポーチが表通りに開かれている。

なお、本館校舎は、竣工から六〇年を経た一九九三年に規模の拡充を目的に建て替え計画が進められたが、鳥居坂に面する外観の保存のほか、礼拝堂など記念的な空間の継承が果たされ、一九九六年に改築されている。

横浜共立学園

――戦火に耐えた木造校舎

横浜は、終戦を間近にした一九四五年（昭和二〇）五月二九日に大空襲を受け、大火に見舞われた。横浜共立学園も山手に位置するとはいえ、火の手を避けきれず、煙と炎の中で翌日の朝を迎えた。

当時を回想する神保校長は、多くの建物がことごとく焼失した中で、無傷の本館と再会した時ほど、その超然たる姿に感動したことはないという。本館と渡り廊下でつながっていた旧体育館や教師館が全焼したにもかかわらず、木造三階建ての本館が難を避けたのは奇跡のように思われる。

横浜は幕末より開かれた開港場で、長崎、神戸と並ぶ居留地文化都市であるが、関東大震災と度重なる空襲による大火で罹災して歴史的建築の過半を失っている。しかしながら、わが国でのプロテスタント伝道の源と言われる横浜バンドを形成したヘボン、ブラウン、バラら初代宣教師が本拠としたところであり、そうした遺産を多く有している。その一つに日本で最初に開校されたキリスト教女子学校であるフェリス女学院（一八七〇年創立）と、この横浜共立学園がある。

学園の濫觴《らんしょう》は一八六一年（文久元）、米国婦人連合伝道協会が設立された時にあり、協会より派遣されたミセス・プライン（Mrs. Pruyn）、ミス・クロスビー（Miss Crosby）、ミセス・ピアソン（Mrs. Pierson）ら婦人宣教師が一八七一年（明治四）八月二八日、山手四八番館にミッションホームを開いたのを創立の時としている。翌年には現校地である山手二一二番地に移り、日本婦女英学校（English School for Japnese Ladies）と称し、逐次施設を整えていった。なかでも一九〇四年（明治三七）に竣工した新校舎ドリーマス館は、大きなフレミッシュ・ゲーブル（フランス式屋根）を抱く木造三階建てで、学園の象徴的建物だった。ドリーマス館の名称は米国婦人連合伝道協会の初代会長ミセス・ドリーマス（Mrs. Doremos）女史にちなむもので、学園はドリーマス・スクールと愛称されていた。

ヴォーリズの建築としては一九三一年（昭和六）に竣工した本館校舎をはじめ、戦災で失われた数棟の教員住宅（一九四二年）があったが、それよりさかのぼる一九一八年（大正七）に計画されたクロスビー講堂が、彼の設計による最初のものである。

横浜共立学園本館。1931年

学園創設にあたった婦人宣教師の中で、長寿をもって学園に功績を残したミス・クロスビーは、一九一八年（大正七）、八二歳で他界した。同窓会は女史を記念するチャペル（クロスビー講堂）の建設を計画し、設計をヴォーリズに依頼した。その計画はドリーマス館の背後に二階建ての講堂を増築する形で立案され、清本組の請負で一九二六年（大正一五／昭和元）の夏に竣工し、その年の一一月三日には開学五〇年祝賀式典とクロスビー講堂の奉堂式が行われている。しかし、二年後の一九二三年（大正一二）九月、関東大震災に見舞われ、ドリーマス館もろとも焼失したため、その姿を記録した資料は乏しい。

震災の翌年には組立式校舎で再起したが、本格的な学舎復興事業は一九二九年（昭和四）よりはじめられ、将来の発展のため北側にキャンパスを拡張した。その地は、故S・R・ブラウン博士の邸宅地跡という由緒ある上地で、一八七四年（明治七）より一八八〇年（明治一三）に至る七年間を費やして聖書の和訳を完成させた記念すべき場所であった。日本プロテスタント史における至宝である新約聖書和訳記念碑が、本館校舎のホールに置かれているゆえんである。

拡張された新キャンパスに一九三〇年（昭和五）より本館校舎および体育館の建設が計画され、その年一二月に起工、翌年九月一四日に新校舎竣工、一〇月三日に体育館が竣工した。工事は宮内建築事務所（宮内初太郎）によったことが記録されている。

新校舎は、総床面積七一〇坪を有する規模の建築で、一部に地階を設けた木造三階建て。赤瓦の寄棟屋根の中央に、屋根窓を備えた大きな妻面を構えている。外壁に見られる、清楚な白壁と温かみのある木製の窓枠意匠の調和がこの上なくすばらしい。これら全体を包むイメージはスパニッシュなのだが、中央の玄関まわりの一角には滋味のあるタイルが張られ、庇を兼ねる二階のデッキは舟形肘木《ひじき》など和式の意匠が取りこまれ、特色ある手法が展開されている。全体の構成も左右対称に構えながら、左翼一階にベイ・ウィンドウを張り出し、屋根の稜線にアクセントを添える右側の煙突とよく調和させている。細部に行き届いた設計は、建築内部を魅力あるものとしている。一階はベイ・ウィンドウを備えた旧図書室。二階に設けられたチャペルは化粧トラスが交錯する空間を生かして、充実した礼拝の場としている。三階の音楽室の屋根裏のような天井構成も興味深い。そして階段の繊細で優しい意匠は、ヴォーリズによる独自のものである。

本館校舎と同時に建てられた体育館は二階建て、一七七坪を有して、本館と対をなすものであったが、戦災で焼失してすでにない。しかし一九四九年（昭和二四）、旧体育館の位置に東校舎が建てられ、本館と接続する構成を継承して今日に至っている。

本館正面玄関まわり

本館階段

広島女学院

――蘇ったキャンパス

米国南メソジスト監督教会の宣教師、W・R・ランバスの一家によって設立された学校では、関西学院が最も知られているが、一八八六年（明治一九）に砂本貞吉により設立された広島英和女学院は、ランバスが支援した教育事業の嚆矢とされたものである。学院は翌年、ゲーンズ（Miss Nannie B. Gaines）を迎えて、西日本でも有数のミッション・スクールとして発展していった。

広島英和女学院のキャンパスの形成と発展は、四つの節に分けられる。

第一は、ゲーンズ女史が校長に着任し、本格的な学校建設に着手した一八八九年（明治二二）から逐次拡充されていった上流川学舎で、普通部のほか、小学部、幼稚園が含まれたキャンパスである。現在の中学部校地に相当する。

第二は、先の学舎の東に一九一八年（大正七）より拓かれていく高等部のキャンパスで、一九二二年（大正一一）のランツ・ホールにはじまり、一九三〇年（昭和五）のジュビリー・ホールの竣工で完成したものである。このキャンパスを構成した主要五棟の建築は、すべてヴォーリズの設計による建築だった。

広島英和女学校旧本館。1905年

第三は、一九四一年（昭和一六）にヴォーリズによって立案された五日市学舎の計画である。この計画は戦時下の状況で実現しなかったものだが、学院発展のイメージを具体化したものとして注目される。

第四は、広島市の郊外、牛田山に建設された学舎で、主に戦後、大学キャンパスとして整備されるものである。

寄宿舎ランツ・ホール。1922年

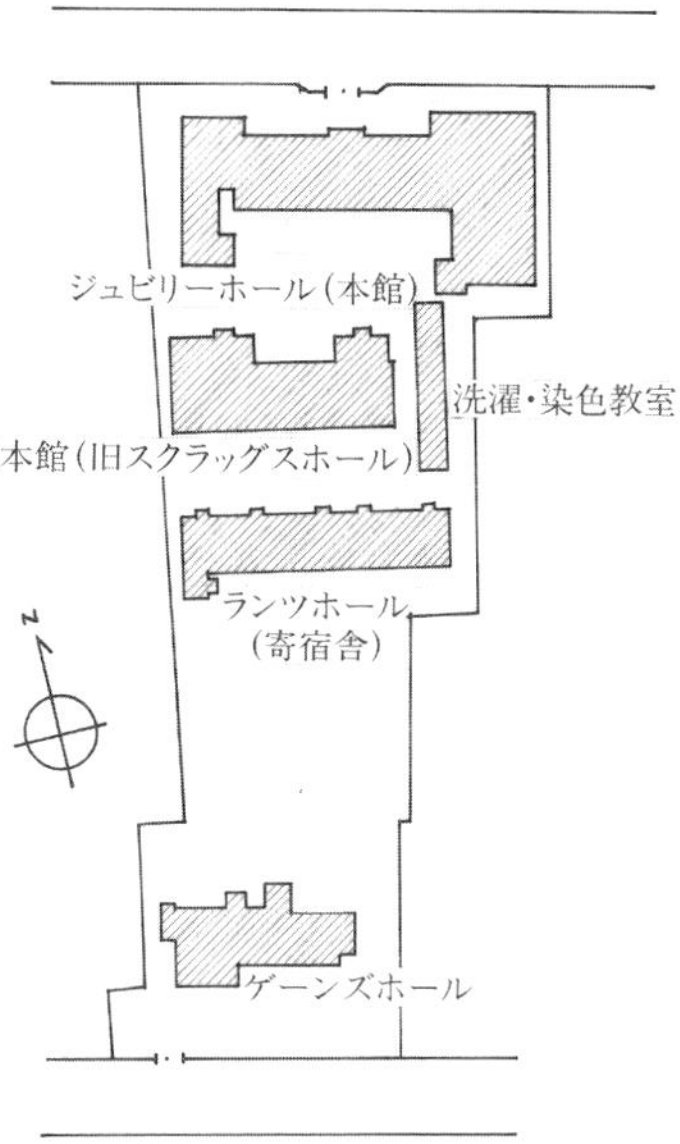

広島女学院専門部キャンパス。1931年頃

こうした流れに沿って、ヴォーリズ建築を中心に見ていくこととするが、上流川第一学舎、第二学舎は隣接してあり、相互に関連づけながら計画されたものである。また戦後、大学キャンパスとなった牛田山学舎は丘陵に拓かれたキャンパスで、上流川とは対照的なロケーションにあり、上流川学舎が一九四五年（昭和二〇）の被爆によって戦前の歴史が途切れているのに対して、牛田山学舎は戦中、戦後を経て現代に引き継がれている。

上流川学舎と学院創設の頃

広島英和女学院（一八九二年までは広島英和女学校）は、ゲーンズ校長のもとで、上流川に新校舎を建てて移転した一八九〇年（明治二三）が、実質的な開校の時とされる。この草創期の校舎は惜しくも翌年焼失したが、一八九二年（明治二五）すみやかに再建される。この時、市内最初の洋風建築と言われた二代目の本館、そして講堂、寄宿舎が建てられた。その後も逐次、校地を拡張して校舎、寄宿舎を増設し、一九〇五年（明治三八）に講堂を備えた新本館を建てた。正門正面に位置して、本館の一角に設けた塔は、学院のシンボルとなったものである。そして創立二五周年を迎えた頃には、四二〇〇坪余りを有する校地において、幼稚園、小学校、中等部（予科二年、本科五年）、高等科からなるキャンパスは一応の完成を見たのである。しかし、この時期にはまだヴォーリズ建築は建てられていない。

新本館ジュビリー・ホール。1930年

上流川第二学舎、カレッジのキャンパス

一九一八年（大正七）より第一学舎の東に新たに校地を拡張し、一九三〇年（昭和五）までに専門部（カレッジ）のキャンパスを完成させた。校舎の建築に着手されたのは一九二二年（大正一一）からだが、それを前に学院の組織整備が進められている。

学院創設期の基礎を固めたゲーンズ校長が一九二〇年（大正九）に勇退し、二代目校長としてスチュアート（Rev. S. A. Stewart）が着任した。スチュアート校長は専門部の開設を学院発展の目標とし、キャンパスの整備を図っていく。

新キャンパスの建設は一九二二年（大正一一）、寄宿舎ランツ・ホールの建築からはじまった。木造三階建ての寄宿舎で、外観は洋風ながら、寄宿室は主に八畳の和室で構成され、南面のベランダに面して障子戸が設けられているなど、和洋折衷が図られた建築だった。ランツ・ホールは一九二二年（大正一一）一月に竣工したが、すでに次の工事、カレッジ本館の建築がはじまっていた。本館建築の部材は、第一校地にあった寄宿舎スクラッグス・ホールを解体して利用されたものだった。

一九二七年（昭和二）、米国南メソジスト監督教会伝道局婦人部から建築資金二万五〇〇〇ドルが贈られたことで、二つの建築計画が具体化していった。一つは、一九二九年（昭和四）に竣工したゲーンズ・ホールで、ゲーンズ名誉校長の住宅と同窓会館、寄宿舎を備える学院の記念的建築であり、もう一つは、一九三〇年（昭和五）に竣工した木造三階建て、延床面積四九九坪を有する新本館ジュビリー・ホールである。この新本館はチャペル、教職員室、食堂などが入り、カレッジの中心的建築だったが、その建築を伝える資料は一枚の写真を残すのみで極めて少ない。しかし、その正面玄関のデザインからも、ヴォーリズ建築事務所の熟達したスパニッシュ・ミッション・スタイルの立派な建築だったことがわかる。

この新本館の竣工を目前にして、スチュアート校長は病を患い引退し、惜しまれつつ帰国した。

五日市学舎の計画

一九三六年（昭和一一）、学院創立五〇周年を盛大に祝った年、新キャンパス建設の機運が高まり、そのマスター・プランがヴォーリズに求められた。翌年には候補地とされていた五日市町（現・広島市佐伯区）の東端、海に臨む八幡川そばの土地三万六〇〇〇坪を入手して、新キャンパス建設の構想は実現に向かって動いた。ところが、建設のための設計作業も完了しつつあった一九三七年（昭和一二）、その計画は突如打ち切られることになる。戦時体制が強化されつつある時勢下にあり、軍の要地、呉港や江田島を間近に望む沿岸に、ミッション・スクールの進出は許されなかったのである。この五日市の地所を手放すことで、牛田山の校地三万五〇〇〇坪を入手し、さらに一九四一年（昭和一六）までに六万坪余りの校地を得て、将来のキャンパス建設に備えた。

このように五日市学舎の計画は実現を見なかったものだが、一九三六年（昭和一一）より翌年にかけて作成された計画案は、魅力的で新鮮な印象を与えるものである。

東に八幡川の河口、南に宮島を指呼の間に見て、ウォーターフロントに囲まれたキャンパスは、楕円形の芝生の広場を一つの核にして、高等部、専門部の校舎、総務館、講堂、音楽館、体育館、寄宿舎、宣教師館などが計画されていた。さらに図の中には、小学部、幼稚園の予定地も示されているものがあり、上流川学舎の全学移転も検討されていたことがうかがえる。

戦争の困難な時代は、一九四五年（昭和二〇）八月六日の被爆により、学院の生徒、スタッフ一同の生命とともに、学舎の建物や貴重な史料も失い、悲劇的な時代を閉

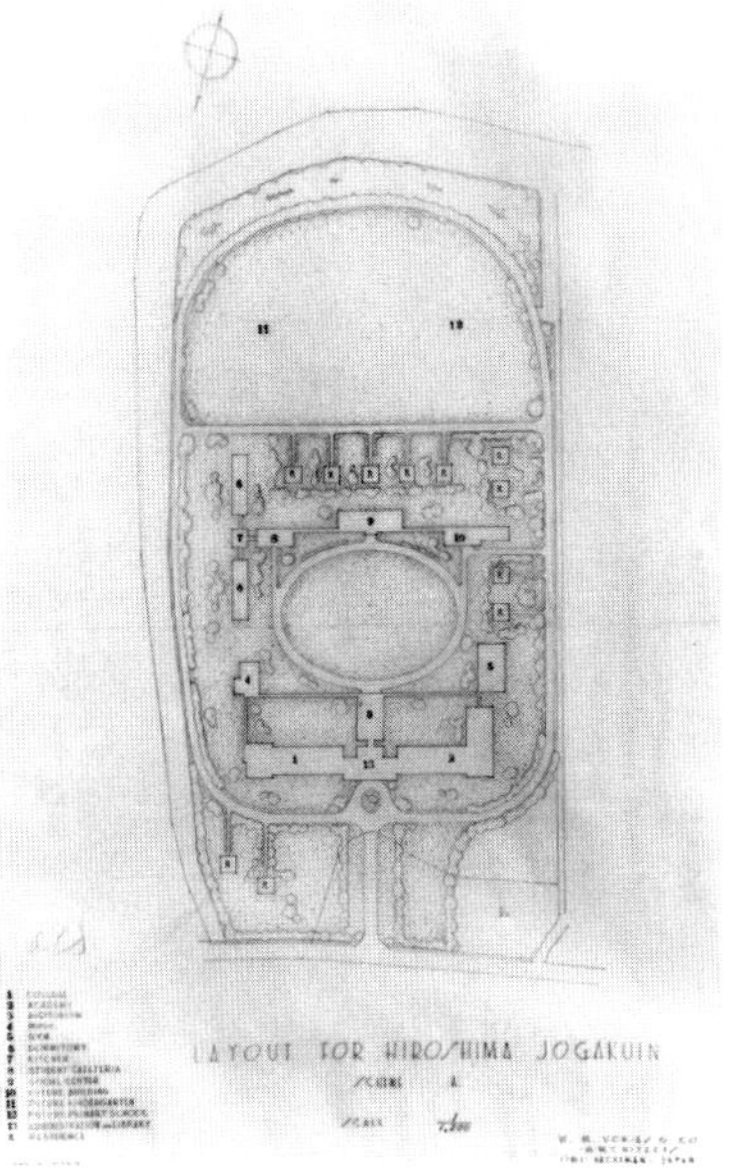

五日市学舎の計画図面

じた。

牛田山学舎

戦後の復興は牛田山キャンパスで着手され、一九四六年（昭和二一）二月、バラック校舎三棟を建て、ともかく授業が再開された。そして翌年の学制改革で、高等女学校は中学、高等学校に改編されることになり、上流川に広島女学院中学校と高等学校を開設した。一方、牛田山の専門部は一九四九年（昭和二四）、広島女学院大学英文学部として開学した。その間に戦中帰国していた外国人教師らも再び来任し、中断していたミッションからの援助資金が送られて、学舎の復興は急速に進んだ。そして、創立七〇周年を迎えた一九五六年（昭和三一）までに、次の八棟の校舎が建てられた。

牛田山キャンパス

学生館フレンドシップ・ハウス　一九四六年（昭和二一）

図書館　一九四八年（昭和二三）

家政館　一九四八年（昭和二三）

本館　一九四九年（昭和二四）

寄宿舎若葉寮　一九五二年（昭和二七）

体育館　一九五六年（昭和三一）

上流川キャンパス

宣教師館　一九五二年（昭和二七）

中学校舎　一九五三年（昭和二八）

これらの八棟のうち寄宿舎、体育館、宣教師館、中学校舎については、ヴォーリズ建築事務所の設計図面と照合できるが、戦後まもない時期の建築については資料を欠いている。しかし、当時のヴォーリズの作風を十分にうかがわせるものがあり、牛田山キャンパスは、ヴォーリズ建築の戦後の展開を示す格好の作品となっている。

西南学院　西南女学院

――松籟の杜

西南学院

福岡市の西郊・早良《さわら》区西新に九州で指折りのミッション・スクール西南学院大学がある。

中学校、高等学校は近年海に近い百道《ももち》浜のキャンパスに移っているが、一九二〇年代初頭に建てられた赤煉瓦建築の中学部本館が二〇〇五年に大学博物館「ドージャー記念館」として保存再生され、歴史を伝えている。

歴史をたどると、一九〇六年（明治三九）、米国南部バプテスト・ミッション派遣の宣教師C・K・ドージャー（Chales Kelsey Dozier）、G・W・ボールデン（G. W. Bouldin）、J・H・ロウ（John Hansford Rowe）の三家族が来日する。彼らによって、米国南部バプテスト・ミッションによる教育事業として一九一六年（大正五）に西南学院が設立され、続いて一九二二年（大正一一）には小倉に西南女学院が開校されることになる。こうした学校設立にさきがける一九〇七年（明治四〇）には、福岡バプ

西南学院ドージャー記念館（旧中学部本館）。1921年

階段ホール

2階講堂

テスト神学校が設立され、また、九州最初のバプテスト教会が創設されている。

そうした背景のもとに、宣教師ドージャーは福岡における男子中学校の開校を目指して、一九一七年（大正六）に最適の地として西新地区に六〇〇〇坪の土地を得る。そして先の福岡バプテスト神学校の校舎を移設して、西新における西南学院の歴史がはじまった。

西新キャンパス

博多湾の西に位置する当地は、かつて百道松原と称された松林の続く景勝の地で、その恵まれた風致のもとで学院は発展する。一九二〇年（大正九）に高等学部開設を目指して、隣接地六〇〇〇坪を新たな校地に加え、高等学部のキャンパス計画と、中学部で残されていた本館建築計画をヴォーリズに依頼した。

そして最初に着工されたのが煉瓦造三階建ての中学部本館で、一九二一年（大正一〇）三月九日にはその献堂式と合わせて中学部第一回卒業式が真新しい本館講堂で挙行された。その時以来、この赤煉瓦の本館は、校地にある数十本の老松とともに学院のシンボルとなる。

本館は正門の正面に位置し、玄関より入ると一階は院長室、教員室などがあり、階上の講堂に続く階段ホールに通じている。

二、三階を吹き抜けとした講堂は、上部をギャラリーとし、それを支持する八角形の柱列とギャラリーまわりの手摺の意匠がこの空間を個性あるものとしている。正面講壇のゆったりとしたプロセニアム・アーチは三心アーチという独特なものだが、雰囲気はどこか一九二二年（大正一一）に建った大阪教会の会堂を思わせるところがある。

近年、照明設備のために天井が改変されているが、当初は漆喰塗りの天井を横断して、小屋組みトラスの梁を表していたようで、礼拝堂にふさわしく荘厳な雰囲気であったと思われる。改変と言えば、寄棟の大きな屋根は当初天然スレート葺きで、正面の左右に煉瓦積みの煙突が立っていた。また古写真によると、一時期瓦葺きであった時期もあり、幾度か修理されて維持されてきたことがわかる。

C.K.ドージャー邸

ところで、建築様式的には大阪教会がロマネスクを基調としていたのに対し、この本館は古典的なジョージアン式を基調としている。軒を飾るコーニス（軒蛇腹）、一階上部でファサードを分割する水平帯（ストリングコース）、それに屋根の正面中央部には当初ペディメント（三角破風）が置かれていた。こうしたクラシカルなモチーフとともに、煉瓦壁に整然と並ぶ、彫りの深い窓がつくる端正なプロポーションにも注目したい。

この建築については設計図とともに、「建築仕様書」が伝わっており、工事の内容を具体的に知ることができる。仕様書表紙には「大正九年五月二〇日作製、建築設計監督ヴォーリズ合名会社」の記載があり、内容は、基礎工事にはじまる各種工事の仕様が記され、煉瓦や石、木材など建築資材について具体的に指示されている。例えば、煉瓦については「煉瓦石ハ形状正確ナ博多窯業会社製東京形機械製トシ（中略）煉瓦積方ハ英吉利式積目地縦三分、横二分五厘トシ」などと記されている。

この工事に関する特色は、極めて良質な施工を求めていたことである。例えば煉瓦積工事に関しては「毎日終業ノ際ハ莚苫ノ類ヲ以テ煉瓦積ヲ被覆シ常ニ日光ノ直射ヲ避ケ凍結ノ際ハ煉瓦積ヲ見合セ降雨ノ慮アル時ハ四分板ノ類ニテ被ヒ養生スベシ」と謳っている。また冒頭に記された「一般の要件」の中で日曜日の作業を禁じ、工事場での禁煙禁酒などを求める点に、ヴォーリズの信条が表明されている。

高等学部の建築は、一九二二年（大正一一）四月の開校に向けて建設され、木造二階建ての校舎と木造三階建て寄宿舎玄南寮が竣工した。さらに翌年には高等学部神学科の校舎と寄宿舎が建てられ、高等学部の主要施設四棟が整った。しかし、建設当時の記録を伝える資料は少なく、その後の沿革もあまり知られていないが、数葉の記録写真から見ると、ヴォーリズの設計によるものであることがわかる。

この時期に数棟の宣教師館、教員住宅が建てられている。その中で第二代院長のドージャー邸と第三代院長のボールデン邸の二棟がヴォーリズ建築と確認できる。ともに三基の暖炉を備える充実した内容の宣教師館建築で、ドージャー邸では居間・食堂の間仕切りを開けるとおよそ二五畳の広間となり、多人数の集会にも活用されるものだったようだ。また、渡り廊下でつながれた専属コックのための付属屋があり、当時の暮らしぶりがうかがえる。ところで、設計ではスレート葺き屋根であったが、記録写真によると、二棟ともに鬼瓦を置く日本瓦葺き屋根であり、和洋折衷式の興味深いものとなっている。

これら学院住宅の整備をもって中学部、高等学部からなる西南学院西新キャンパスの一応の建設が完了した。

干隈キャンパスの計画とその後

学院では、一九三四年（昭和九）より米国南部バプテスト・ミッションと、大学開校に向けての準備をはじめていたという。そのためのキャンパス用地として早良郡干《ほし》隈《くま》の高台を定め、一九三九年（昭和一四）までに約三万九〇〇〇坪の校地を得ていた。一方、建築計画は一九三五年（昭和一〇）五月にヴォーリズに依頼され、二年後に西南学院バプテスト大学建築計画として作成された。

それによると、東に若宮池、西に干隈池を取りこんだキャンパスは、松林と湖を背景にして一〇棟余りの建築群が計画されている。大学校舎、図書館および本部、チャペルおよび宗教館、神学科、体育館、国際会館など主

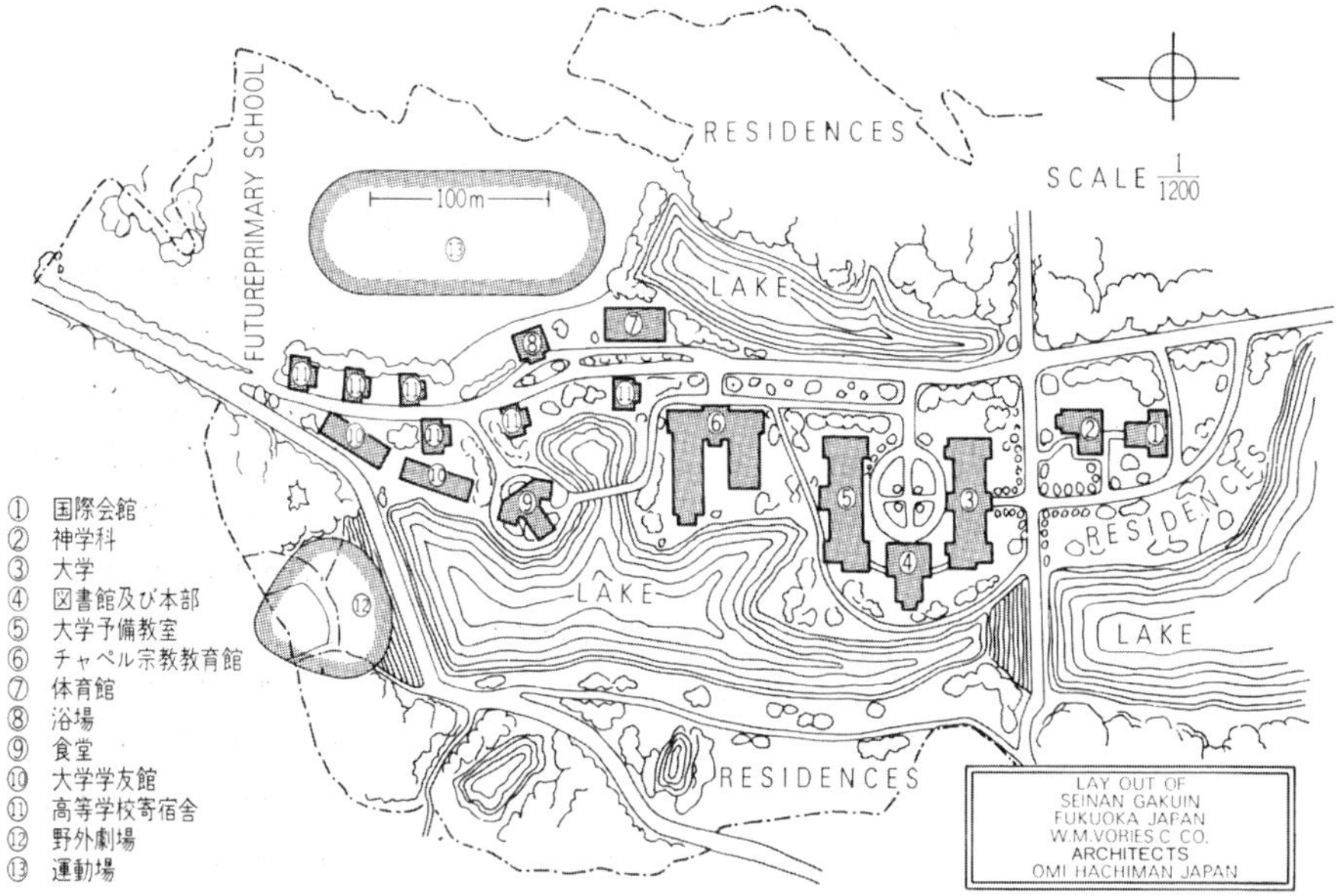

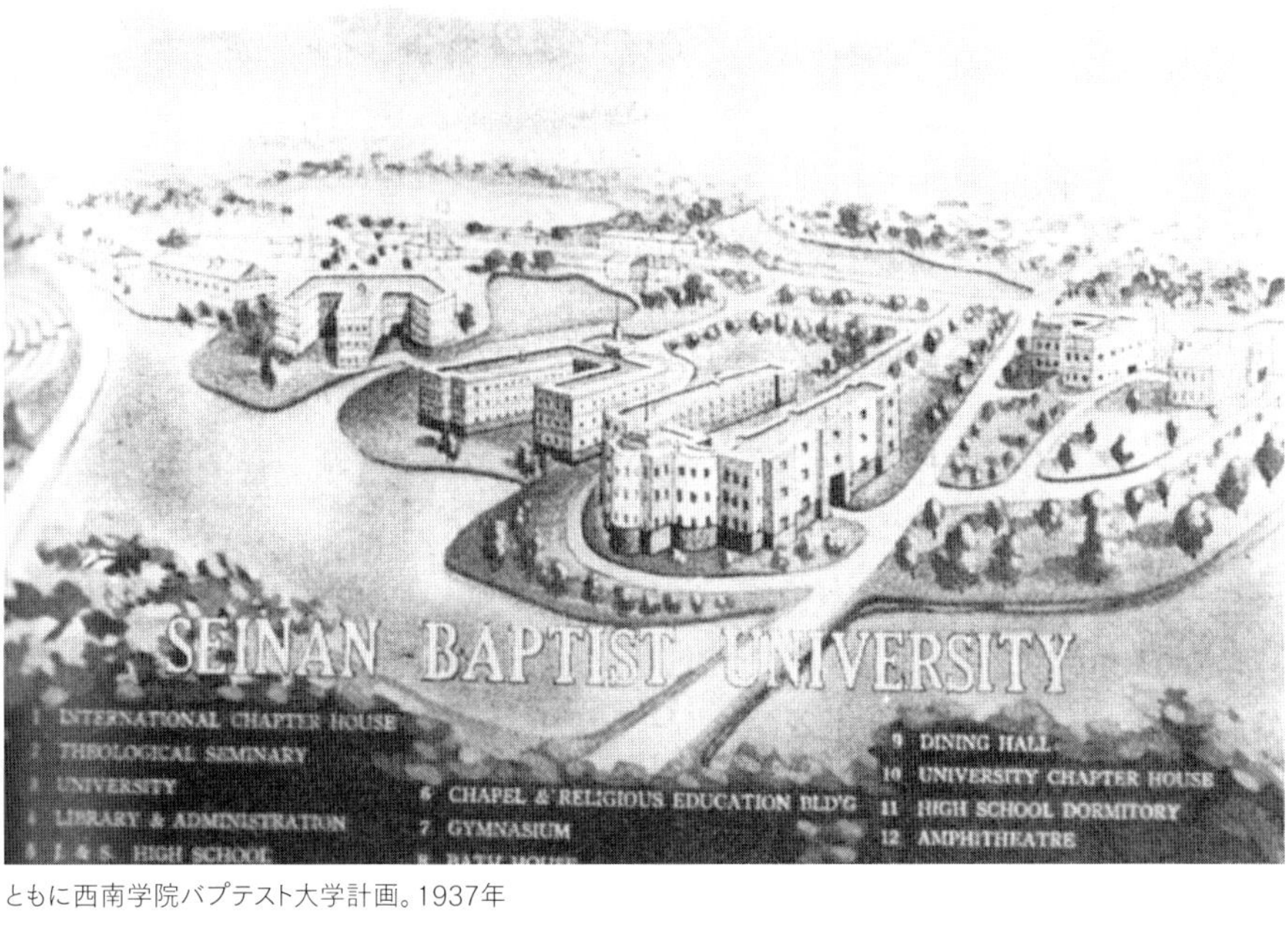

ともに西南学院バプテスト大学計画。1937年

要施設のほか、寄宿舎、学友会館、食堂、教員住宅などの居住施設、さらに野外劇場、運動場など野外の設備を含めて全体計画が立案されている。大学の中核部は中央広場を囲むヤード・タイプを採用し、湖を望む視界を取り入れ、魅力的なランドスケープが構想されていた。個々の校舎の平面計画はいわゆるヴォーリズ式のものだが、大半を鉄筋コンクリート造三階建てのモダニズム・スタイルにまとめられ、ヴォーリズ・デザインの新しい傾向を見せていた。

この大学構想は、印刷された完成予想図まで作成され、学院内外に報じられたようだが、建設を目前にして戦時色が濃くなり、千隈における大学開設は機を失ったのである。

大学開校が実現したのは時代が改まって一九四九年（昭和二四）のこと。そして一九五四年（昭和二九）に至り、先の千隈における大学構想を受けついだ講堂ランキン・チャペルが建てられた。

西南女学院

C・K・ドージャーとともに西南学院を設立し、初代理事長を務めていたJ・H・ロウは、一九二一年（大正一〇）に小倉に転じ、高等女学校の開設を目指し、翌年三月に西南女学院がロウ氏の婦人、C・H・ロウ（Carrie Hooker Rowe）を院長として開校した。

それに先立って、南部バプテスト・ミッションによる女学校設立を図っていた宣教師がいる。熊本バプテスト教会のW・H・クラーク夫妻で、氏のもとには米国バプテスト教会婦人部から学校設立のための寄付八万円が寄せられていたという。それによるものか、一九一九年（大正八）にヴォーリズのもとで、熊本バプテスト女学校の計画案が立てられている。本館校舎を中心に、チャペル兼

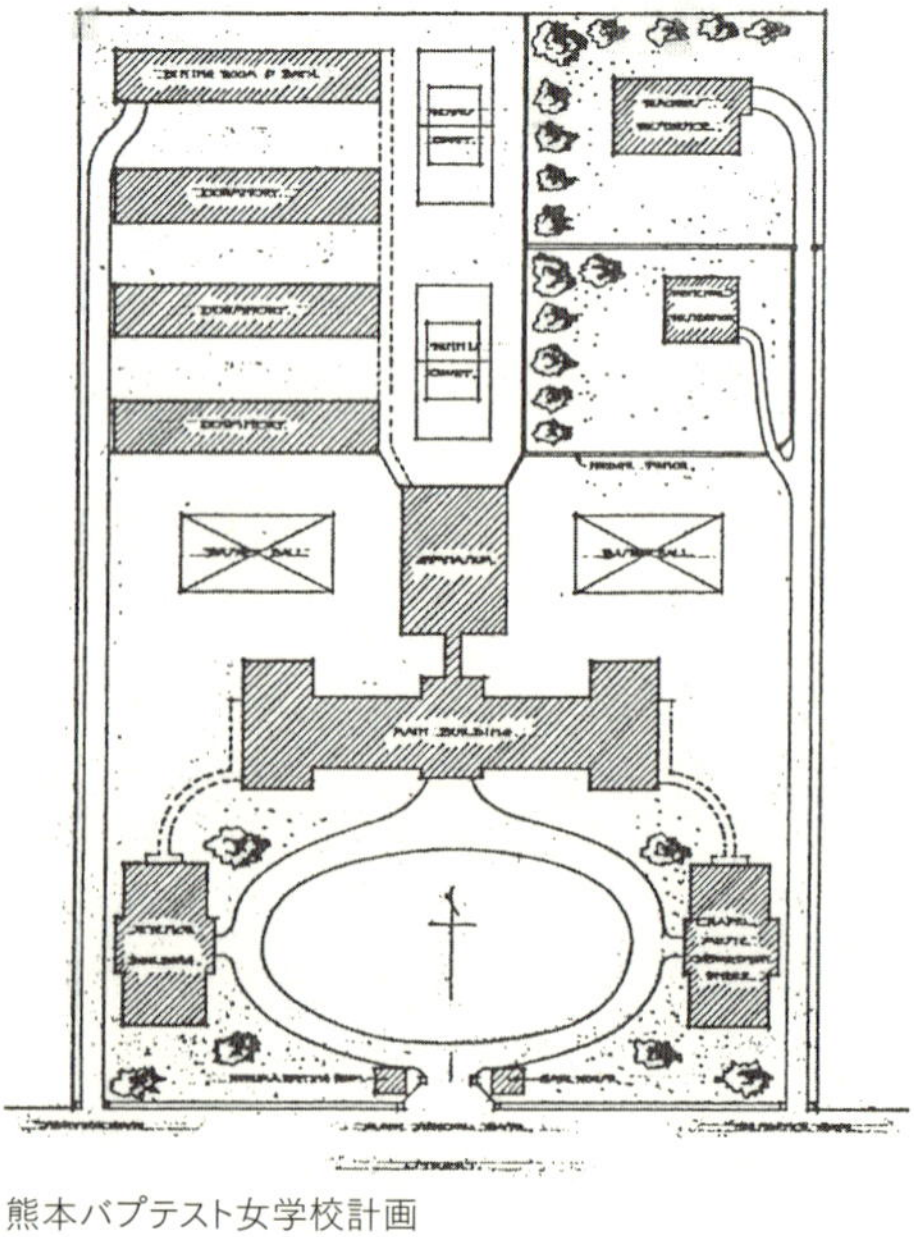

熊本バプテスト女学校計画

西南女学院、右手前は宣教師館

音楽館、科学館、それに体育館が配置され、その背後に四棟の寄宿舎と宣教師館が描かれている。しかし、この計画案ではまだ具体的な敷地は定められていなかったようだ。

実際にこの時、開校地をめぐってクラークの進める熊本案と、西南学院のある福岡案の間で議論を重ねていたという。その途上、クラーク夫妻は東京へ転任し、開校地の選考はミッションのミセス・ウィリングハムらに委ねられた。その結果、小倉近郊の到津《いとうづ》の丘と決められ、一九二一年（大正一〇）に校地一万二〇〇〇坪を得て校舎の建設がはじまった。

ロウ夫妻が福岡から小倉に入ったのはそうした時期で、到津の丘には校務館、寄宿舎、体育館兼講堂、それに住宅三棟が建てられつつあったという。これら創設期の施設のうち、校務館と寄宿舎、それにロウ院長住宅となる宣教師館一棟がヴォーリズの建築である。

一九二二年（大正一一）の開校時に建てられた校務館と寄宿舎は、外観上よく似た建物であることに気づいていたが、改めて当時の設計図を比べてみると、玄関ポーチを中心にして左右を逆にデザインした同じ意匠の建築であることがわかる。両館ともに木造二階建て、寄棟屋根赤瓦葺きの構成で、正面間口一〇二尺二寸、二階軒高二三尺五寸と、まったく同じ寸法で設計されたものだった。校務館は学校の中心となる多用途の校舎であり、それが和室八畳の住居設備をもった寄宿舎と、外観的に相対するデザインとした興味深い建築だった。

ロウ院長住宅となった宣教師館は、西南学院宣教師館と同時期に設計されたもので、両者の共通性も少なくな

ロウ記念講堂。1935年

ロウ記念講堂内部

ロウ記念講堂階段

いが、傾斜地を利用した三階建ての住宅で、七基の暖炉を有しており、先のドージャー邸よりも規模、設備のうえで勝るものだった。この宣教師館は一九二九年（昭和四）、ロウ院長が没した後、音楽館として活用された。

ところで、開校に向けて、ヴォーリズ案による体育館兼講堂の計画があった。図によると、玄関ホールの上部には大時計を備えた塔を上げ、外観からは半円アーチ窓を連ねたチャペルを思わせるもので、講堂を兼ねる体育室を中心に、音楽ホールも併設されている。実現したならばキャンパスのシンボルとなるべき計画だったが、その構想は、一三年後に改めて計画されるロウ記念講堂まで据え置かれることになる。

その後、一九二五年（大正一四）に頌栄館と、一九二七年（昭和二）に思恩館が竣工する。この二棟の設計者については知られていないが、これにより学院創設期における施設が整った。

一九三四年（昭和九）に至り、学院の経営は米国ミッションの下から日本バプテスト西部組合へと移り、原松太院長時代がはじまる。その頃から専門部の開設が準備され、創設者J・H・ロウを記念するロウ講堂の建設が決められた。一九三四年（昭和九）に設計され、翌年二月、南部バプテスト海外伝道教会総主事マドレー氏らを迎えて地鎮祭が挙行され、一〇月にはキャンパス内の高台の頂上に、学内はじめての鉄筋コンクリート三階建ての講堂が竣工した。

一角に高塔を配し、屋上広場の活用を図ったフラット・ルーフの建築は当時のヴォーリズ建築の中ではモダン・スタイルに属するもので、屋上からはキャンパス全体は言うまでもなく、遠く関門海峡が遠望されたという。しかし、その眺望が禍《わざわい》して、予期せぬ難題を学院は負うことになる。時代の様相は戦時色を深め、関門海峡を見渡す位置に建つロウ記念講堂は国防上の難物とされ、一九三七年（昭和一二）には北九州防空部隊に徴用された。返還に際しては、褐色と緑の迷彩塗装が強いられた。

ロウ講堂が再び白亜の講堂として蘇るのは、一九五一年（昭和二六）五月のこと。そうした歴史を染めて今あるロウ記念講堂は、戦中を耐えた学院のシンボルとなっている。

活水学院　鎮西学院

——東山手の赤い屋根

グラバー邸のテラスより東山手を望むと、オランダ坂を上がったところに活水学院の一群の建築と、その南にカトリックの海星学園の建物が並び立つ風景が目に入る。ネオ・ゴシック・スタイルで赤い屋根の活水の学舎に対して、海星のほうはロマネスク・スタイルの白亜の学舎と、好対照をなす印象深い景観をつくっている。

言うまでもなく長崎は、幕末期に外国人居留地を開き、明治初期には海岸地帯を外国人の商館、ホテル、銀行などが埋め、山手地帯にかけては西洋館の住宅地域となっていた。なかでも東山手地区には、明治初期にミッション・スクールが相次いで開校したことでエキゾチックな雰囲気を生み出した。その当時からのシンボルがオランダ坂の石畳である。

長崎でのプロテスタントの伝道は、「切支丹禁制」の高札が撤廃された一八七三年（明治六）より、聖公会、一致改革派、それにメソジスト派など、それぞれのミッションから派遣された宣教師によりはじめられている。そして一八七九年（明治一二）には、聖公会のグッドオールによる十人女学校、メソジスト派のデビソンによる活水女学校が開校し、二年後には鎮西学院の前身であるカブリー英語学校が活水キャンパスのすぐ東に接して開校した。東山手地区にはその後も改革派のスティール・アカデミー（一八八七年、後の東山学院）、ローマン・カトリックの海星学院（一八九八年）が開校し、屈指のミッション・スクール群を形成してきた。

周知のように、女子校の活水学院と、男子校の鎮西学院は、ともにメソジスト・ミッションの伝道事業として設立されたものであり、長崎にあって互いに親密な関係を保持して今日に至っている。ことに一九二三年（大正一二）よりはじまる新校舎の建築では、ヴォーゲルとヴォーリズの設計により、共通したイメージのキャンパスがつくられていたことが注目される。

両校の設計者として学院史に記される上海在留米国人建築技師ヴォーゲルとは、一九一二年（明治四五／大正元）一二月に来日し、ヴォーリズ合名会社に入り、一九一七年（大正六）五月まで建築部の有力なスタッフとして活躍していたJ・H・ヴォーゲルである。彼はオハイオ州立大学建築科を卒業後、数年間の建築実務を経験して来日した技師であり、ヴォーリズ合名会社の建築部ではヴォーリズの補佐的役割を果たしていた。近江八幡を離れて上海で独自の建築活動をはじめたことが知られるが、ヴォーリズとの親交は長く続いたという。ここで取り上げる活水と鎮西、さらに熊本の九州女学院の建築計画にヴォーゲルが招かれたことに、両者の協力関係がうかがえるのである。長崎を起点にすると、近江八幡と上海は、ほぼ等距離にある。

活水学院

一八七九年（明治一二）に、米国メソジスト教会婦人外国伝道教会（Woman's Foreign Missionary Society）派遣の宣教師ラッセル（Miss Elizabeth Russell）を初代校長に迎えて創立された活水学院は、東山手一三番地に一八八二年（明治一五）に新校舎（ラッセル・ホール）を建てた。宣教師館を中央にして、左右に諸教室と寄宿舎を置き、正面にバルコニーをめぐらせたラッセル・ホールは、一九二四年（大正一三）の校舎建て替えまで、学院のシンボル的建築となる。

一八九五年（明治二八）には、二階にチャペルを設けた新館（カウエン・ホール）を増築した。その五〇〇席を有したチャペルの備品は、今日の小チャペルに移され活

活水学院全景

用されるもので、ことに講壇はカウエン・ホール竣工の頃を記念する学院の至宝とされている。

その後、一九二四年（大正一三）に隣接する東山手一四番地の梅香崎女学校のキャンパスを譲り受け、校地および学舎二棟を加え、ギャンブル・ホール（寄宿舎）、トーマス・ホール（音楽教室）と命名されている。

さて、一九二〇年（大正九）に第三代校長としてホワイト女史（Miss Anna Laura White）を迎えて、学院の発展時代に入る。女史が着任する前年に予科二年、本科四年からなる活水女子専門学校を開校しており、キャンパスの再整備が待たれていた。

『活水五十年史』（一九二九年）によると、校舎改築計画は一九二三年（大正一二）よりはじめられ、ペカム委員長、ホワイト校長ほか八名の建築委員で検討されたところ、ヴォーゲルを上海より招き、設計案を求めることになった。設計は順調に進み、鉄筋コンクリート造四階建ての本館校舎と、三階建て寄宿舎の設計が仕上がり、長崎市の高木弥三郎の工事請負で、一九二五年（大正一四）三月に着工した。翌年三月にまず本館が竣工し、講堂と寄宿舎が一一月に竣工した。さらに体育館が続いて着工され、一九二七年（昭和二）一一月に完成をみて、ホワイト校長時代のキャンパスの整備は完了した。

ところで、設計者ヴォーゲルは、現地に居を移して工事監督にあたっていたが、一九二六年（大正一五／昭和元）七月にあわただしく帰米したらしい。その事情は明らかでないが、突然のことで彼も心残りな帰国だったと思われる。

長崎での二年余りの滞在中、活水の建築と平行して九州女学院本館の設計と、鎮西学院の竹之久保学舎の計画を作成しており、短期間ながらも充実した長崎時代であった。

では、本館校舎を訪ねてみる。鉄筋コンクリート四階建てだが、東の棟は地盤が高く、二階の位置に玄関を構えている。そして四階部分は急勾配の屋根裏部に設けられ、小きざみに配置されたドーマー・ウィンドウ（屋根窓）が建物に躍動感を与えている。そして各層の小壁にはクワトロフォイル（四つ葉模様）の繊細なレリーフ・パネルが付され、その意匠がネオ・ゴシック・スタイルの建築に優しさを添えている。

この建築を特徴づけているもう一つの要素は、二箇所に設けられた玄関ホールを八角形とし、一方を五層の高さにして塔のイメージを表していることだ。この塔のたもとから七〇度の角度で新棟が一九三三年（昭和八）に増築されたため、二棟の交点に建つ塔は透視図的効果によ

活水学院校舎。1926年

3階講堂

4階小講堂・チャペル

り一段とシンボリックなものとなった。この増築はヴォーリズ建築事務所によるもので、既存の棟と巧みに融合させ、この本館建築をより個性的なものに発展させている。

内部は中廊下式をとり、諸教室、図書室、研究室などを配置するが、とりわけ三階の大講堂と四階の小講堂（チャペル）が特筆すべき空間となっている。

大講堂は高い勾配天井を変則的な鉄骨補強の木造トラスで軽々と架け、側壁の窓に加えて上部の屋根窓からも光を導き、思いのほか明るい空間となっている。

四階の小講堂は巧妙かつ大胆なトラスが空間を構成し、大講堂の軽妙なトラスの印象とは対照的に重く、圧倒的な印象を与えている。しかも、限定された窓からは黄色の色ガラスを透過したドラマティックな光が射し、温かみを伴った緊張感に満ちている。講壇を区切るアーチはゴシック式だが、一見半円アーチと思わせるシンプルな扱いであるのに対して、左右のトレーサリー（透かし装飾）は質が高く入念な技巧が凝らされている。そして精緻に装飾された講壇と、円弧形の長椅子は、かつてカウエン・ホールのチャペルで使われていた歴史的なものという。この小講堂はチャペルとも言える空間であり、数あるヴォーリズの礼拝堂建築においても類例を見ないものである。

鎮西学院

一八八一年（明治一四）に北米メソジスト監督教会外国伝道局より派遣されたC・S・ロング（Caroll Summerfield Long）を校長に迎えて設立された学院は、一八九二年（明治二五）までに活水学院に接する東山手四番地から六番地を校地として、四棟の木造校舎を有していた。そして創立二五周年にあたる一九〇六年（明治三九）に煉瓦造二階建ての本館校舎を建てた。この本館は、当時の東山手地区では屈指の規模を誇る建築だったが、一九一〇年（明治四三）に火災で過半を失った。しかしすばやく改築され、翌年には第二期の本館として蘇った。

さて、ヴォーリズの建築資料に、一九一四年（大正三）の作図による鎮西学院キャンパスの図がある。これによると、既存の第二期校舎に連なって本館、チャペルが一角を占め、東山手三番の新校地に寄宿舎が計画され、それに沿って煉瓦造の本館、チャペル、木造の体育館、寄宿舎の四棟の設計が作成されている。この構想は学院キャンパスの一新を図るもので、一九一五年（大正五）の創立三五周年を期してヴォーリズに依頼されたものと考えられる。この計画は実施されなかったが、実現されたなら東山手地区の景観も相当異なったものになっただろう。

数年を経過した一九二四年（大正一三）、本館校舎が再度火災で焼失した。残存した校舎は煉瓦造平家建てとして応急の改修が施されたが、それを機に校地移転が決められ、浦上にほど近い竹之久保に新校地を求めた。

竹之久保学舎の計画案が一九二六年（大正一五／昭和元）に作成されている。設計者はJ・H・ヴォーゲルで、活水学院の設計のため長崎滞在中に鎮西の新キャンパス・プランも計画していたのである。建物のデザインは活水本館と共通するもので、本館の傍らに体育館があり、渡り廊下でつながれているものだった。このスケッチは学院の期待にかなうものだったが、工事の着手は数年先になったため、ヴォーゲルは実施設計に関わらず帰国したと考えられる。

一九二八年（昭和三）に至り、キャンパス建築計画を具体化するための建築委員会を構成し、本館のほか、体育館、寄宿舎、講堂、住宅を含む建築計画が決められた。その設計は先のヴォーゲル案を発展させたものだが、最上階の四階まで鉄筋コンクリート造とし、外壁を立ち上げて活水本館に見る切妻屋根の構成が変更されていた。

建築工事は佐世保の金子組により、一九二八年（昭和三）六月起工、翌年一一月に竣工した。新本館には諸教室のほか、三階に講堂、四階に図書室、社交室、青年会室などが設けられ、諸室の配置に活水本館との共通性が見られる。すなわち鎮西の本館は、活水本館に共通する諸室を備えながら、活水の華やいだイメージに対して、実質的で威信に満ちた堅牢なものを求めたものだった。

鎮西の竹之久保学舎は一九四五年（昭和二〇）八月九日、浦上上空に炸裂した原爆で大破した。その倒壊した校舎を残したまま、竹之久保キャンパスは活水学院へ譲り、再度校地を諫早に移して今日に至っている。

鎮西学院学舎の計画。1926年

九州学院　九州女学院

――異色のファサード

熊本市内にある九州学院と九州女学院は、ともにルーテル派ミッション・スクールの両雄である。そして、それぞれに大正時代後半期の個性あるヴォーリズ建築を有している。

ルーテル派の日本宣教は、一八九三年（明治二六）より北米一致ルーテル教会のシェーラー、ピリー両氏によって佐賀ではじめられ、九州を中心に教勢を伸ばしていた。九州の中枢都市熊本はルーテル派ミッションの拠点として重要視され、一九〇八年（明治四一）に熊本高等予備学校、翌年には福音路帖《ルーテル》神学校が設立されていた。その神学校の校長ブラウン（C. L. Brown）が九州学院設立を目指して動いた。

九州学院

九州学院は一九一〇年（明治四三）に熊本市大江（当時、大江村）に一万坪の校地を得て翌年に開校した。一九一二年（明治四五年／大正元）に竣工した木造二階建て、六〇〇坪を有した本館は、外壁下見板張りの一部に筋交を意匠的に活用するスティック・スタイルという建築様式、それに上下式窓を対に用いるなど、米国建築の特色をもつ一方、屋根は日本瓦葺きとし、凛とした明治建築の風格を備えたものだった。しかしこの建築は、設計者も知られることなく姿を消している。

その後に続く、大正時代以降のキャンパス計画をヴォーリズが進めた。年代を追って列記すると、次の八棟がある。

チャペル・特別校舎　一九一三年（大正二）
校舎　一九一四年（大正三）
寄宿舎　一九一五年（大正四）
講堂（チャペル）　一九二四年（大正一三）
図書館・物理教室・体育館　一九三〇年（昭和五）

しかし、一九一三年（大正二）のチャペルおよび翌年の校舎の建物は、建設された記録がなく、建築計画が立案されたにとどまったようだ。

特別教室は、先の本館の西に少し控えて隣接して建てられ、一九一四年（大正三）に竣工した。建物はすでにないが、設計図で見ると本館校舎の外観意匠をおおむね踏襲してデザインされている。ヴォーリズは、学院のシン

九州学院ブラウン記念講堂。1925年

講堂の内部

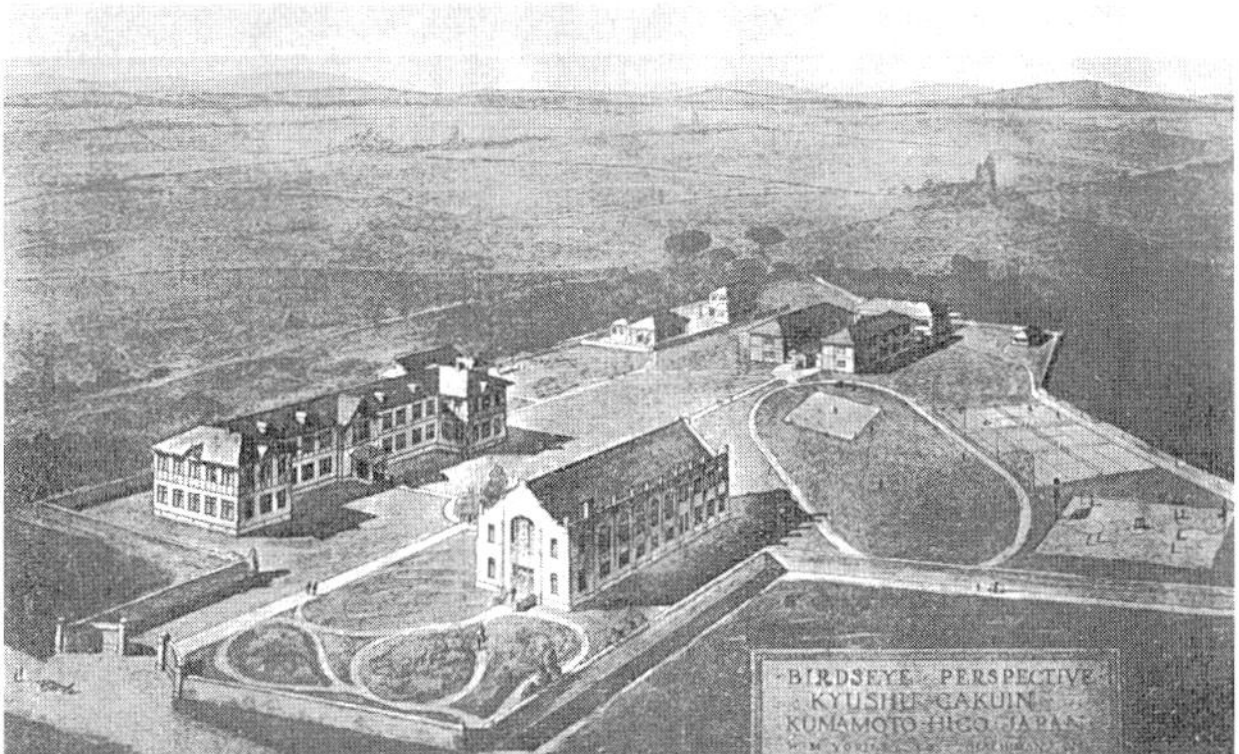

キャンパス計画図、1923年頃。旧本館の正面に講堂が計画されていた

九州学院旧図書館。1931年

ボルである本館との一体感をねらったのであろう。一九二四年（大正一三）にはこの本館の正面に向きあって講堂を建てることになる。

講堂は、学院創立者ブラウン博士にちなんでブラウン記念講堂と称され、一九二五年（大正一四）に竣工した。鉄筋コンクリート造小屋組み木造化粧トラスの建築で、多目的な講堂であるが、三廊式の教会堂建築の構成をとり、講壇も設けられている。また、アーチが連続するアーケード上部にクリアストーリー（高窓）をとり、側壁には二連の半円アーチ形の窓を設けるなど、全体の構成とロマネスク風の意匠は大阪教会（一九二二年）と共通しており、興味深いものがある。

それに加えてこの建物を印象深いものにしているのは、ファサード（正面外観）のデザインである。全体を五つのスパン（柱間）に分割し、中央の三スパンにファン・ライト（半円形の飾り窓）を伴う扉を開き、上部をアーチとしている。上部の壁面構成は、トリビューン、トリフォリウム、高窓、さらに頂部は小さな連続アーチが帯状につくロマネスク式教会堂の構成をとっているが、その印象は近代絵画のように鮮やかなもので、重厚さよりもむしろ華やかさを感じさせる。

一九二三年（大正一二）頃のものか、講堂を含むキャンパスを空から描いた計画図がある。この配置計画図は、実現したものとかなり異なっているが、水前寺道に開いた正門より、キャンパス内に通じる道を挟んで本館と講堂が向き合うイメージがよく示されている。背景には一九一一年（明治四四）の開校時に建築されていた寄宿舎、宣教師館なども描かれ、歴史的キャンパスの貴重な資料となっている。

続く発展は一九三一年（昭和六）、創立二〇周年を期して建設された図書館、物理教室、屋内体育館である。特に図書館はブラウン講堂の北に並んで建築され、講堂よりひとまわり小ぶりながら、ほとんど同じモチーフでデザインされた。あえて異なった扱いを探せば、正面玄関上部の楣に装飾された紋章風のレリーフがあった。個性的な正面壁を並べたこの二棟の効果は見るべきものだったが、後に竣工した図書館はすでに姿を消している。

九州女学院

九州女学院（現・九州ルーテル学院）は、米国一致ルーテル教会婦人伝道部の力で開かれたもので、一九二二年（大正一一）に、マーサ・B・エカード、エドワード・T・ホールン（当時、九州学院チャプレン）ら五名の設立推進委員が選ばれた。この両氏の働きで一九二三年（大正一二）に熊本市黒髪に一万余評の土地を購入し、ヴォーリズ建築事務所へキャンパス計画が依頼された。ヴォーリズはその設計を旧スタッフのJ・H・ヴォーゲルに託した。そして本館、寄宿舎、体育館、院長住宅、主事住宅からなる建築計画が完了し、一九二五年（大正一四）二月一九日に学院建築委員会のホールと、設計者ヴォーゲル、施工者辻長次郎の三者で工事契約がなされ、翌年の開校直前に竣工した。

本館は一〇〇〇坪を超える規模の建築で、鉄筋コンクリート造半地階を有する二階建て、さらに中央部分は、屋根を切り上げ三階を設ける珍しいタイプの学舎である。特に日本瓦葺きの屋根はコンクリートの出梁で支持され、

九州女学院（現・九州ルーテル学院）本館。1926年

九州女学院(現・九州ルーテル学院)本館北面

3階講堂

軒の出を深くしている。さらに正面中央部の柱間を吹き抜けとし、やや重厚な屋根と調和して荘重な印象を与えている。そして出桁や柱頭の装飾的な扱いに和風意匠を取り入れており、日本瓦葺きの屋根と相まって和洋の折衷的意匠としている。

学院資料によると、ヴォーゲルは当初スパニッシュあるいはロマネスク様式で計画していたところ、学院側が熊本城との調和を求めたのに応えて、和風的表現を試みたという。一方、建築資材はほとんどを上海のヘイズ商会より調達した輸入資材がふんだんに使われている。

その一つに珍しい機構を備えた窓サッシがある。同種のものが活水学院でも使用されており、ヴォーゲルが常用したスティール・サッシの一つのようだ。これは単に窓の仕組みにとどまらず、それによって壁面における窓面積の多い、ゆったりとしたプロポーションを生み出した。

カネディアン・アカデミィ
――ハーフ・ティンバーの意匠

阪神間の市街地を眼下にして、遠く六甲アイランドを望むに最良の地点の一つである長峰台に、国際学校で知られるカネディアン・アカデミィがある。数棟の新校舎が建てられて以来、キャンパスはずいぶん整備されているが、その中で昭和初期に建てられた二棟の建築があった。

一つは一九三三年（昭和八）に建てられた鉄筋コンクリート造四階建ての寄宿舎（グローセスター・ハウス）で、他の一棟は一九五三年（昭和二八）に建てられた木造二階建ての中学部校舎である。両者ともにハーフ・ティンバーを特色にするチューダー・スタイルを基調にしたデザインで、単調になりがちな校舎の建物に小気味よいリズムを与え、親しみやすい雰囲気を生み出している。しかもこの二棟の建築の間には、戦争を挟んでの二〇年間の隔たりと、鉄筋コンクリートと木造という違いがあるにもかかわらず、両建築は一対のもののように響き合っていた。

寄宿舎グローセスター・ハウス。1933年

カネディアン・アカデミィの創立は一九一三年（大正二）、場所は西灘の王子、かつての関西学院原田学舎の北辺にキャンパスを設けていた。その後の三〇年余り、西灘キャンパスで発展したが、戦時中の一九四二年（昭和一七）に閉校され、さらに校舎を戦火で失った。ただ、長峰台の第二キャンパスにあった男子寄宿舎だけが残されていたため、戦後の一九五二年（昭和二七）に学園は長峰台に移り再開されたのだった。

ところで、学園の創立は、関西学院の経営の一環としてあったようだ。先に述べたように、関西学院の経営は、米国南メソジスト監督教会に加えて、一九〇八年（明治四一）から経営参加したカナダ・メソジスト教会の支援によっていた。実際、学院の主な校舎が建てられたのは一九一〇年代にかけてであり、そうした関西学院の発展を背景にカネディアン・アカデミィが学院宣教師の子弟たちの教育機関として設立されたのである。

開校当時は、マイゼニア女史一人が教師で、一六名の生徒を預かるという家族的な学園だったが、その後は阪神間に在住する宣教師、商社に勤める外国人の子弟の教育を広く引き受け、国際学校として発展していった。

＊

それでは、アルバムに記録された、かつての西灘キャンパスの建築を見てみる。

一九一八年（大正七）に建てられた最初の本格的な校舎兼寄宿舎（マイゼニア・ホール）がある。続いて女子寄宿舎（ウェブスター・ホール、一九二〇年）、さらに新校舎（メモリアル・ホール、一九二二年）が建築されている。これらの建設時期は関西学院の第二期の学舎建築時代、すなわち煉瓦造による中央講堂、各学部校舎が建てられた時期と一致している。このことから、カナダ・メソジスト教会の支援による一連の関西学院の施設整備事業と連動して、カネディアン・アカデミィの学舎が建てられたと考えられる。これらの建築記録は多くないが、ヴォーリズ建築としてよいと思われる。

確かに木造のマイゼニア・ホール、ウェブスター・ホールの両寄宿舎には、ヴォーリズの数多いスクール・ドミトリーの作風が如実に表れている。一方、本館のメモリアル・ホールは、一階が石造または煉瓦で、二、三階も外壁には一部煉瓦が積まれた非木造建築と思われるもので、三階に設けられたバルコニーのデザインはヴォーリズ建築とすれば異色なものである。

その後、一九二九年（昭和四）に関西学院が西宮へ移転したのに伴い、学園も長峰台に校地を得て移転計画を立てた。それによると、本館校舎、寄宿舎のほか、体育館、

マイゼニア・ホール。1918年

ウェブスター・ホール。1920年

メモリアル・ホール。1922年

長峰台キャンパス、寄宿舎（上）と本館（下）計画のスケッチ。1929年

チャペルの配置計画があり、数枚の建築スケッチがすでに描かれていた。しかし、この新キャンパスの建設計画は数年遅れ、結果的には一九三三年（昭和八）に男子寄宿舎だけが実現されたにとどまり、長峰台での新キャンパスの建設は戦後に持ち越された。

それにしても、一九二九年（昭和四）の建築スケッチは実に興味深いものがある。ハーフ・ティンバーのチューダー様式による建築イメージがすでに構想されていたのである。それは、数年後に実現される寄宿舎の下図であるだけでなく、三階建ての本館建築も同時に計画されていた。木構造デザインのハーフ・ティンバー・スタイルは歴史的には英国式とされるものだが、このスケッチのイメージは、豊かな森林を背景にしたカナダの風土を思わせるもので、カナダ人宣教師の子弟たちに贈る母国のイメージとして、ヴォーリズはこのスタイルを選んだように思う。そういうインスピレーションに満ちたスケッチなのである。

四年後の一九三三年（昭和八）に建築されたグローセスター・ハウス（寄宿舎）と、一九五三年（昭和二八）に建てられた中学部校舎のイメージはこの時のスケッチに基づいている。それゆえに、ハーフ・ティンバーの木骨表現の一部が、実際にはコンクリートの壁面にペインティングされたものなのだが、このスタイルが学園のキャラクターを表すものとして親しまれてきたのである。

頌栄保育学院

――一つ屋根の下に

神戸市の山手、諏訪山公園に向かう道沿い、相楽園の正門と向かい合って、スパニッシュ・スタイル、それも赤瓦ではなく青磁釉に近い緑色瓦が印象的な旧頌栄保育学院の建物があった。

道路に面する東側は玄関部分を中心におおむね左右対称で、七寸勾配の深い屋根の外観はまことに落ち着いた印象を与えていた。その姿はL型に棟が続く南側にも展開され、長さ四八メートルに達する南側正面には二箇所の出入口、二本の暖炉煙突が配置され、いくぶんか動きのあるデザインに転じている。

一般にミッション・スクールのキャンパスは、教室棟のほか、チャペル、講堂、寄宿舎、宣教師館などで構成されるのが通例だが、それに対してここに紹介する頌栄の建築は、そうした諸機能を一棟にまとめて建築された珍しい作品だった。

＊

頌栄保育学院は、神戸基督教会婦人会により一八八九年（明治二二）に創立された。アメリカン・ボードの教育宣教師として来日したA・L・ハウ（Miss Annie Lyon Howe）のもたらしたフレーベリズムによる幼児教育を専攻する学院で、当初から幼稚園を併設した幼児教育施設の草分け的存在として知られていた。頌栄を育んだハウ女史の功績は、フレーベル著『母の遊戯及育児歌』の翻訳出版（一八九七年）と、わが国でのキリスト教幼稚園の統一組織であるJKU（The Kindergarten Union of Japan）を一九〇六年（明治三九）に軽井沢で設立し、キリスト教主義幼稚園の基礎をつくったとされている。

学院設立時は頌栄保母伝習所と称され、その学舎は神戸市中山手通五丁目にあった。当初木造日本瓦葺き一部二階建ての和風校舎ではじまり、一八九二年（明治二五）には寄宿舎を建てたのをはじめ、次々と学舎を増やしていった。それらの中で、二二番館寄宿舎はハウ女史の住宅であり、明治大正期を通じて特別寮と呼ばれた唯一の洋館建築だった。

保母伝習所は、一九三五年（昭和一〇）に頌栄保育専攻学校と改称され、一九四二年（昭和一七）に頌栄保育学院が設立された。

ところで、学院の発展に伴って本校の学舎建て替えの要望は早くからあったが、充実したものを求めて実現の

旧頌栄保育学院校舎。1933年

旧頌栄保育学院寄宿舎側玄関

時期を待っていた。一九三〇年（昭和五）に至り、中山手六丁目の神戸女子神学校の校地が、本校の新学舎建築地としてミッション・ボードより与えられ、いよいよ計画が着手された。ヴォーリズの建築作品リストによると、一九二九年（昭和四）一二月に作品番号３２９９で「Glory Kindergaten Training School」と記されている。そして頌栄に続く作品番号３３００は「Kobe Women Evangelistic School」で、神戸女子神学校である。つまり、神戸女子神学校（後の聖和大学）の西宮キャンパスへの移転計画と、同地への頌栄の新学舎建築計画は、ミッション・ボードによって連動して進められ、ヴォーリズにより同時期に設計作業が進められたことがわかる。

建築工事は一九三二年（昭和七）春に着手され、六月一七日に定礎式、翌年三月に竣工した。

一部に地階を有する木造二階建て、屋根構造は梁間二〇七尺に木造トラスをかけ、床構造では主要部分に鉄骨梁が使用された。外壁はモルタル・スタッコ仕上げながら、窓まわりはスクラッチ・タイル、出入口アーチまわりはキャスト・ストーン（人造石）で化粧されているため、木造建築とは思えない重厚さを感じさせる。

ことにスパニッシュ・ミッション・スタイルを特徴づけている正面玄関の意匠に注目すると、入口アーチの上

旧頌栄保育学院チャペル

教室棟階段ホール

に三連のアーチ窓を配し、スパニッシュ・ミッション・スタイルの特色ある妻壁を立ち上げ、その両脇に壺飾りを置いている。妻壁のレリーフ、ロート・アイアン（鉄細工）の手摺や稠密《ちゅうみつ》な欄間装飾、玄開扉の意匠など、密度の高いデザインが凝らされている。この構成は、同時期に建った神戸女学院文学館（一九三三年）の正面玄関にも通じるものとして興味がもたれる。

正面玄関から入った一階には、幼稚園の四つの教室と体操場（遊戯室）などが設けられ、二階には保育科の教室とチャペル、図書室が配置されていた。そして廊下に沿って南に進むと、寄宿舎ゾーンに入る。そこには一二名の寄宿生のための部屋と、食堂、台所、談話室、それに舎監室が配置されている。もっとも寄宿舎用玄関は学舎南面の中央に設けられ、独立性が保持されている。

南棟西側のいくぶんか簡素なスパニッシュのアーチは、宣教師館の玄関で、この部分は屋根も一段低く、住宅風にデザインされている。一階には居間、食堂、台所、それにメイドルームが配置され、二階に三人の宣教師のための寝室が設けられていた。二階のホールから廊下伝いに寄宿舎ゾーンにも通じており、融通性のある間取りが工夫されていた。

このように、この学舎は学校、寄宿舎、宣教師館の三つの機能を満たすように構成されている。正面に開かれた三箇所（学生通用口を含めると四箇所）それぞれの玄関が、その個別性を表現している。そのデザインは、学校正門、寄宿舎玄関、学生通用玄関、宣教師館玄関という順に従って簡素化されており、興味深い。

ところで、南棟の屋根の中ほどに一基の煙突が設けられている。体操場に備えられた暖炉の煙突である。この部屋は体操場として使用されたばかりでなく、遊戯室、講堂として利用されたため、西面に講壇を構え、その中央に立派な暖炉が設けられたのである。体操場が多目的室であるのに対して、チャペルは礼拝専用に計画されていた。一般に、学校のチャペルは講堂を兼用されることが多いが、ここでは「礼拝室の感化を徹底的に学校全体に侵《ママ》み込ませようとするにはどうしたらよろしいでせうか。第一この室は唯宗教的の歌とか祈禱の為にのみ用ひることです」（同窓会報、一九三一年八月）という、学院主事のカサリン・アカナ女史の意志が反映されて、清らかな礼拝空間として計画されたのである。

プール学院　共愛学園　東奥義塾

——モダニズム・デザイン

近代建築のデザインは、明治期にはじまる石や赤煉瓦による古典的な様式建築から、戦後のモダンな機能的建築へと進んでいくのだが、大正から昭和初期はその過渡期にあって、歴史様式による建築とモダンで革新的な建築の両者が、競って日本の都市景観を形成していた時代である。ヴォーリズが活躍した時代はそうした歴史主義とモダニズムの葛藤期にあって、ヴォーリズの建築は多分に歴史様式的で、オーソドックスな位置を占めていたと言われる。

確かにそうであり、代表的な建築作品はスパニッシュやチューダー式といった様式建築の作品が占めている。しかしながら、ヴォーリズがモダニズム・スタイルの建築にまったく手を染めなかったわけではなく、そういうモダニズム・デザインの傾向を取り入れた一群の作品が学校建築の中にある。

その代表的な作品が、一九三五年（昭和一〇）に建てられたプール学院の建築と、アメリカンスクール（東京・目黒）の校舎であり、一九三七年（昭和一二）に発行された『ヴォーリズ建築事務所作品集』の中に並んで収録されている。

モダニズム建築のデザインは、機能的で合理的なデザインを追求することから求められたもので、学校建築を機能的に考えると、校舎を構成する各教室は、いわば授業のための箱であり、その箱の集合が建築になるという発想である。そのためにモダニズム・スタイルは必然的に大きな箱形となり、意匠的な屋根や庇は不要で、玄関ポーチまわりの装飾は排除されることになる。全体に単純明快なデザインとなり、規則的なパターンの繰り返しが、モダニズム・デザインの常軌となる。そういう手法を取り入れた、プール学院の建築を見てみる。

プール学院

プール学院は、英国聖公会の主教プール監督（W. A. Poole）により一八九〇年（明治二三）、大阪の川口《かわぐち》居留地内に設立された歴史を有するミッション・スクールである。学院が現在ある生野区勝山に移転したのは、一九一七年（大正六）のことという。当時建てられた木造二階建ての本館校舎、礼拝堂、宣教師館の建築についてはよく

プール学院。1935年

知られていないが、その頃、神戸にいた英国人建築家ハンセルが関係したとも伝えられている。英国式の流れを引く学校で、大阪にあって一八九五年（明治二八）創立の男子校、桃山学院と対をなすものだった。

一九二九年（昭和四）には礼拝堂の清心館も建てられ、施設も完備していたが、一九三四年（昭和九）九月二一日、室戸台風により被災し、学院は大きな打撃を受けた。その校舎復興計画の依頼をヴォーリズが受け、今ある鉄筋コンクリート三階建て校舎の建築がはじまった。第一期工事が完成したのが一九三五年（昭和一〇）一二月、その三年後に第二期が竣工し、ロの字形にめぐる本館校舎と体育館が、旧キャンパスのイメージを一新させたのである。

格子状の壁を残して大きなガラス窓がほとんど全体のデザインを決めている。この単純明快な箱型の建築は、ヴォーリズ作品の中にあって、モダニズム・スタイルを取り入れた代表的なもので、三連の窓を横長に構成することで、一教室単位のユニットが外観デザインに表れる機能的なデザインだ。窓ガラスも横長であれば、タイルも横目地がとられ、スカイラインをつくるパラペットも一本の水平線となっている。実は、この背後に五本の煙突が設けられているのだが、それを正面から見せないとこ

清心館（チャペル）。1936年

ろに、モダニズム・スタイルへのこだわりがうかがえる。

　ところで、この本館を眺めていると、ヴォーリズ建築特有の均整感を感じる。それは、階高や窓の割り付けが、ヴォーリズ建築のプロポーションに従っているからであろう。例えば、正面は五教室が一列に並んでいるが、中央の三教室の柱間は三〇尺、それに対して両脇の柱間は二七尺と少し狭い。均一に見える窓の配置も、実は両脇で引き締めたデザインに工夫されているのである。玄関からホールに入ると、二本の円柱が立ち、ゆとりのある空間とし、その奥に中庭に開く扉がある。中庭はさほど広くはないのだが、丸い散歩道がデザインされた花園となり、中庭をめぐる廊下の窓に生徒たちの明るい動きが映じている。

　この鉄筋コンクリート造本館校舎の二期にわたる工事の間に、二棟の木造建築が建った。チャペル兼講堂に使われる清心館と、宣教師館である。赤瓦に白壁、アーチ型の高窓が特色のスパニッシュ・スタイルの清心館は、学院における象徴的な建物であり、その講壇背後のトレーサリー（透かし模様の飾り窓）は、大正時代にあった旧清心館のトレーサリーが復元されたものとして学院の歴史を伝えていた。二〇〇六年の建て替えで、当時の建物は残されていないが、かつて象徴的な場としての清心館と、機能的合理性を第一にした鉄筋コンクリート造の校舎によるキャンパスを形成していたのである。

共愛学園と東奥義塾

　プール学院に至るモダニズム・スタイルの流れを昭和初期にさかのぼると、二棟の学校建築がある。

　一つは前橋の共愛学園の旧本館校舎共愛館で、一九二七年（昭和二）の建築である。学園は、群馬におけるアメリカン・ボードの宣教事業の要となった学校で、校内に一八九二年（明治二五）の建築と言われる宣教師館を有し、学園の歴史的記念館としているミッション・スクールである。

学園の正門を入って前庭の正面に共愛館があった。三階建てだが、創建時は二階建てで、鉄筋コンクリート造の堅牢さと、合理的な計画による明快簡素な建築である。機能主義的な学校建築の初期作品と思われるものだが、玄関ポーチの大きな構えと外壁面にあるレリーフ装飾が、時代性を写している。

他の一つは弘前にある東奥義塾下白金町時代の本館建築で、一九三一年（昭和六）に建てられた鉄筋コンクリート三階建ての本館校舎があった。

一九三〇年（昭和五）の火災後の復興事業として計画され、何より耐火建築の鉄筋コンクリートの校舎が求められたという。先の共愛館と共通する質と雰囲気をもつが、窓の上下に水平バンドを走らせて、より平明でモダンなデザインが工夫されていた。

昭和初期を特徴づけるヴォーリズ作品では、関西学院を典型にしたスパニッシュ・ミッション・スタイルなど多彩な様式がデザインされるのだが、この時期には、こうした鉄筋コンクリート造の素性に忠実にして、装飾的意匠をほとんど伴わない、合理主義的な学校建築も残している。これらの作例を踏まえて、やがてモダニズムの建築へと向かう。

東奥義塾旧本館。1931年

八幡商業高等学校　豊郷小学校

――和解、そして貢献

八幡商業高等学校と豊郷小学校は、言うまでもなく滋賀県下の公立学校であり、これまで述べてきたミッション・スクールに属するものではない。

しかしながら、「八商」の名で巷間に知られる滋賀県立八幡商業高等学校は、ヴォーリズに来日の機会を与え、それに応えて一九〇五年（明治三八）に来幡し、この学校の英語科教師として着任したことが、近江兄弟社および建築家ヴォーリズの濫觴《らんしょう》となったところであり、ヴォーリズと八商の出会いは、ラフカディオ・ハーンにおける松江中学のそれと同様か、それ以上にドラマティックなものだったように思う。

しかしながら先述したように、在職二年にして、キリスト教活動が非難を浴びてヴォーリズは解雇されている。それが近江八幡において自立自営の近江ミッション事業をはじめる契機となったのである。ところで、それより二八年後の一九三五年（昭和一〇）、ヴォーリズは校舎新築計画の設計依頼を八商から受けることになった。これは八商を町の誇りとする近江八幡の町とキリスト者ヴォーリズとの和解であり、ヴォーリズにとっては凱旋の思いを新たにしたことであろう。

この八商の建築と、同時期に進められた彦根の近郊にある豊郷小学校は、一九三七年（昭和一二）に竣工したもので、戦前期におけるヴォーリズの数多い学校建築作品の棹尾に位置したものである。

八幡商業高等学校

八商は、一八八六年（明治一九）に県立によるわが国最初の商業学校として創立された歴史があり、数多の近江商人を輩出した学校として知られている。当初、大津市字船頭町に開校された滋賀県立商業学校は、一九〇一年（明治三四）に蒲生郡宇津呂村、すなわち現在ある近江八幡市宇津呂町に移転した。当時の校舎は木造二階建て日本瓦葺きながら、下見板張りの外壁と上下式の窓が明治建築としては進歩的な様式のもので、四棟の校舎を有する立派な学校であった。また、当時において先取的な英語教育のため、外国人教師を次々と招聘して、進んだ教育活動を行っていたことも伝えられている。その一二人目に招かれた外国人教師がヴォーリズであった。木造校舎が建って四年目のことで、板壁の木目も鮮やかに映え、床板のオイル引きのにおいも残っていた教室で、英語教師としての日々を送ったのである。教師としても優れ、生徒の評価も高かったが、放課後にバイブル・クラスを開き、ＹＭＣＡ活動の旋風を吹かせたことが予期せぬ問題となり、学校を去った。

　それから三〇年を経て、建築家として活躍するヴォーリズのもとに新校舎の設計が託されたことは、氏にとってもまことに感慨深いことだったと思われる。

旧滋賀県立商業学校。1901年

＊

　さかのぼる一九三二年（昭和七）五月、当時の校長北川勝次郎は、八商の同窓会、近江商尚会大阪支部総会にて、老朽化の目立つ校舎の新築建て替えの構想を披瀝した。それを機に、校舎新築計画は現実的な課題となっていく。

　ところで、近江商尚会大阪支部総会の会場に充てられていた綿業倶楽部の建築は、当時隆盛を極めた綿業界のシンボルのごとく、伝統的様式をまとう大阪随一と言われた名建築で、しかも一九三一年（昭和六）に竣工したばかりの真新しい建物だった。参会者は等しくその建築美に感動していたに違いなく、北川校長は、その場を母校の新築を発案する舞台としたのだった。

　一九三六年（昭和一一）、県議会での校舎新築事業決定までには曲折があったが、同窓会近江尚商会の強力な支援と、ヴォーリズの秀でた設計案が両輪となり、新築計画は具体化していく。ヴォーリズ案が学校に示されたのは一九三五年（昭和一〇）一月という。その年の夏の尚商会総会は、ヴォーリズ来幡三〇周年記念として、再び綿業倶楽部で開催された。ヴォーリズは仕上げたばかりの八商の建築計画について存分に語ったはずだ。

　最終的な設計が完了したのは同年一〇月だが、着工は少し遅れて一九三六年（昭和一一）一二月、工事は安土村

滋賀県立八幡商業高等学校。1938年

の水原甚蔵により進められ、本館校舎は一九三八年（昭和一三）九月に竣工した。その後も講堂、屋内体操場、作法室および柔道場などの工事が続き、すべてが完工したのは一九四〇年（昭和一五）のことである。この年、創立五五周年記念式と新校舎竣工式が、あわせて挙行された。

　鉄筋コンクリート造二階建ての本館は、建坪六〇〇坪余り、正面三七〇尺に及ぶ長大な規模を有していた。明るく明快でモダンなスタイルで、かつてのヴォーリズがよく用いた歴史的様式を払拭したような手法は、一九三五年（昭和一〇）のプール学院の建築以来、模索し積み重ねてきた手法によったものだろう。その中でこの建築の特徴となっているのは、中央部を青磁色タイル張りとし、垂直のルーバー状にデザインして、一種塔状に扱ったシンボル性である。このシンボルは、学内はもとより、むしろ八幡の町に向けて発せられたもののように思える。

　この本館校舎は、八幡市内の新町沿いの南北道路の南端、すなわち旧市内より見てアイストップとなる位置にあり、八商前から延びる道に沿って四丁余り行くと、近江兄弟社のある魚屋町元に至る。ヴォーリズもこの北側外観には、ことのほか思い入れがあったのではないだろうか。なお、学校建築としての特色は校舎群の配置計画にあると思うが、それについては、八商より数か月先行して設計された豊郷小学校と比較して考えてみたい。

豊郷小学校

　安土より彦根に向かって旧中山道を行くと、近江商人の故郷で名高い五箇荘を経て豊郷に入る。付近の町は歴史があり立派な町屋が多く目につくが、そのはずれにある八幡神社に隣接して、広大な前庭をもつ白い近代的な校舎の豊郷小学校がある。

　ヴォーリズ建築事務所の設計、竹中工務店の施工によって一九三七年（昭和一二）五月に竣工したものである。ヴォーリズはこの直前、ミッション・スクールの代表作と言われて美しいキャンパスを誇る神戸女学院、そしてモダニズム・デザインを取り入れた大阪のプール学院の建築を完成させており、続いて韓国ソウルに計画されたこれまた広大な梨花女子大学校の建築に取り組んでいた頃で、鉄筋コンクリート造学校建築の設計に多くの実績を残していた。そうした時期での豊郷小学校の計画は、全体の配置計画に見るように、簡潔明瞭な表現と整然とした構成を特色とし、小学校として実に充実した施設を備えていた。

　約二〇〇メートル四方で一万二〇〇〇坪余りの敷地の中央に長大な本館校舎を置き、その前面の左右に図書館と講堂を、そして本館の両端に青年学校と体育館を置いていた。また衛生的な配慮から、二箇所に水洗式便所を本館から廊下で続く別棟としていた。そして当時から教室にはスチーム暖房、内線電話の設備のあったことも珍しい計画であった。本館の正面にはロータリー状のアプローチを含む前庭を整備し、さらに道路側には実習農園の水田と畑地が設けられていた。南の校庭は、トラックを配した運動場を中心にテニス・コート、バレーボール・コート、相撲場、プールなどが配置されていた。

　豊郷小学校は一八七三年（明治六）の創立という歴史をもつ。この新学舎を建てるまでは、明治期の木造校舎を使用しており、校舎の建て替えが待望されていたところ、

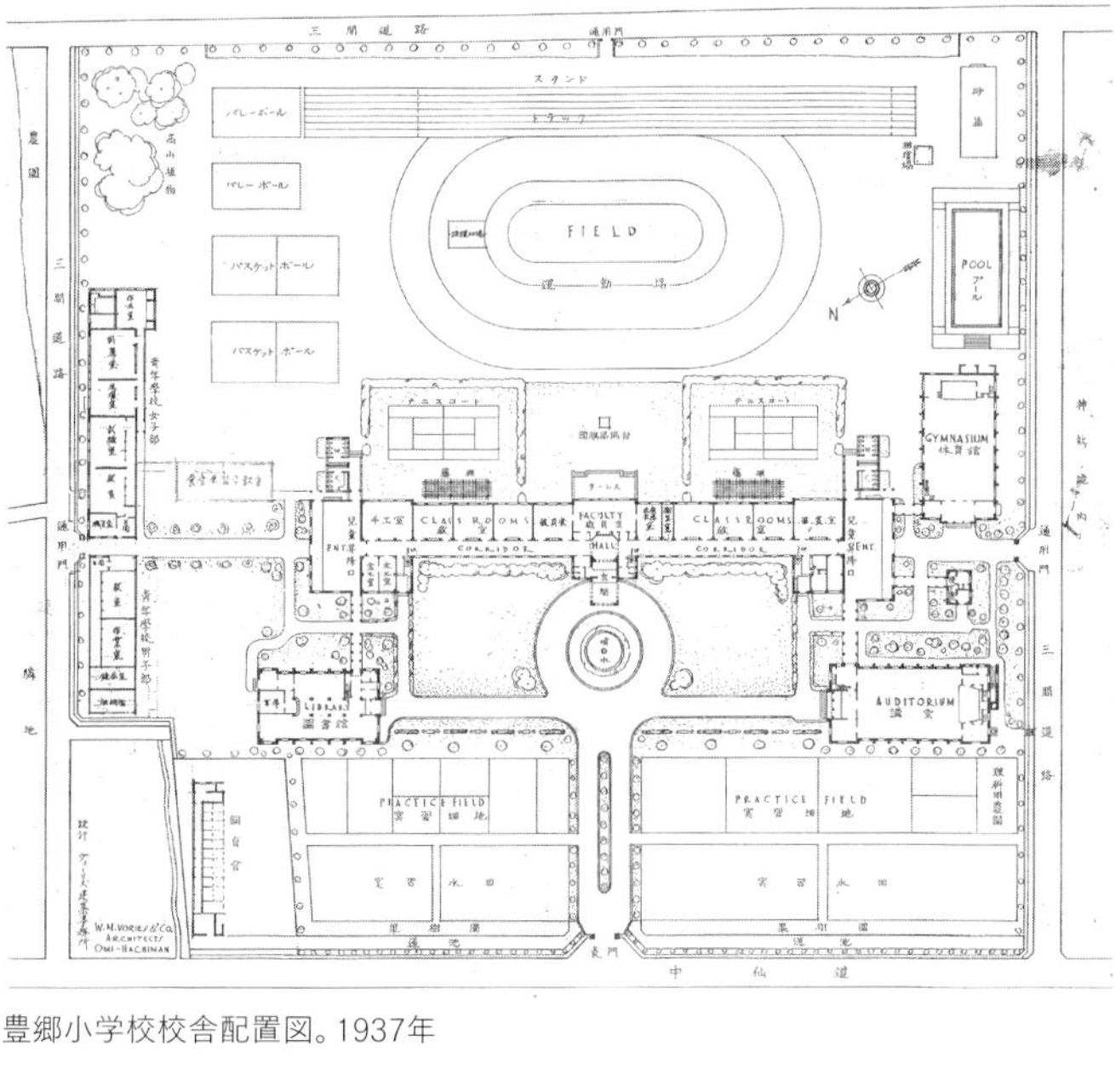

豊郷小学校校舎配置図。1937年

豊郷小学校旧校舎正面

新たな学校を実現させたのは、一九三三年（昭和八）に校長に着任した山中忠幸の熱心な教育環境に関する研究と、当地出身で一八八七年（明治二〇）に当校を卒業していた事業家の古川鉄治郎の美挙によるものであった。当時、伊藤忠兵衛商店（創業者の伊藤忠兵衛も豊郷出身、伊藤忠・丸紅の前身）の専務を務め、大阪財界で広く活躍していた古川が、地元の子弟教育のため、明治初期の木造校舎で改善が待望されていた豊郷尋常高等小学校の新校地および施設を新築寄付したものであった。

ここでは、中心に位置する本館校舎と図書館について述べておきたい。

本館校舎は鉄筋コンクリート造二階、一部三階建て、一〇四メートルほどに及ぶ長大な建物で、東西両端と中央部を北に張り出したE字型の建物である。一二の教室は南面し、北側には幅二メートルの広い廊下が一直線に伸びている。中央部に玄関、職員室、貴賓室などを置き、左右に通学用玄関および手工室、図画室、理科室など広い特別教室を配している。舞台付の音楽室を三階に設けているのも珍しい。三箇所に置かれた階段は、三・八メートルの階高を二四段で上がる緩い勾配で、二面に窓があり明るい。滑らかな手摺には、ブロンズ製のウサギと亀の彫像を置き、愛すべきアクセントになっている。外観は白い塗り壁、スティール・サッシ（一九七九年に改修）で清楚だが、屋内においては、栂材の床、テックス張りの天井、クロス張りペンキ仕上げの腰壁、そして廊下境の木製ガラス窓が居住性のよい環境としていることなど、ヴォーリズ建築の特色がある。

本館の前庭に、講堂と一〇〇メートルの距離で向き合って図書館がある。児童閲覧室を中心に特別閲覧室、郷土資料展示室、書庫などをもつ設備は、小学校図書館としては当時、他に類例を見ないものだったに違いない。建築的にも中央部を吹き抜け空間とする構成や、アール・デコのデザインを効果的に活用した意匠、そして特製の照明灯具、家具調度の類を備えたもので、先に記した神

ウサギと亀の彫像を配置した手摺

戸女学院の図書館に通じる構成と、質の高い内容を有している。その閲覧室平面には、図書館の建築に寄付した郷土の先覚者、伊藤忠兵衛を顕彰するタブレットが掲げられており、この建築は本校のシンボル的性格を与えられたものだったに違いない。

豊郷小学校の建築は、記憶されるように一九九六年に校舎建て替え計画が報じられたことで、卒業生が中心となる保存活動がニュースなった。二〇〇四年に新校舎が建てられ、その後、旧校舎は改修工事が行われ、二〇〇九年に豊郷小学校旧校舎群として再生活用されている。

＊

再び八商の建築に戻る。八商の建築計画は、ヴォーリズのもとで豊郷小学校の建築におよそ半年遅れて設計、建築が進行していた。豊郷小で練った一つの理想的配置計画を、再度応用して進められたものと考えられる。八商の場合は、旧校舎を使いつつ順を追っての建て替えであり、七三〇〇坪の校地を有効に活用することが求められたはずで、豊郷小の計画に比べて複雑なテーマであっただろう。しかしながら、すべてが竣工した一九四〇年（昭和一五）には、本館校舎の前にはロータリー状の前庭を設け、その左右に講堂と作法室および柔道場の棟を対応させる手法は、先の豊郷小と共通したものだった。し

かし、豊郷小が基本的に左右対称形に整然と計画されたのに対し、八商では柔軟かつ機能的に配置された点が注目される。

一九八六年(昭和六一)、本校は創立一〇〇周年、そして本館建築五〇周年を迎えたのを機に、改装工事がなされたが、完甘校長にうかがうと、ヴォーリズ建築の記念的建築を保存整備することに加えて、二つのテーマを新たに実現させたという。一つは、二階にあった旧貴賓室を拡張して会議室とし、歴史的建築にふさわしくクラシカルなインテリアを活かし、この校舎建設を推進された北川勝次郎校長を記念する部屋としたこと、もう一つは、大階段ホールの最上階天井をフレスコ壁画で飾ったことである。作野旦平氏が八商校歌のテーマを三面の画題に構成したもので、未知の国を目指して船出していく幻想的なフレスコ画は、いくぶん硬派に感じられた八商建築に彩りと瑞々しさを添えていた。

久慈幼稚園
――プラタナスの大樹とともに

三陸海岸に位置する中核都市久慈に、注目すべきヴォーリズの建築がある。陸路JRで行くには青森の八戸から八戸線で二時間近く要するところで、今でも交通の開けたところとは言いがたい町である。その久慈に、一九三八年（昭和一三）に着任した婦人宣教師、タマシン・アレン（Thomasine Allen）によって幼稚園が開かれた。その設計はヴォーリズによるものであるが、「久慈社会館」と名づけて計画されたところに特色があった。翌年竣工した園舎を中心に種々のキリスト教事業が芽生えるが、戦時下に入りいったん途絶えた。戦後、一九四七年（昭和二二）に再来日したアレンによって頌美学園が設立され、二〇〇二年より東北文化学園大学に受け継がれている。

はじめて久慈を訪れたのは、一九九七年一一月のことだったが、町の南を流れる長内川に沿う土手道から、園舎の所在するプラタナスの杜を目指した。理事長の矢幅光三先生にお話をうかがいながら、一九三九年（昭和一四）、野田村の大工、平谷鉄男によって建てられた園舎を案内

久慈幼稚園。1939年

いただいた。持参していた設計図のとおり、二階建て瓦葺き（現在は鉄板葺き）外壁の上半分は塗り壁、下部は板壁というヴォーリズの建築でよく見られる外観構成だったが、一九九五年に屋根、外壁が改修されていて、意外と新しく見えた。やや気落ちしながら屋内に入ると、当時のままの木の空間がそこに広がっていた。

　磨き抜かれた床が玄関ホールから奥の遊戯室（サークル・ルーム）、そして廊下へと続いている。壁は木軸を現した真壁式で、引き違いの板戸が用いられており、畳を入れれば和室に転じるような水平に広がる空間が広がっている。漆喰塗りの壁、テックスの天井という構成で、取り立てて装飾的なものはない簡潔な建築なのだが、清らかな瑞々しさに感動をおぼえるものを有している。ホール正面左右の丸太柱が床柱のように和の感覚を添えているのも特色で、それを境に遊戯室に続いている。その南面はほとんど全面が出窓式に開放された明るい部屋で、正面舞台は四枚の引き戸で区画されているが、開くと高床の広間のような部屋となっている。そこは当初、畳式の和室だったという珍しい計画であったのである。ホールの脇、丸太を親柱とした階段は緩やかで、踊り場にはこの建物唯一のアーチ窓があり、二階のホールには窓辺につくり付けた腰掛けテーブルがあり、団らんのコーナーになっている。しかし、この園舎には子供の興味を引き付けようとする飾りはない。けれどもここには教育の場であることに徹した建築から発するメッセージがあり、人手をかけて磨かれ美しく維持されてきたことで生まれる空間の温かさがある。そうした意味でこの園舎の建築は、ヴォーリズと満喜子が拠点としていた近江兄弟社学園幼稚園（一九三一年）の建築につながっている。

　アレンはこの幼稚園を端緒にして、戦後に小・中学校、そして短期大学を開設し、一九七六年（昭和五一）にこの町で没している。その間、女史の指導による久慈クリスチャン・センターは診療所の開設、農場の指導など地域活動を展開し、アレン女史は一九五九年（昭和三四）に久慈名誉市民に推挙されていたのであり、近江八幡におけるヴォーリズの活動との重なりを興味深く思った。

　略歴をたどると、一八九〇年（明治二三）米国インディアナ州フランクリン市に生まれ、一九一五年（大正四）二五歳の時に、バプテスト派婦人宣教師として来日している。しばらく仙台の尚絅《しょうけい》女学院教師を務めた後、塩釜、福島県の平、遠野、盛岡などで幼稚園を開くなど宣教師として活躍し、一九三八年（昭和一三）久慈に逢着《ほうちゃく》したのである。

　久慈でのアレンの活動を支えた協力者がいる。一人は尚絅女学院の学生として出会った小原邦であり、一人は盛岡出身でキリスト教に接し、やがて立教大学に進むが結核を患い帰郷していた矢幅武司である。アレンのアドバイスで矢幅は近江八幡のヴォーリズを訪ね、そこで決定的な影響を受けたという。つまり、近江ミッションの伝道事業を範とした農村伝道を志したことであり、北国伝道を展開していたアレン女史の協力者となったのだった。幼稚園の建築に続いて一九四一年（昭和一六）に、ヴォーリズの設計で建てられた宣教師住宅がある。薄いピンク色のリシン壁の建物で、女史が没した後、アレン記念館として保存されている。小ぶりの暖炉を備えた広い客室居間や設備のよい台所が特色で、二階には二寝室を備えた実用的な洋風住宅である。その一角には大きなプラタナスの大樹、そしてアレン女史の胸像のある花壇が設備され、学園におけるシンボリックな場になっていた。

久慈幼稚園遊戯室

ホールと階段

アレン記念館（旧宣教師館）。1941年

大阪女学院
――瓦礫からの復興

本学院は大阪市中央区玉造、大阪城公園の外堀にも近い市内中心部にあり、「みどりの景観賞」を受けるなど美しいキャンパスを保持しているが、かつて一九四五年（昭和二〇）六月の大阪大空襲で、ほとんどすべての校舎を焼失した歴史がある。キャンパスの中心にあるヘール・チャペル、そして北校舎は、戦後の復興校舎として一九五一年（昭和二六）に建てられたもので、そこから現在に至る発展がはじまっている。

大阪女学院の源は、米国カンバーランド長老派のミッション・スクールとして一八八四年（明治一七）大阪川口に開校されたウキルミナ女学校（Willmina Girls School）にある。校地は川口居留地二二番にあって、隣地の二一番は今も残る川口基督教会（当時は聖テモテ教会）で、赤煉瓦の教会が当時の面影をとどめているところであった。開校に努めたのは、一八七七年（明治一〇）に来日した宣教師J・B・ヘールと翌年に来日したA・D・ヘール兄弟で、大阪、奈良、和歌山に伝道し、今もヘール・チャ

ヘール・チャペル。1951年

ペルにその名を残している。

一方、米国北長老派のミッション・スクールとして、一八八六年（明治一九）に川口居留地一六番に大阪一致女学校が開校されていた。本校は一八八八年（明治二一）に市内西成郡清堀村、現在の中央区玉造校地の場所に移転、まもなく校名を浪華女学校と改めている。一九〇四年（明治三七）に至り、本校はウヰルミナ女学校と合併し、校名はウヰルミナ女学校、校地は現校地と定め、五年制の女学校として発足している。そして高等女学校としての発展を図り、校舎の増築を計画に際して、ヴォーリズによる建築がはじまっている。

その端緒は、ヴォーリズ合名会社創業の翌年にあたる一九一一年（明治四四）六月のことで、その時に着手していた関西学院神学館の設計に続く仕事だったとみられている。設計の内容を伝えるものは多くはないが、一八八八年（明治二一）の本館校舎中央部の増築だったようだ。当時のキャンパスは校地の北側に門を開き、東を校庭とし、西寄りに本館校舎を建てていた。大正から昭和初期の記念写真に写る正面階段まわりは、ヴォーリズによる改築部の様子を伝えている。

その後の建築では、学院創立五〇周年にあたる一九三四年（昭和九）に建った四階建ての新校舎（後の旧校舎）などがあり、順調な発展を遂げていた。その後、一九四〇年（昭和一五）には時勢下で校名を大阪女学院高等女学校と改め、戦時下における外国人宣教師の離日という事態を経て、先に記した終戦の年の大阪大空襲で、大半の校舎を焼失したのである。

焼け跡から再起してしばらくは、仮校舎でしのいだ。そうして一九四八年（昭和二三）に学舎復興のため建築委員会が設置され、ヴォーリズはその顧問に就いていた。そしてヴォーリズ建築事務所の設計図面記録より一九四九年（昭和二四）二月には、この二棟の基本設計がすでに立案されていた。ヴォーリズ建築事務所の活動は一九四六年（昭和二一）に再開されていて、この設計を担当したと目される技師には、一九二〇年（大正九）に入社した前田重次（香川県立工芸学校建築科卒）、佐藤正夫（徳島工業学校卒）ら実務経験を経てきたスタッフが多かった。そしてその頃から、実用性、機能性を踏まえた入念なプランニングに当事務所の特色があったことに思い至る。

そして、まもなく米国へ求めた支援に応え、一九四九年（昭和二四）六月に米国長老派ミッション・ボードより二〇万ドルの寄付を受けたのである。ところで、この寄付に関連してミッションの要望事項を伝えてきた書簡があった。それは明治学院の宣教師ケネス・ドーウィーから女学院の森田金之助校長に宛てて、軽井沢から八月一九日に発した手紙で、建築委員会の役割として次のような内容が伝えられていた。第一に、良質な資材を採用のこと。第二に、詳細な設計を求めること。そして建築工事の監視と保証を行うことの三点であった。特に資材については米国製とすべきものとして、セメント、鉄骨鉄筋、防水アスファルトを挙げていた。また随所でヴォーリズ・カンパニーの協力を求めており、設計管理者としてヴォーリズ建築事務所は既定のこととなっていた。つまり、ヴォーリズ建築事務所の提案に応じて、米国ミッションは単なる資金の提供にとどまらず、建築事業の内容に積極的な関心を寄せていたことがわかる。

ヘール・チャペルと北校舎

正門から入り正面に建つヘール・チャペルは、宣教師のヘール兄弟を記念する礼拝堂兼講堂である。幅約二〇メートル、奥行約三五メートルの矩形平面、軒高約一三・三メートルの箱形の建物であるが、正面壁面に矩形の開口部を整然と並べ、出入口上部に庇を兼ねたバルコニーを付した、簡潔で装飾要素を控え目に抑えた建築であるが、整った均整感と質を保持している。また、左右に階段を配したゆとりのあるホール、一二〇〇席余りを有するオーディトリアムとして、音響と視野の広がりなど上質の性能を有している。機能性に意を尽くし、キャンパス空間における建築の表現を手練《てだ》れた手法でまとめたところに、学校建築を多くしたヴォーリズ建築作品の特質が表れている。

また北校舎（高校校舎）も同類の建築と言えるものだが、さらに入念な計画性と意匠が見て取れる。計画面では、地下一階、地上三階一部四階建ての建物に、多用途に対応する諸室、諸教室を配置し、それを水平庇など機能主義的デザインにまとめ、かつ中心的校舎としてチャペルと並んでシンボル性を備えた建築となっている。計画的特色を具体的に見ると、当時わが国には珍しい教科別教室制が導入され、例えば科学教室、化学実験室、英語教室、数学教室、そして美術教室、音楽室、模範食堂を備えた家事実習教室などが細かく設けられ、通常のホームルーム的教室は見あたらないのである。加えて売店や医務室、広いドライエリアを設けた地階には食堂やロッカールームを、屋上にはルーフ・ガーデンやその一部に柱梁のフレームを架けたデッキを設置するなど、新しく、かつ充実した校舎建築であったことがわかる。種々の部屋を配置し、中廊下は見通しを避けた平面プランは、南面ファサードの対称的外観の印象とは、多分に異なった複雑なプランをもった建築であった。この教科別教室制が、米国のハイスクールでの一般的な方式であったのかは定かでないが、当時、わが国の状況下における学校施設としては相当に新しく、豊かなものだったに違いない。

女学院ではヘール・チャペルを会場にして、当時から一般公開行事として、ヘレン・ケラーの講演会、ジョセフィン・ベーカーの独唱会など、講演・演奏会が盛んに行われており、その積極的な活用がこの建物の歴史を豊かなものにしている。

学院はその後、中学校校舎の建築、大講堂兼体育館の建築、短期入学校舎の建築など、キャンパスの整備発展を図る。ヘール・チャペルは一九八四年（昭和五九）、そして二〇〇一年に北校舎とともに再度修復工事および耐震補強工事がなされ、明るく快適な建築として整備されて、チャペルは二〇一七年に登録有形文化財になっている。

戦後期のこうした建築も、築後七〇年を間近にして歴史的建築としての価値を有しているが、歴史に対する敬愛の精神をもってこれだけ手をかけて維持された学校建築もまれであり、健全でありつづけている。

北校舎。1951年

国際基督教大学

――平和の象徴として

東京・三鷹市の西郊に国際基督教大学（ICUと記す）がある。最寄り駅の武蔵境よりバスで向かうと、東に位置する広い正門を通り抜けて数百メートル続く桜並木の先に、大きな花壇のロータリーがあり、そこでバスを降りる。この広大な緑のキャンパスと比べられる日本の学校は、北大キャンパスくらいしか思いつかない。

ICUは周知のように、一九四九年（昭和二四）、日米ミッション・スクールのリーダーが御殿場のYWCA東山荘に集まり、超教派のプロテスタント・ミッションによる総合的な教養学部大学を目指して創設されたものである。そこで大学組織協議会が発足したことで、六月一五日をICUの創立の時としており、三鷹キャンパスの建設に向け着手された。同時にキャンパスの設計者としてヴォーリズ建築事務所が指名されたという。

それを受けて、ヴォーリズ建築事務所では、同年一〇月にヴォーリズら事務所の関係者が三鷹の校地予定地を訪れ、詳しく敷地を検分している。

校地予定地はかつて、周囲には武蔵野台地の自然をとどめる中島飛行機三鷹研究所の跡地で、工場施設のほか、ほとんど完成していた鉄筋コンクリート三階建ての本館建築が残されていたのだった。

その時の記録が『湖畔の声』（一九四九年一〇月）にあり、次のように記されている。

「この仕事は我が建築部始つて以来最大のもので一柳さん村田さんはじめ総がかりで万全を期している。何しろ四十万坪と云う広大な敷地で、山あり谷あり、畑あり田園あり、変化に富んでおり、端から端へは二時間近く歩かなければならない。（中略）先生自ら先頭に丘に昇り、谷を渡つて案内せられ、壮者を凌ぐ元気で、非常な興味をもつて全身全霊を傾けて居られる」

そしてこの総合計画は、まもなくしてまとめられたのであり、ヴォーリズは一九五〇年（昭和二五）に湯浅八郎学長に同行して渡米し、ニューヨークでの会議に参加したことが知られている。

ICUのプロジェクトは壮大なものとなり、ヴォーリズ建築事務所では旧本館建築を大学本館（ユニバーシティー・ホール）に改修する計画を中心に、礼拝堂、図書館、学部校舎、寄宿舎などの配置計画が作成され、以後十余年にわたり推進されていく。それは、戦後期におけ

1959年頃のキャンパス。右中央に本館、左下にディッフェンドルファー記念館と礼拝堂、左上に住宅と寮舎群

る最大の設計プロジェクトとなったものであるが、さまざまな事情により、計画は曲折を経て進行する。その途上の一九五七年（昭和三二）夏に、ヴォーリズは病に倒れて療養生活につくという事態のあったことに思い至るのである。

　中央広場に向かって南面して建つ本館は、一九五三年（昭和二八）の開校に向けて最初に実施された建築で、残されていた旧本館の改修設計であった。鉄筋コンクリート三階建て、正面幅は一一三メートル、奥行き三四メートルほどを有するE字型の建築で、中央部の四階増築、外壁コンクリートの打ち増しによりイメージを重厚なものへと転換したものである。この本館に、当初においては事務室のほか図書室、食堂、実験室などあらゆるものを配して開校に備えたものであるが、その後に改修され、また二〇〇三年に再度改修がなされて現在に至る。ＩＣＵの歴史を物語る中心的建築なのである。

　本館と並んで開校までに進められたのが、ＡからＨとナンバリングされた住宅計画である。建設の経緯は定かでないが、教員住宅は校地南西の沿道より枝分かれした小径の奥にあり、今も十数棟が数えられる。赤瓦屋根と白い煙突、クリーム色のスタッコ壁の平屋建てが多く、ヴォーリズらしいスパニッシュ式と説明されることが多い。

教員住宅

確かに環境を含めて戦前期からの宣教師住宅を思わせるものが認められるのであるが、戦後期における新しい表現と計画が見出せるのである。

設計内容の知れる一棟の住宅を挙げると、『建物に見るICUの歴史』（二〇一四年）に収められている教員住宅の冒頭頁において、「A Type Residence」としてスケッチ（一九五一年、設計図は一九五二年）が示されている住宅がある。居間中心型で二寝室をもつ中規模住宅で、明快な計画で自然味があり、穏やかなデザインの住宅であるが、モダンな設計が意図されているところに特色がある。外観は切妻造で緩勾配屋根、三角の妻壁と軒まわりは白いスタッコ塗り、外壁は幅広の下見板張りで水平線が際立つ。窓建具も横長に割り付けており、居間、食堂の南面ガラス戸は内法が高く、大きな開口部が開かれている。平面においても、南に並ぶ居間、食堂そして書斎、キッチンの配置は伸びやかであり、引き違い建具で通じていることも特色である。こうした計画は、機能と環境に即するもので、伝統的な意匠表現を排した機能主義と言えるものであり、一九五〇年代に入り、米国の住宅が先導したモダニズム・デザインと言える。さらにこの住宅におけるユニークな工夫に、居間に付設された四畳の床座がある。畳には囲炉裏の設備もあり、玄関扉にも引き違い戸という和式が用いられており、折衷的で柔軟な設計に特色を認めることもできる。キャンパスにおいて、教員住宅はむしろ目立たない存在であるが、最もヴォーリズらしい特色を保持していると言えるかもしれない。

さて、ヴォーリズ建築事務所によるICUの建築計画は十数件にのぼるのであるが、内容の確認し得る概要は次のようになる。

一九四九年（昭和二四）の本館（既存建築の改修）設計にはじまる建築過程を改めて記すと、一九五四年（昭和二九）に礼拝堂、その翌年に食堂が建ち、一九五五年（昭和三〇）より一九五六年（昭和三一）にかけて教員住宅、学生寮が続き、一九五七年（昭和三二）に食堂の増築、そして学生会館ディッフェンドルファー記念館が一九五八年（昭和三三）に竣工、その年にシーベリー記念礼拝堂の設計に着手し一九五九年（昭和三四）に竣工となっている。

なお、一九五三年（昭和二八）の礼拝堂の実施設計においては、建設位置が東の正門の正面に位置する現在地に変更されていたことがわかる。このキャンパス計画の転換経緯は明らかでないが、学生寮、住宅地区の計画も改められており、それに従って、一九五三年（昭和二八）の食堂および教員住宅の設計に着手されたとみられる。つまり、本館正面より南に延びる軸線は一九四九年（昭和二四）において設定されていたものであるが、本館東側より礼拝堂に向かって南に延びる軸線、そしてキャンパス西より泰山荘として保持される歴史的邸宅を挟んで南東に延び、南の裏門に至る道が一九五一年（昭和二六）より一九五二年（昭和二七）に計画されたものと思われる。今後それらの計画図面の確認が望まれるところである。

こうした一九五〇年代にかけて、ヴォーリズ建築事務所は、初期には寺島啓剛、小川清ら、続いて片桐泉、稲富昭ら新世代の青年技師を迎えていた。一方、戦後に復帰したベテラン技師の豊田清次、川野徳恵らが去るなど、世代交代が急速に進行した時期であった。そのため、伝承されてきた設計手法にも変化があり、ディッフェンドルファー記念館の設計は、モダニズムを目指す世代に託されたものである。つまり、ICUの建築の流れの中に、変貌するヴォーリズ建築事務所の時が映じている。

ヴォーリズの病気療養による突然の引退後、一九五九年（昭和三四）に至り、ICUの建築はA・レーモンドに引き継がれ、一九六〇年（昭和三五）には図書館と現在の礼拝堂が竣工する。さらに一九六四年（昭和三九）に主任建築設計者となった稲富昭により第四女子寮（一九六四年）、理学館（一九六六年）が建ち、開学より約二〇年にわたるキャンパス建設の初期段階が整ったと言われる。

Ⅲ ミッションの礎

キリスト教建築

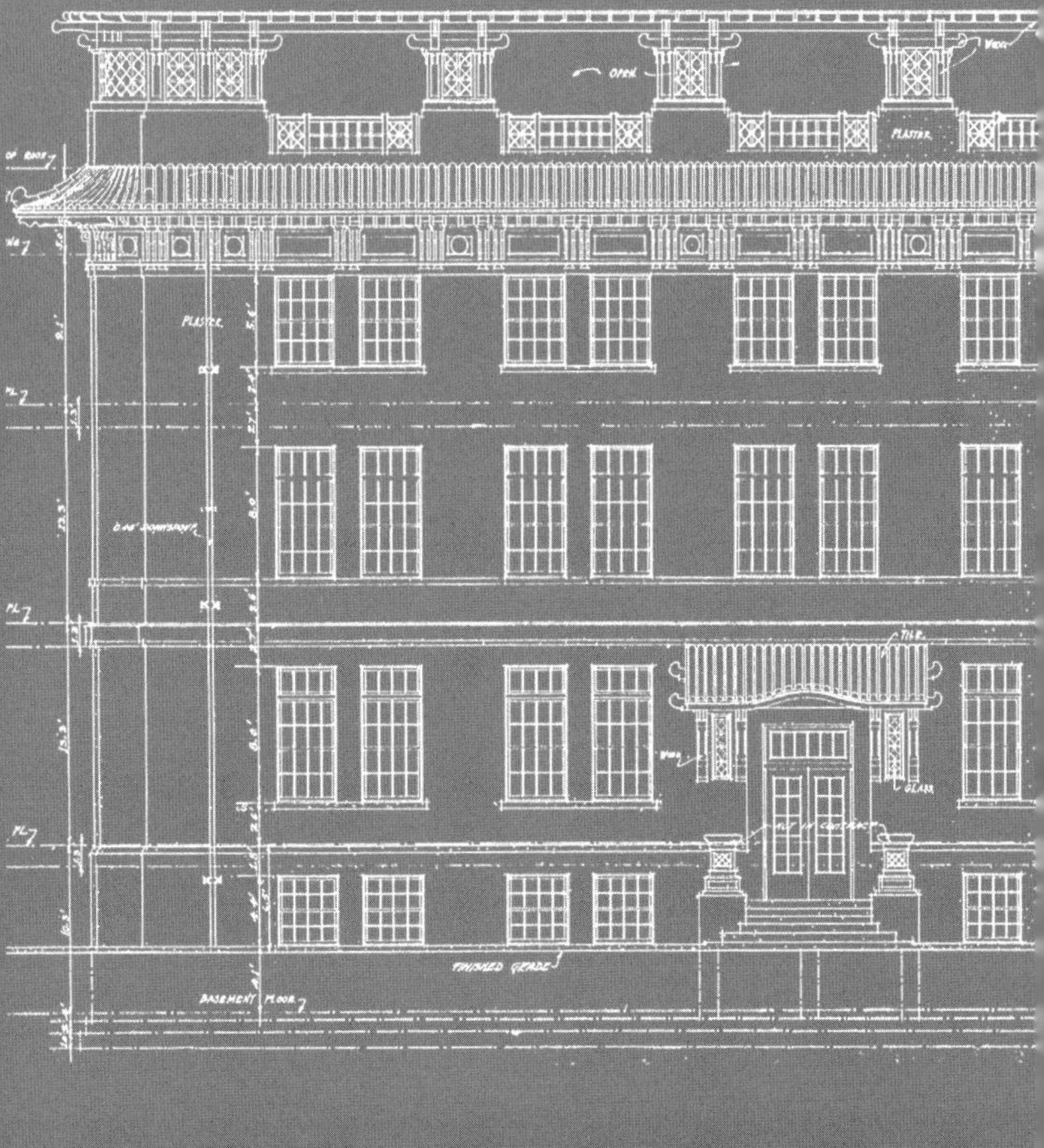

青年ヴォーリズがコロラド・カレッジ在学中から熱を入れていたYMCA活動と自身の来日にこそ、近江八幡を足場にはじめたキリスト教事業としての近江ミッションの萌芽がある。実際、一九〇五年（明治三八）、滋賀県立商業学校英語教師着任の翌週には、自宅に生徒たちを集めてバイブル・クラスをはじめ、その年のうちに、わが国で最初の中等学校YMCAと言われるものに発展させていった。

† † †

ここでヴォーリズの伝記をたどる余裕はないが、奥村直彦氏によると、ヴォーリズのわが国での仕事は、広く見ればYMCA活動の展開と考えられるものであるという。それゆえに、一九〇七年（明治四〇）に建てた最初の建築作品である、八幡YMCA会館をはじめとして、数多く手がけたYMCA会館の仕事は、いわばヴォーリズの基盤であり、それらから派生するキリスト教会堂の設計は、キリスト者としての使命感によるものだった。

さて、ヴォーリズのキリスト教会建築にはおよそ二〇〇件を数える作品数があるが、建築作品として従来知られてきたものは、『ヴォーリズ建築事務所作品集』にある四件を含めて十数棟があるものの、意外と少ないのである。そういう代表的教会建築は、煉瓦造を主体とした大正期の作品と、鉄筋コンクリート構造を主体とした昭和初期の作品に分けて考えられる。一方、その周辺に木造で簡素な小教会堂が多数つくられていたはずで、近江ミッションの伝道によって琵琶湖畔の町々に生まれたキリスト教会館や、ヴォーリズ建築の中でも初期のものである福島教会や京都丸太町教会など、建築設計に挑んでまもない時期における素朴な建築である。これらの建築もそれぞれに特徴的な持ち味を有し、ヴォーリズ建築のナイーブな一面をよく示している。

ヴォーリズがたった一人で建築事務所を開いたのは、一九〇八年（明治四一）一二月、京都YMCA会館の建築工事事務所においてであった。ヴォーリズは、京都YMCAの初代名誉主事フェルプスの推挙を得て、ドイツ人建築師デ・ラランデの設計によってはじまろうとしていた、京都YMCA会館の建築工事における設計者代理監督に就いた。それが建築技師としてのヴォーリズに託された最初の建築であった。もっとも、建築事務所の組織を整えたのはそれから二年後の一九一〇年（明治四三）一二月で、米国人建築技師チェーピンを加えて設立されたヴォーリズ合名会社発足の時になる。

初期の教会堂建築
——ヴォーリズ建築の原点

ヴォーリズのキリスト教会建築における最初の作例で知られる福島教会（一九〇九年一二月）と京都丸太町教会（一九一〇年一月）は、アマチュア建築師として出発した頃の個性を考えるうえでも興味ある貴重な建築であり、続く一九一三年（大正二）に建てられた京都御幸町教会と洛陽教会は、合名会社創設期の作品に位置づけられるものである。

福島教会と京都丸太町教会

ヴォーリズは来幡二年にして、商業学校英語教師の職を失うが、それから一転して、その二年後の一九〇九年（明治四二）の春にはミッション建築技師として福島市の福島教会の設計依頼を受け、はじめての教会堂をその年に建てていた。しかし、それにまつわるヴォーリズ関係の資料は見あたらなかった。記録されたヴォーリズ建築は一九一〇年（明治四三）、すなわちヴォーリズ合名会社設立後の作品に限られていて、その直前のものは危うく見落とされるところであった。幸い研究者仲間から寄せられた情報を頼りに、やや不安を抱きながらも、一九七八年（昭和五三）九月に筆者は福島教会を訪ねたのだった。

初秋の福島教会は、蔦に覆われて蒼然とした赤煉瓦の壁と、スレート葺きの屋根が緑に塗られた切妻破風の装飾的な表現をもっていて、確かに北米式のローカルな建築を思わせるものだった。一方、木造部の素朴なアーチ窓の手法や漆喰装飾には、アマチュア建築の自由さが精いっぱいあふれていた。そんな個性に富んだ古めかしい教会堂内をまわった後、教会の資料を拝見した。

『福島日本基督教会五十年史』（一九三六年）の中に、「近江八幡在住の米国建築師ボーリズ氏を聘し」という記述があるのを目にして、明治末期にこの建築現場に立っていた、当時二八歳の青年ヴォーリズを身近に感じて、筆者は少なからず感動をおぼえた。

それによると、ヴォーリズを設計者として推したのは東北学院の宣教師シュネーダーだったという。東北学院は宮城女学院と並んで、東北におけるプロテスタント・ミッション・スクールの雄であり、ともに一八八六年（明治一九）に在日リフォームド・ミッションによって設立されている。そしてこの福島教会の前身である福島講義所

福島教会。1909年

福島教会聖堂

も同じ年に開かれたものだった。一九〇八年（明治四一）に至り、本格的な教会堂建設の計画が具体化し、教会を援助していた日本リフォームド・ミッションは、先のシュネーダー宣教師を教会堂建築委員にして、福島教会の城生安治牧師に協力したという。この時期ヴォーリズへの設計依頼が考えられていたとすれば、ヴォーリズ最初の仕事と言われる京都ＹＭＣＡ会館の工事監督よりもさらに早い時期のことになる。

　仙台の大工、斎藤信吉により、一九〇九年（明治四二）八月より工事がはじまり、一二月の末に完成したという。この教会堂は木骨造を併用した煉瓦造建築で、ゴシック・スタイルをもとにしつつ、一部にハーフ・ティンバーの意匠、ウッド・シングルの使用など、北米スタイルのさまざまな手法を取り入れた特色あるもので、ヴォーリズ自ら新しいスタイルを工夫したものという言葉が伝聞されている。

京都丸太町教会。1910年

　福島教会の竣工の翌月に、京都丸太町教会が建っている。本教会の前身は、一九〇四年（明治三七）に創立された京都基督同胞教会で、同志社に関わっていたニップ宣教師の活動が知られている。同志社を通じて、来日まもないヴォーリズと交流があったとも想像できる。木造で外壁が明るいホワイト・グリーンに塗られた下見板張りの教会は、北米コロニアル建築の明るい印象を与えるもので、正面に大きな妻壁を構え、左に塔を配する全体の構成は、先の福島教会と共通し、トリフォイル（三つ葉模様）のレリーフとクロスを図案化した妻飾りや素朴なアーチ窓などの部分のデザイン、それに塔の立面を分節する四本の水平帯の扱いなど、当時のヴォーリズ建築に見られる特徴を示していた。また礼拝堂内は、福島教会が高い天井空間を奔放にデザインしていたのに対し、この丸太町教会では、袴腰《はかまごし》付きの平天井を用いた静かな空間をつくっている。それにしても、福島教会の赤煉瓦と丸太町教会の白い下見板という対照的な表現、そして素朴なレリーフによる装飾が、両教会を興味深いものとしていた。

ちなみに、一九九〇年頃、京都丸太町教会の建築調査の機会を得たことがあったが、ヴォーリズの関わりなど、教会堂の設計者を明らかにする史料は見出せなかった。その後一九九五年に教会堂は新しく建て替えられている。

福島教会はヴォーリズによる最初の教会堂設計作品として知られ、登録有形文化財になっていたが、二〇一一年の東日本大震災で被災し、建て替えられている。

京都御幸町教会と洛陽教会

京都の市中、市役所に近い中京区御幸町二条に煉瓦造の礼拝堂をもつ日本基督教団京都御幸町教会がある。通りに面して低い煉瓦塀を立て、その奥に煉瓦壁の美しい礼拝堂が構えている。前庭には夾竹桃や桜が育ち、通りから見ると小さな公園のようになっているのが好ましい。優しい構えであるが、礼拝堂脇に続く北の庭に目をやると、重厚な控え壁（バットレス）をもつ側壁が奥に二〇メートルほども続き大地に屹立しているのがわかる。南側にはかつて、日本瓦屋根の講堂が接続し、さらに手前の牧師館（一九一九年）に通じており、通りの景観としては、煉瓦塀と町屋風の牧師館という取り合わせによって、実に親しみやすい構えをなしていた。そうした木造建物は、一九八八年（昭和六三）に鉄筋コンクリート造の建築に更新されているが、およその構成は変わっていない。

教会の歴史は古く、米国南メソジスト監督教会によって一八九八年（明治三一）に設立された「京都講議所」にまでさかのぼる。そして一八九八年（明治四〇）に当地に移転し、「日本メソジスト京都中央教会」と称した。そして、まもなく新教会堂建築計画が着手され、一九一二年（明治四五／大正元）よりヴォーリズのもとで設計され、翌一九一三年（大正二）六月に着工、一二月に竣工したのが、今ある教会堂である。

当時、ヴォーリズは米国より建築技師のチェーピンを招き、ヴォーリズ合名会社を一九一〇年（明治四三）の暮れに設立してまもない時期で、京都においては旧京都帝大YMCA会館（一九一三年）の建築がやや先行して進んでいた。

ところで、ヴォーリズによる煉瓦造の建築の歩みをたどると、先の福島教会（一九〇九年）と、それに続いて関西学院神学館（一九一二年）があり、この御幸町教会に続いている。その後に同志社の旧図書館や致遠館があり、東京では明治学院礼拝堂（一九一六年）が建てられ

京都御幸町教会聖堂

京都御幸町教会。1913年

ている。つまり、御幸町教会の礼拝堂はヴォーリズの初期作品の一つであり、尖頂アーチを連ねるゴシック様式を基調としたものである。

その特色が、正面妻壁の大きなアーチの飾り窓（バラ窓）に認められる。このアーチ窓には縦格子と曲線を組み合わせ、どこか京都の町屋風を感じさせるところがあり、キリスト教会堂の象徴的なものでありながら、実にユニークにデザインされている。同種のアーチが講壇のプロセニアム・アーチ、そして側壁窓にも応用されているもので、このゆったりとした尖頂アーチの形がよい。このアーチ窓の初出は、やはり福島教会に見出されるものである。つまり、ヴォーリズによる初期の教会堂建築、とりわけゴシック様式による一連の教会建築の中でシンプルにして質高くつくられた建築であり、この流れは、一九一九年（大正八）の久留米ルーテル教会へと受け継がれていったものである。

礼拝堂内では、八・五メートルの梁間を渡す軽妙でシンプルな木造トラスの連なりが、重厚な煉瓦壁に開かれた六対の縦長アーチ窓とともに、講壇に向かう方向性とリズムをつくり出している。そして講壇を見切るアーチと、前に彎曲して張り出したコミュニオン・レール（聖所柵）との調和は、美しいものである。

洛陽教会聖堂

洛陽教会。1913年

そして南の壁面に備えられた三連の幅の広いガラス扉がある。これを壁上部に引き上げると、隣室の集会室と続きの空間となるという設備である。つまり、建築意匠的には極めて簡素ながら、その軽妙な構成と機能的な工夫をもつ教会堂建築としての特色を備えているのである。集会室は木造建築部分に収まっており、二階吹き抜けの天井高をもち、東に高窓、南にギャラリーをもつ、元日曜学校の教室を配している。昼間には明るい光の入るこの集会室の計画性に、ヴォーリズによる教会建築の特色が見られるのである。

ところで、ヴォーリズの活動を追うと、一九一三年（大正二）の大半は体調を崩しており、療養のため帰米していたことがわかる。ヴォーリズ不在の間、進行中の建築を担当していたのは、米国人建築技師のチェーピンを中心としたスタッフであったはずであり、彼らによってヴォーリズ建築の性格を色濃く備えたこうした建築が生み出されていたのである。

*

御幸町教会より北にほど近く、御所に沿う寺町通を上がったところに、一九一三年（大正二）二月に竣工した洛陽教会があった。

ゴシック式の特徴である尖塔を上げ、ファサードを多彩にデザインした洛陽教会と、煉瓦造の渋く素朴な持ち味の御幸町教会とは、意匠のうえでは対照的に見えるが、同時期のヴォーリズ建築なのである。

洛陽教会は、一八八九年（明治二二）に開かれた東三本木基督教講義所にはじまり、翌年に日本組合基督教会洛陽基督教会を創立した、京都における古参格の教会である。現地に初代の教会堂を建設したのが一八九三年（明治二六）だが、その地は、同志社の社祖、新島襄旧邸の敷地の一角にあたる。日本組合基督教会が同志社英学校の卒業生を中心にして、一八八六年（明治一九）に成立している背景を考えると、新島ゆかりの地なのであった。一九〇八年（明治四一）牧師に就いた木村清松の時代に発展し、新教会堂建設に着手、一九一二年（明治四五／大正元）の春に設計され、伊藤槌之助の施工によって、翌年二月一一日に竣工し献堂された。

教会堂は、特色のあるモルタル壁の正面ファサードから見ると、礼拝堂の両脇に側廊を備える三廊式の平面構成を予想させるが、礼拝堂内は講壇を中心に会衆席を配置し、二階席をU字形に設けていた。そして天井に架かる小屋組みトラスは彎曲したハンマー・ビーム（持ち出し梁）が応用され、側壁には二層分を貫いた大きなランセット・アーチ（尖頂アーチ）や高窓（クリアストーリー）を配置した個性豊かな教会堂であった。

ルーテル久留米教会

筑後川が還流する久留米市内の住宅地、日吉町にルーテル久留米教会がある。低い石垣上にめぐらす小砂利洗い出し仕上げの古風な煉瓦塀と門を構え、右手に「日本福音ルーテル教会」、左手に「日善幼稚園」の名称を掲げている。教会堂は前庭の奥に建ち、煉瓦造で塔をもつゴシック様式の建築で、この地のランドマークとなっている。一方、幼稚園も一九一六年（大正五）創立の歴史をもつが、建物は鉄筋コンクリートの現代建築に建て替わり、元気な園児を迎えている。

教会誌によると、北米ルーテル教会の伝道がこの地にもたらされたのは一九世紀末のことで、一九〇一年（明治三四）に至り教徒の和佐恒也らの活動で久留米に伝道され、教会堂建築のための当地を得たのが一九一〇年（明治四三）のことという。一九一八年（大正七）を迎えて新たな教会堂の設計が近江八幡のヴォーリズ合名会社で進められ、工事請負の関忠次により五月二〇日に着工、一〇月末に竣工し、一一月九日に献堂式が行われた。

教会堂は北側道路に向かって敷地の奥に建ち、東西四

入口の門には現在、教会と幼稚園の名称を掲げている

ルーテル久留米教会。1918年

ルーテル久留米教会聖堂

八尺、南北三一尺の礼拝堂と、北東部に入口を開いた塔を配置している。入口より礼拝堂内に入ると、西側正面に尖頂アーチのプロセニアム・アーチをもつ講壇を設け、ゴシック・スタイルの典雅な祭壇に向き合う。一方、建物は漆喰塗りの白壁で、勾配の強い屋根裏天井（オープン・ルーフ）の簡素なつくりなのであるが、屋根を支える木造トラス、側壁に並ぶ三連のアーチ窓、東側二階席（ギャラリー）の木製手摺など、印象的かつ調和ある意匠により、豊かな礼拝堂空間が息づいている。

久留米教会にみる煉瓦造教会堂の総体的なスタイルは、一九世紀後半期の北米プロテスタント教会に種々普及していたものであり、そうした伝統をもとにヴォーリズによる固有の設計がなされたものと言える。

さて全体の構成は、三角屋根（切妻屋根）の礼拝堂と、高さ約一四メートルの箱型の塔屋の組み合わせであるが、それにより東西南北の姿がさまざまあり、それを注視してみる。すると大きな縦長のアーチ窓、小型の窓、長方形の窓など役割に応じて種々あるが、頂部が尖った縦長アーチ窓が基本であることがわかる。ゴシック様式とされる要点であるが、穏やかで親しみある形態であるところにヴォーリズ建築の特色を見るのである。窓には創建時以来の木枠とガラス窓建具がよく維持されている。建築後一〇〇年に至って保持されているのはまれであり、煉瓦とともに貴重な歴史を担っている。

煉瓦壁は長手煉瓦と小口煉瓦を段違いに積んだイギリス積みであり、積み方の確かな技法がアーチ窓や開口部まわりの細部を美しく収めている。つまり、窓上部のアーチ積み、窓台の水切り納めなど目を留めたい部分である。また三階の高さをもつ塔には、四隅にバットレス（控え壁）を付し、頂部のバトルメント（伝統的な銃眼壁）によって力強い存在感がある。

尖頂アーチの形態が、礼拝堂内部（インテリア）にも及び、講壇のプロセニアム・アーチ、そして屋根（小屋組み）の珍しい鋏《はさみ》形トラス（シザーズ・トラス）の形態に連なっている。この礼拝堂の表現は、一九一六年（大正五）に建てられた明治学院礼拝堂と同種の構成であり、それぞれに当時におけるヴォーリズの教会堂を代表するものとなっている。

加えて、この礼拝堂には目を引く二つの特色がある。一つは、正面壁の最上部を飾るカラフルな三つ葉形窓（トリフォイル）で、祭壇のゴシックに呼応して華やかであり、トラス組みのオープン・ルーフに視線を導いている。こうした色ガラスの活用は、ヴォーリズの教会堂においてはほとんど例を見ない装飾であり、教会の要望に基づく意匠だったかもしれない。もう一点は、二階席ギャラリーに導く塔内部に納めた階段で、上部のアーチ窓から射しこむ光が美しい。窓のトレーサリーにはクロスの意匠があり、淡黄色のガラスがシンボリックである。階段の配置に従って折れ曲がり、円弧状に連なる手摺の形態は見事であり、ヴォーリズの特色とする階段の巧みな設計が見て取れる。

大阪教会
――町なかのロマネスク

大阪教会は、米国の宣教師M・L・ゴルドンにより、梅本町公会として一八七四年（明治七）に創立された、大阪で最も古い歴史をもつキリスト教会の一つである。現在の教会堂はヴォーリズによって設計され、一九二二年（大正一一）に竣工したものである。大阪においては一八七三年（明治六）設立の歴史をもち、一九二〇年（大正九）の聖堂建築を有する川口基督教会、そして一九一八年（大正七）に建てられた大阪市中央公会堂の建築とともに、大正期における代表的な赤煉瓦建築として知られるものである。

ところで、それだけ名建築と称されながら、この教会を実際に訪ね、礼拝堂に足を踏み入れた人は意外と少ないかもしれない。西区江戸堀にある教会は肥後橋から近いとはいえ、幹線道路からはずれた通りにあり、人目につきにくい。そして、道に面して大きな煉瓦の妻壁が立つが、中央の扉は不意の来訪者を拒むかのように堅く閉じられているからである。しかしながら、招じ入れられて教会堂二階に設けられた礼拝堂内でのひと時をもつならば、煉瓦造建築の香りと、クリスチャニズムあふれる空間に、少なからず感動をおぼえるだろう。

ともかく今一度、大阪教会を訪ねてみることにする。地下鉄肥後橋駅から向かうならば、まずは肥後橋交差点に建つヴォーリズの大作、大同生命ビル（ヴォーリズの設計による一九二五年の建築は、一九九三年に一部の意匠を残して建て替えられている）の往時を偲びつつ、道を南に下り、江戸堀北通を西へ向かう。この道沿いは、かつては戦前からの商家や町屋の家並みがよく残る落ち着いた通りだったが、近年マンションやビル化が進み、高密化が進行している都心である。そういう町なかにこの教会はある。

道路に面して高さ一六メートルほどの切妻壁が立ち、中央に石の迫持ちアーチを庇にした出入口と、その上部に円形のバラ窓がある。その直径は八尺あり、出入口幅と等しいのだが、高所にあるため実際より小さく見える。このファサードの構成は一見すると簡潔、明快に見えるが、なかなか手のこんだものなのである。煉瓦の長手と小口を交互に見せるフランス積みを基調にして、ブリック・ワークのさまざまな図柄が折りこまれている。それに、この煉瓦は均一なものではなく、形状不揃いで、焼きむら

大阪教会。1922年

のある難物を積み上げている。その煉瓦積みの迫力が逆に織物のような風合いを感じさせるのである。

煉瓦壁に目を留めながら教会堂へは通常、奥に設けられた通用玄関へと向かうことになる。三〇メートル余り続く教会堂側壁の一層目はフラットアーチの窓、二層目は半円アーチ窓、側廊上部にあたる三層目には小さな半円アーチ窓が連なり、その上部にはロマネスク・スタイルの特徴であるロンバルディア・バンドと呼ばれる装飾が軒下を飾っている。そして向かおうとする通用玄関は塔の真下に開いている。その奥行き感と、視線を受けとめる塔の配置はまことに効果的なものである。ここまで来ると町の喧噪は去り、煉瓦建築に圧倒されつつ中に入る。

ロマネスクの教会

内部の諸室は一階にホール、事務室と大講堂（日曜学校の教室）を置き、二階に二五〇席余りを有する礼拝堂（聖堂）と、小礼拝室、牧師室を置いている。礼拝堂の空間は、後部にギャラリーを備え屋根裏まで吹き抜けている。その高揚感と、アーチを連ねて側廊に続く空間の、予想外の大きさに驚く。

この空間を構成する要素を見ると、一二メートルほど

大阪教会聖堂

の梁間を架ける七組の木造キング・ポスト・トラスの力強い重量感。それを壁面で支持するブラケットの軽快な意匠は、のしかかるトラスの重量を打ち消すかのように優雅なものである。壁面は腰壁までを化粧煉瓦積みとし、それより上部を漆喰で仕上げている。フランス積み煉瓦壁は内外部の一体感をつくり、聖壇上の大きなラウンド・アーチは力強く、連続する側廊アーチのコロネード（列柱廊）は奥行き感と劇的な光の効果を生む。聖壇は緩やかな弓形に設けられ、それに向かって厚いオーク板張りの床は緩やかに傾斜している。会衆席の椅子はオークの厚板でつくられ、それが講壇の曲線を囲むように微妙な弓形にデザインされている。礼拝堂はこうした素材で構成されるもので、特別に凝らされた部分が目を引くものではないが、そういう全体が共鳴するかのようなハーモニーがある。

この二階礼拝堂の空間と不可分の関係にあるのが、アプローチとしての階段ホールである。先に述べたように、この教会は市街地にあり、そのうえ正面入口は道路に直接開いている。そういう環境の中で、礼拝に向かう人はこの扉から入り、二階に向かう階段を行く間に、日常から祈りの世界へと導かれるのである。

ホールの両脇に設けられた階段は緩やかだが、連続す

2階階段ホール

るアーチ形の手摺子は上昇感を強め、異例に太い親柱が、屈曲する階段面を力強く分節する躍動的な造形である。そして二階のホールに、この教会唯一のステンド・グラスの入る飾り窓があり、礼拝堂に向かうプロローグとなっている。階段はさらに三階のギャラリーへと通じるが、昼間ならその上部より射しこむ光に誘われるだろう。途中の踊り場で反転して、その光の源が一挙に目に入る。正面上部にあった円形バラ窓である。その図柄は菊の花弁状に図案化され、やや太めの木製枠で組まれている。この素朴な飾り窓が、ロマネスクの大阪教会にふさわしく思われた。

赤煉瓦の教会堂が建てられるまで

大阪教会は、一八八七年（明治二〇）に現在地に近い江戸堀北通一丁目に旧教会堂を設けていた。その建築を伝える資料は多くないが、一枚の外観写真がある。それによると、木造ながら耐火構造の土蔵造の和風をもとにした建築だが、ファサード上部のバラ窓や、教会堂内に高窓（クリアストーリー）を開く下屋の扱い方など、教会堂の様式を取り入れた表現がよく工夫されたものだった。

この旧大阪教会堂のモデルとされたらしい建物がある。大阪教会よりわずか二〇〇メートルほどのところにある大阪基督教青年会館（ＹＭＣＡ会館）で、宣教師ジョージ・オルチンの設計により一八八六年（明治一九）に建てられた。わが国はじめてのＹＭＣＡ会館と言われるものである。つまり、旧大阪教会の設計は、大阪基督教青年会館に続いてオルチンによったものか、それとも宮川牧師自らの構想によったものと考えられている。

組合教会の指導的立場にあり、同志社の新島とも通じていた宮川経輝を大阪教会の牧師に迎えたのは一八八二年（明治一五）のことで、宮川はその年のうちに沢山保羅《ぼうろ》とともに先の大阪基督教育年会を創設している。すなわち、教会とYMCAは深い関係で結ばれている（ヴォーリズは大阪教会の竣工に続いて大阪YMCA新会館の設計に入り、一九二五年に鉄筋コンクリート造五階建て、ルネサンス・スタイルの大阪YMCA会館を建てることになる）。大阪教会の教会堂の建て替えは、一九二五年（大正一四）まで続く宮川牧師時代における大事業だったのである。

旧大阪教会。1887年

大阪教会新教会堂の設計がヴォーリズに依頼されたのは一九一八年（大正七）のこと。そして翌年、基本構想がまとまる。入念な実施設計を経て、建築工事は岡本工務店により一九二一年（大正一〇）七月着工、翌年一九二二年（大正一一）五月に竣工している。本教会はその後も部分的な改修を施しながら年輪を刻み近年に至った。しかし、一九九五年の阪神淡路大震災による被災は大阪にも及び、深刻な被害を受けたが、およそ一年に及ぶ復旧と補強工事で歴史的な教会堂は残されたのである。その復興工事は記録にとどめられており、本教会と教会堂の有する歴史の力を明らかにするとともに、煉瓦造による教会堂に備わる存在感に感動するのである。被災前の対応を見直すと、一九七〇年代後半において詳しい建築調査が行われ、煉瓦造教会堂の保存について検討されていた。そして一九八八年（昭和六三）より翌年にかけて、教育館の木造部分の建て替えと同時に地盤改良工事がなされている。それは震災六年前の建築改修による備えとなったと思われる。

大正時代の煉瓦造建築

話題を転じて、こうした煉瓦造建築が近代建築の中でどのような位置にあるかを、少し述べてみる。

煉瓦造の建築は洋風建築の主要構造としてわが国に移

入され、一八六八年（明治元）に初の大規模な煉瓦造建築として大阪に造幣寮（現・造幣局）がつくられている。そうして順調に発展をみた明治前半期の建築として、同志社のチャペルをはじめとする赤煉瓦校舎群が知られている。ところで、素朴な煉瓦造建築は大地震に対して致命的に弱いとされている。実際、一八九一年（明治二四）の濃尾地震では甚大な被害を受けた。しかし、それを契機にわが国の煉瓦造構造は鉄骨、鉄筋コンクリート梁を併用して耐震性を高める改良を進めてきたと言われる。そして一九一四年（大正三）には屈指の規模を誇る赤煉瓦建築、東京駅が竣工し、大阪では中央公会堂が一九一八年（大正七）に建てられている。つまり大正中期の煉瓦造建築は、相当量の鉄骨部材、鉄筋コンクリートを併用した一つの構法として成熟していたのである。一九二〇年（大正九）に設計された大阪教会も、主要煉瓦壁内に挿入されている鉄骨柱、礼拝堂の床を支持する鉄筋コンクリートの防火床、そし鉄筋コンクリートの臥梁《がりょう》など、大正中期の建築としての技術が随所に応用されており、構造的にも耐震性が配慮された煉瓦建築だったと言える。

一方、近代建築全般の趨勢は、大正後半期には鉄筋コンクリート構造が普及していき、一九二三年（大正一二）の関東大震災を境に鉄筋コンクリート造が主流となっていく。ヴォーリズの建築も、震災翌年の主婦の友社ビル（お茶の水）は初の耐震復興建築として、鉄筋コンクリート構造を積極的に活用している。そして、一九二四年（大正一三）の九州学院講堂（チャペル）では、大阪教会と同種のデザインながら、鉄筋コンクリートを主要構造として導入している。

そういう建築構法の進歩から見て、煉瓦造建築が一概に旧式で安全性に劣るというものではない。大阪教会の時代の煉瓦造建築は、先に述べたようにさまざまな構造的工夫がなされたものであり、当時にあっては、いまだ試行的な鉄筋コンクリート造建築よりも、改良された煉瓦造建築のほうが、大規模建築構法としては一般的なものであった。

この時期にヴォーリズはさまざまな煉瓦造建築を手がけている。神戸原田にあった時代の関西学院校舎、神戸ＹＭＣＡ会館、同志社啓明館などがある。そして一方で、大同生命ビルの建築に向けて、鉄筋コンクリートによる高層ビルの調査にも着手していた。いわばヴォーリズ建築の前半期の盛期と言える時代であった。

神戸ユニオン教会
――居留地の歴史を背に

神戸市中央区生田町四丁目、新神戸駅近くに、旧神戸ユニオン教会の建築がある。ここから生田川沿いに上ると、まもなく布引に至る。かつて外国人たちの好んだ布引の滝をめぐる散歩道も近い。

一八七一年（明治四）以来、旧居留地内の三宮神社前にあった教会が、ヴォーリズによるゴシック・スタイルの教会堂をこの地に建てて移転したのは、一九二九年（昭和四）のことだった。

道路に西面してゴシック・スタイルの特色である細かな透かし（トレーサリー）で飾られた大きな尖頂アーチ（ランセット・アーチ）を左手正面に据え、中央部に塔をもつ玄関ホールを設けている。入口アーチの両肩には四つ葉模様（クワトロフォイル）がレリーフされ、随所に小尖塔（ピナクル）がデザインされている。こうした伝統的な装飾モチーフの重なりが、ゴシック式意匠の特色である。

この玄関部分の西側には幼稚園と牧師館の建物が接続していた。スタイルは教会堂と異なる木骨造のハーフ・ティンバー式で、葺き下ろされたストレート屋根に屋根窓がのぞくあたりは、いかにもドメスティックな雰囲気をつくっているが、全体のスケール感が適切なため、教会堂の棟と不思議によく調和している。この両者の主要構造は鉄筋コンクリート造によるのだが、建物のイメージからは石造の教会と木造の牧師館の雰囲気を感じる。こうした欧米の伝統様式のイメージを近代建築としてデザインしたところに〝西洋建築の翻訳者〟としてのヴォーリズの技量がうかがえる。

教会堂を訪ねる前に、関西地区で最初のプロテスタント教会となったユニオン教会の創立について記しておく。

一八七〇年（明治三）五月二二日の朝、神戸外国人居留地一八番館の一室に一五人の外国人が集まり、この地ではじめてのプロテスタントの礼拝がもたれた。説教したのはアメリカン・ボードから派遣された宣教師グリーンである。

グリーンは一八四三年、ボストンに生まれ、ダートマス大学で学び、さらに新島襄が後年学ぶことになるアンドーヴァー神学校を一八六九年に卒業した。その彼が、日本伝道を開始したアメリカン・ボード派遣の最初の宣教師として、一八六九年（明治二）横浜に着き、まもなく

神戸ユニオン教会（現・フロインドリーブ）。1929年

開港直後の神戸に移り、そこを西日本におけるプロテスタント宣教活動の拠点として活動した。アメリカン・ボードも彼を支援し、ギューリック・デイビスらの宣教師が来神し、教会堂の建設が待望されていた。一八七一年（明治四）、居留地の一角に教会堂建築用地を得てユニオン・チャーチがここに創設され、赤煉瓦造の教会が一八七二年（明治五）に建った。白い石の縁をつけた大小のランセット・アーチを配した外観のデザインには、後年の同志社チャペルに共通するものがあり、初代牧師グリーンの設計によったものと考えられている。礼拝には神戸在住の外国人たちが多く集った。おのおのの故国では異なった教派に属する者も、この地ではイエス・キリストに合同して連なるという意味でユニオン・チャーチと称されたのである。また、この教会はアメリカン・ボード派遣の宣教師らの所属教会となり、彼らの母教会(Mission Home Church) とも呼ばれていたという。

その後、神戸が貿易都市として発展していくのに伴い、教会活動も広がり、新教会堂の建設が望まれ、一九二七年（昭和二）に至り、生田町の土地を得て、ヴォーリズの設計により一九二八年（昭和三）七月起工、翌年六月に新教会堂が建てられた。

塔の真下に開く玄関ホールから入り、左手の教会堂ホ

玄関部

創建時の聖堂

戦後修復後の聖堂

ールへ進むと、一階には集会室、図書室など、二階には礼拝堂が設けられた。教会堂内は、ゴシック式の特色である透かしの入った尖頂アーチ窓を随所に設けた重厚な壁面と、木造トラスで構成されたオープン・ルーフ（吹き抜け天井）が見事に調和している。ところで、今見る下弦材が交差するシザーズ・トラス（鋏《はさみ》型トラス）の屋根は戦後に修復されたものである。当初のトラスは、ハンマー・ビームをもつ半円アーチ梁で構成された特徴あるもので、ハンマー・ビームを支持する弓形ブラケットの先端から八基の華やかな照明器具が下げられて、今以上に豊潤なる礼拝空間をつくっていたようだ。

ここで教会は充実した時代を過ごしたが、太平洋戦争の勃発で一転、試練の時代に入った。敵国籍ということで、牧師のメイヤー博士をはじめ多くの教会員が投獄されたという。残った会員たちは京都のドイツ人牧師ヘニングを頼って教会活動を存続させていた。ところが、一九四五年（昭和二〇）六月五日の神戸大空襲で被災し、木造屋根を焼失した。終戦後は屋根のない青空天井の下での礼拝を続け、一九五〇年代に入り教会堂および幼稚園施設が整備され、かつての教会堂が蘇った。そして一九七一年（昭和四六）に神戸ユニオン教会は創立一〇〇周年を迎えたおりにパイプオルガンが備えられ、市松模様の床タイルなど新たな整備も経て、歴史とともにヴォーリズによるゴシック・スタイルの特色をよくとどめる有数の教会建築として知られてきたのである。

なお、神戸ユニオン教会は、一九九二年に新たな教会堂を建て当地を移転したが、まもなくして阪神淡路大震災で被災した。建築の存続が危ぶまれたのであるが、一九九九年に至り、フロインドリーブの店舗として再生活用されている。

スコット・ホール
――早稲田のミッション・ヤード

宣教師ベニンホフ

西早稲田、穴八幡宮の杜に接して、H・B・ベニンホフ（Harry Baxter Benninghoff）のキリスト教事業として実を結んだ早稲田奉仕園がある。

園内には、一九二一年（大正一〇）に建てられた赤煉瓦のスコット・ホールを中心に、セミナー・ハウスなどが点在して、閑静なミッション・ゾーンを形成している。スコット・ホールが建てられたのに続いて、後に触れる学生寄宿舎の友愛学舎とベニンホフ宣教師住宅の二棟が、大正年間に建てられていた。この三棟の煉瓦造建築とともに、園内にはテニス・コート、バレーコートなどのスポーツヤードのほか、花壇を設けた広場がデザインされて、奉仕園内はさしずめアメリカン・カレッジの雰囲気をなしていたようだ。

さて、スコット・ホールの建築に触れるに先立って、創設者ベニンホフについて述べておく。

一八七五年にペンシルヴァニア州に生まれたベニンホフは、一九〇七年（明治四〇）に米国バプテスト・ミッションより派遣されて来日、東京学院教授に着任した。その後、日米関係が悪化した一九四一年（昭和一六）に帰米するまでの三四年間、早稲田奉仕園の設立と発展に尽力し、独自のキリスト教伝道に努めた宣教師であった。

ベニンホフのミッション事業を考えると、多くの点で

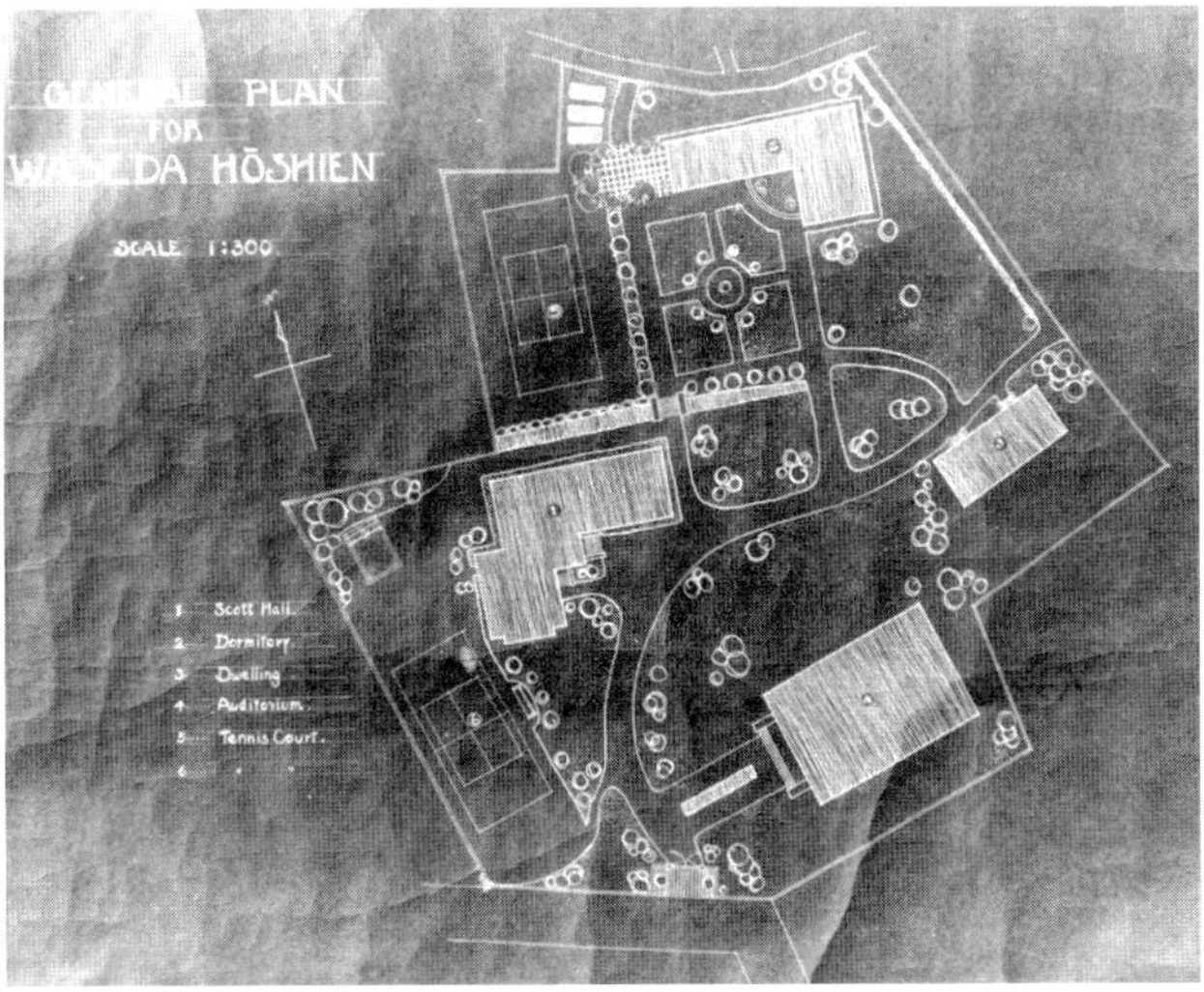

早稲田奉仕園の計画図、1920年。
スコット・ホール、寄宿舎、住宅、講堂、テニス・コートが配置されている

ヴォーリズのそれと比較でき、興味深いものがある。奉仕園は、ヴォーリズによる近江ミッションに相当するだろう。近江ミッションの揺籃《ようらん》期にバイブル・クラスがあったように、ベニンホフも来日翌年より3Lクラブという聖書研究会を催している。3Lとは「Loyalty」「Love」「Liberty」を表すという。

スコット・ホール。1921年

スコット・ホール講堂

この集いに早稲田大学YMCAが合流して、一九〇八年（明治四一）に友愛学舎を創設した。さらに一九一六年（大正五）には信愛学舎を新たに開き、一九二一年（大正一〇）に今ある西早稲田に二四〇〇余坪の土地を得て学生会館スコット・ホールを建て、奉仕園の本拠としたのである。スコット・ホールの名称は、建築費五万ドルを寄付したJ・E・スコット夫人の名を記念したものである。

ところで、スコット・ホールの構想は、キリスト教事業の進捗で具体化した以上に、早稲田の大隈重信からの要請に応えたものであった。ベニンホフがはじめて大隈に会った時、「早稲田の学生が、日本にいながらアメリカにいるのと同様な楽しい意義ある学生生活ができる機会と設備とをつくって教育してほしい」と大隈から望まれたという。そしてヴォーリズによって一九二〇年（大正九）に計画され、翌年竣工したスコット・ホールには、講堂、小集会室、教室、図書室のほか、大小の食堂やビリヤード・ルームも備えられていた。そこで礼拝、日曜学校、バイブル研究会などミッション活動はもちろんのこと、日米の文化を研究するパンリカ・クラブ、広く国際社会を研究する国際クラブ、それにエマソン・クラブや、ランチ・クラブなど、さまざまな研究会、同好会が活動しはじめた。

奉仕園内にはスコット・ホールに続いて同年、学生寄宿舎早稲田協愛学舎（後年に友愛学舎と改称）が竣工し、さらに一九二五年（大正一四）にベニンホフの住まいとなる宣教師館が建てられた。先の学生寄宿舎の設計はA・レーモンドであることが知られるが、住宅の設計はヴォーリズによって一九二四年（大正一三）一二月に作成されたことが認められている。

早稲田奉仕園におけるベニンホフの働き、そして一九三六年（昭和一一）より後を継いだ向谷容堂総主事のドキュメントは、同氏逝去の翌年に出版された『追想向谷容堂』（一九六九年）に詳しいことを記して、ここではヴォーリズ建築としてのスコット・ホールの位置づけを考えてみたい。

大震災に耐えて

スコット・ホールの設計と同時期につくられたヴォーリズの代表作品の一つに大阪教会がある。この両建築は機能上の違いを伴いながらも、共通した空間の扱いと、塔をもつ煉瓦造建築として共通したイメージを抱かせるものである。大阪教会は一九二二年（大正一一）に竣工しており、ひとまわり規模も大きく洗練された意匠が見られるのに対して、スコット・ホールは素朴で、ほとんど建築様式にこだわらない自由な扱いが独特の風合いを生んでいるように思う。

具体的な違いを示すと、大阪教会の煉瓦が意匠を重視したフランス積みであるのに対して、スコット・ホールはイギリス積みであり、装飾的なブリック・ワークは前者が勝る。そして正面妻壁の意匠は、前者が煉瓦積みのパラペットを立ち上げて納めているのに対して、後者は木造屋根の母屋、庇を見せる素朴な手法によっている。大阪教会では、煉瓦造であるのに加えて鉄筋コンクリートや鉄骨の補強構法が積極的に計画されていた。スコット・ホールの煉瓦構法についてはよく知られていない。というのは、都内の煉瓦造建築は、一九二三年(大正一二)の大震災でかなりの損傷を受けたものが少なくないにもかかわらず、スコット・ホールについては、塔の一部が損傷を受けたにとどまったという。素朴で簡素な表現のうちに構造上の工夫がされているのであろうか。

スコット・ホールは講堂(礼拝堂)を中心とした部分に加えて、多様な用途に活用される設備がある。建築的には諸室に備えられた暖炉、建物南面に張り出した二階のベランダなど珍しい手法が散見される。これらの趣向にはベニンホフ園長のアイデアが取り入れられているという。3Lクラブから早稲田奉仕園を育んだ園長にしてみれば、そのシンボルとなる建築に深くコミットしたことは大いにあり得ることだろう。

また一人、スコット・ホールの建設を逐一見守っていた建築家がいた。一九一九年(大正八)に早稲田大学の建築学科を卒業して後、助教授を務めていた今井兼次である。後年、煉瓦造のロマンティックな表現をテーマにした建築を得意とした今井が、スコット・ホールの現場に立っていたという。園長のベニンホフと、また時にはヴォーリズと会話が交されたことも想像し得る。

スコット・ホールと同時期の作品である大阪教会との建築的表現の差異は、そうした背景によるのかもしれない。

各都市のＹＭＣＡ会館

――ＹＭＣＡムーブメントと建築

かつてのＹＭＣＡ会館建築には一つの型があった。ホール、体育館、寄宿舎があり、時には教室、プール、ボウリング・レーンなどが設けられたものもある。こうしたわが国のＹＭＣＡ会館建築のモデルとされたのは、ホプキンスの『History of the Y.M.C.A. in North America（北米ＹＭＣＡ史）』（一九五一年）によると、一八六九年（明治二）に建てられたニューヨークＹＭＣＡ会館だという。体育施設を備えることを特色とするこのタイプの会館建築は、その後大きな影響を与えていく。一方、より古いタイプに、講堂を中心とした会館の型がある。一八六七年のシカゴＹＭＣＡのフェアウェル・ホールはその代表とされるもので、大講堂、読書室、教室、寄宿舎を備えていたという。つまり、ＹＭＣＡ会館建築には、体育設備をもつニューヨーク型と、講堂を主体としたシカゴ型があるようだ。

ところで、日本でのＹＭＣＡ（和名では基督教青年会）運動のはじまりは、一八八〇年（明治一三）の東京ＹＭＣＡの創設にまでさかのぼるが、会館建築のさきがけは、一八八六年（明治一九）に竣工した大阪ＹＭＣＡ会館だった。この建築は、北米ＹＭＣＡ同盟などの支援によったもので、ここでわが国のＹＭＣＡにおいてはじめて、体育事業を含めた、いわゆる全人プログラムを備えたＹＭＣＡ活動がはじまった。ＹＭＣＡ会館はその後、東京（一八九四年）、長崎（一九〇六年）、京都（一九〇九年）に相次いで建てられていく。

大正時代に入ると、ＹＭＣＡ会館の建設は、はずみがついたように加速され、それに伴って、会館建築の専属設計者のようにヴォーリズが活躍することとなる。ちなみにＹＭＣＡ史の定本である奈良常五郎の『日本ＹＭＣＡ史』（一九五九年）に記された大正期の会館建築には、神戸ＹＭＣＡ会館、京都帝大ＹＭＣＡ会館（一九一三年）、東京帝大ＹＭＣＡ会館、横浜ＹＭＣＡ会館（一九一六年）、東京ＹＭＣＡ会館増築、日本ＹＭＣＡ同盟会館（一九一七年）、神戸ＹＭＣＡ新会館（一九二一年）、京城ＹＭＣＡ会館（一九二三年）、大阪ＹＭＣＡ会館、名古屋ＹＭＣＡ会館（一九二五年）、横浜ＹＭＣＡ新会館（一九二六年）の一一件があるが、そのすべてがヴォーリズの設計によるものだった。ここではこれら、大正期のＹＭＣＡ会館の建築を通して、当時のＹＭＣＡ活動の進展とヴォーリズの建築活動の特色について述べてみる。

北米YMCA同盟の支援

大正時代のYMCA活動の特色は「ビルディング時代」と言われたように、充実した施設を誇る会館建築を各地に建てた。それを推進したのは一九一〇年（明治四三）にホワイトハウスで開かれた北米YMCA同盟主催の会議だという。この状況を先の『日本YMCA史』の記述に沿って記してみる。

二〇世紀に入って、YMCAの海外事業を理解して積極的に支援する実業家が現れてきた。なかでもロックフェラー（John D. Rockefeller）は率先してYMCA会館建設資金として五四万ドルの寄付を申し出たが、YMCA事業の世界的発展のために必要とされた会館建設の計画は、一二か国に六〇棟を数え、そのためには一五〇万ドルの資金が必要とされていた。そういう状況のもとで先の「ホワイトハウス会議」が準備されたという。時のタフト大統領はYMCA同盟の活動に好意的関心を示し、官邸の一室を会場に提供し、約二〇〇名の実業家を招いて会議は開かれた。それを契機に二〇〇万ドルの寄付が一挙に集められたという。そして、当初の計画に従って六〇棟の会館建設資金として一二か国に配分され、日本へは八棟の会館建設のため五〇万円の資金が贈られた。

一九一二年（明治四五／大正元）の日本YMCA同盟総会の報告によると、先の資金は次の八つのYMCAに配分されたという。①東京YMCA、②東京における学生YMCA、③東京帝大YMCA、④日本YMCA同盟、⑤京都帝大YMCA、⑥京都学生寄宿舎、⑦神戸YMCA、⑧横浜YMCA。そしてこれらの会館建築は逐次計画が具体化し、日本YMCA同盟会館が一九一七年（大正六）に竣工するまでに、計画されたすべての会館が竣工したのである。実にホワイトハウス会議によってもたらされた資金が、大正期のYMCA「ビルディング時代」を拓いたのだった。

神戸YMCA会館

神戸YMCA会館建設計画の発端は、一九〇七年（明治四〇）にさかのぼる。その年、東京で開かれた万国学生基督教青年大会に列席していたワシントンの紳商S・W・ウッドワードが神戸を訪れ、会館建築費の寄付が約束された。それを受けて下山手六丁目に四〇〇坪余りの敷地を購入し、四階建ての本館と別棟の木造三階建て寄宿舎の建築案が作成された。一九一〇年（明治四三）に至り、本

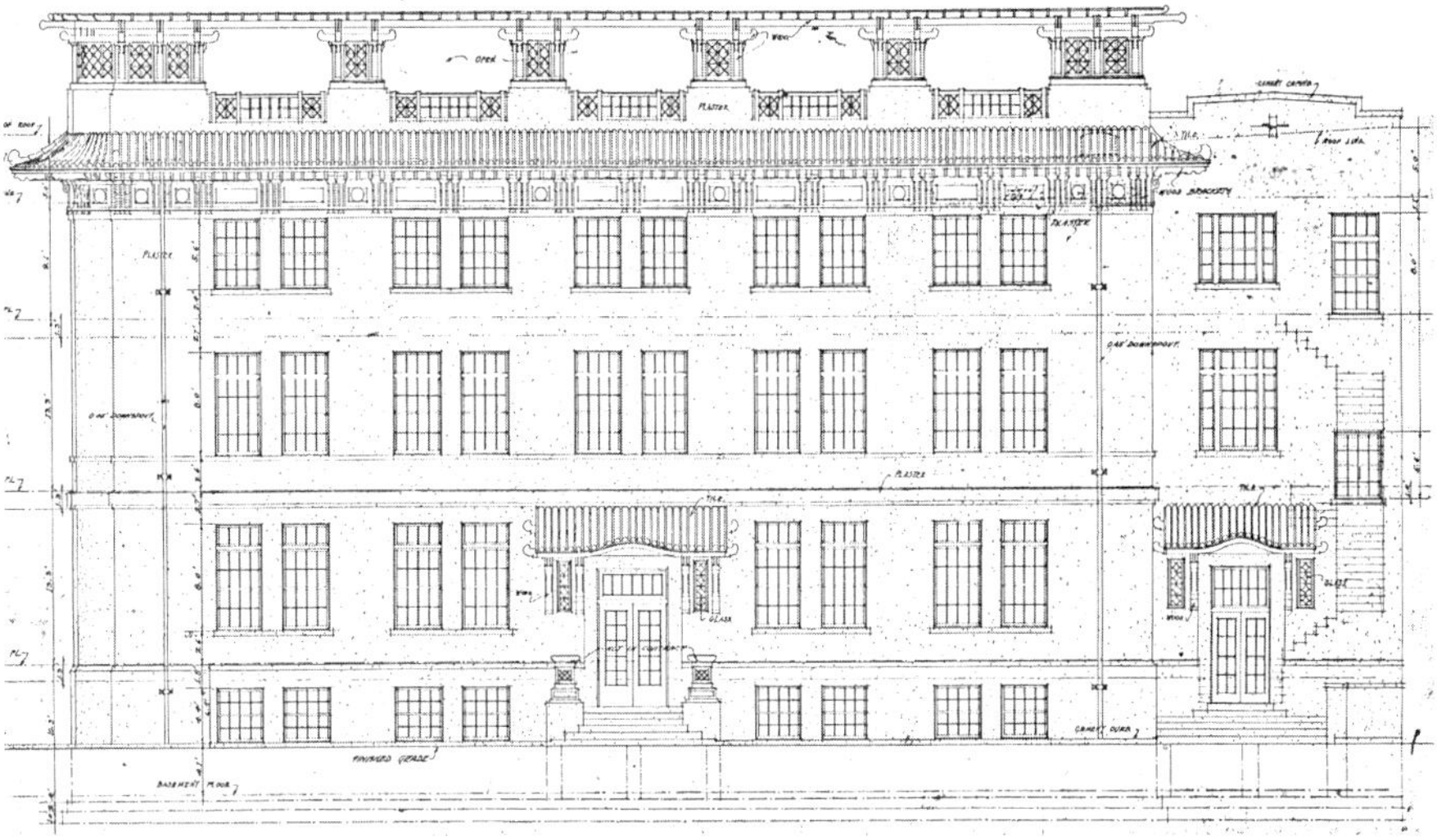

ヴォーリズとハッセーによる神戸YMCA会館設計図。和風と中国風の意匠が応用されている

館建築に先立って寄宿舎から着工、翌年一月に竣工している。この寄宿舎には一六室の寄宿室のほか、社交室、教室などが備えられ、本館完成まで多目的に利用されていた。一九一一年（明治四四）末にいよいよ本館建築の着工が決まるのだが、先に立案されていた設計とは異なるプランで実施されることになった。その背景として、ホワイトハウス会議から贈られた寄付によって、より充実した会館建築へと計画が膨らんだことが挙げられる。こうして第一期の会館建築は、一九一二年（明治四五／大正元）一月定礎、一九一三年（大正二）一月に竣工した。

地階および地上三階建て、煉瓦造のこの会館建築は、ヴォーリズにとってはじめての大規模な建築計画となったものだが、設計図のタイトルによると、ヴォーリズのサインに並べて、シカゴの建築事務所シャトック・アンド・ハッセー（Shattuck & Hussey）の名が記されている。ヴォーリズはシカゴの建築事務所の協力を得てこの設計をまとめたようだ。

一階にはホールおよび体育館兼講堂、社交室、カフェテリア、ビリヤード・ルームなどを置き、二階には礼拝堂、倶楽部室、婦人室、三階には諸教室、屋上には運動場とパーゴラを備えたルーフ・ガーデンを設けており、会館建築の充実ぶりが知られるが、際立つ個性は外観デザ

神戸YMCA会館(第1期)、1913年。右手は寄宿舎、1911年

神戸YMCA会館(第2期)。1922年

インにあった。

　煉瓦造建築の角は大きく丸面がとられ、外壁は石灰モルタルで白く塗り上げられた壁面に、東洋風の木組みによる装飾的な庇が取り付けられていた。三箇所の出入口には日本瓦葺きで唐破風の曲線をもった庇があり、最上階の軒庇とその上部にかかるパーゴラの木組みが和式あるいは中国式に凝らされていた。こうした東洋風のデザインを組み入れた例は、ヴォーリズ建築の中でもまれなものだろう。ヴォーリズ建築のこの時期の水準を考えると、この設計原案はシカゴの建築家によるとみたほうが妥当かもしれない。会館の設備がシカゴ・タイプに計画されたのもシャトックの構想を裏づけているようだ。

　第一期会館竣工後八年を経た一九二一年（大正一〇）、この地域の区画整理事業のため、一丁ほど東に新たな敷地三〇〇坪余りを得て、第二期会館を建てて移転することになった。新会館は規模をいっそう大きくした地上四階建てとし、体育館と講堂を独立した別室として設けるほか、四階には一〇室の寄宿室がとられていた。ルネサンス様式の建築で、赤煉瓦積みの重厚な壁面と頂部の古典的なエンタブラチュア（軒飾り）と、一階上部のストリング・コースに特色がある、明快にして荘重な建築だった。

京都帝大ＹＭＣＡ会館と東京帝大ＹＭＣＡ会館

　学生ＹＭＣＡの活動は、都市ＹＭＣＡとともにＹＭＣＡ運動の主要な一部をなすもので、わが国でも一九〇七年（明治四〇）の万国学生基督教青年大会を契機に広く進展し、独自のＹＭＣＡ会館が各地で計画されていた。それらの中で最も早く実現したのは、東京の中央学生基督教青年会館（一八九八年）だという。その会館建築は都市ＹＭＣＡのそれに比べて、学生寄宿舎が主要部を占め、学生寮に似た共同生活に意義を求めるものだった。

　ヴォーリズによる京都帝大ＹＭＣＡ会館（基督教青年会本館）の計画は、一九一〇年（明治四三）頃に具体化し、左京区吉田牛ノ宮町に敷地を得て、一九一三年（大正二）に会館と寄宿舎地塩寮が竣工した。会館建築は煉瓦造二階建て、スレート葺き寄棟屋根の建築で、中央の玄関ポーチを中心に、左右対称にデザインされ、正面性を強調した毅然とした構えが印象的なものである。その背後に中庭を挟んで木造二階建て一六の寄宿室を有する地塩寮があった。会館一階にはロビー、読書室、球戯室など、二階には講堂と和室の社交室などを備えたもので、黎明期の会館をよくとどめる歴史的建築である。一九九九年に

京都大学YMCA会館。1913年

登録有形文化財となったことで、二〇〇三年に修復および耐震補強工事がなされている。

この京都帝大YMCA会館に接して、京都府立医科大学YMCAの橘井寮と主事宅が同時期に建てられた。つまり牛ノ宮町の一角に四棟の学生YMCA施設が軒を並べたのである。

東京帝大YMCA会館は一九一六年（大正五）に竣工した。間口八間余り、奥行三三間の長大な建物で、正面は煉瓦造、地階をもつ地上四階建ての堂々たるものだったが、奥に続く部分は木造であり、階下を体育室兼講堂とし、階上に寄宿舎を配置していた。講堂での、新渡戸稲造、阿部次郎、吉野作造らを講師に迎えた大学公開講座など記録に残る催しも多く、体育室に備えられたボウリング・アレーは、わが国で最初のものだったという。

東京YMCA会館の増築と横浜YMCA会館

日本YMCAの立役者、J・T・スウィフト（John. T. Swift）を主事に擁した東京YMCAは、神田美土代《みとしろ》町に一八九四年（明治二七）、煉瓦造三階建ての会館を建てていた。会館は千人ホールと呼ばれる講堂を中心にした相当規模の建築で知られているが、一九〇六年（明治三九）

京都府立医科大学YMCA橘井寮。1913年

東京帝大YMCA会館。1916年

横浜YMCA会館。1916年

には、翌年の開催が決まった万国学生基督教青年大会のため急遽、施設の充実を図り、講堂前部の増築がなされていた。その後、一九一三年（大正二）に至り、先のホワイトハウス会議による会館建築資金を充てた拡張計画が立案された。その主な内容は『東京キリスト教青年会百年史』（一九八〇年）によると次の三点だった。

一、既存の会館の前方に四階建て百坪を増築し、集会室、図書室、社交室、寄宿室を設ける。
二、既存の会館の後方に体育館を新築し、室内運動場、ボウリング・アレー、浴場、温水プールを設ける。
三、既存の講堂を改築し、二〇〇〇席のホールとする。

この体育館の新築と講堂拡張工事は一九一七年（大正六）初夏に竣工した。建坪一六五坪、鉄筋コンクリート造三階建て。室内運動場のほか、わが国ではじめてと言われる温水プールを備えた総合的な体育館であった。これは、主事大森兵蔵の体育事業にかける熱意によって実現したもので、この体育館からバスケットボールやデンマーク体操が全国に広まった。

東京YMCA会館の増築に続いて、横浜YMCA会館が一九一六年（大正五）に建った。地階および地上四階建ての会館建築で鉄筋コンクリート構造だが、帳壁は煉瓦積みで、鉄筋コンクリート構造による建築の初期的なものである。一九二三年（大正一二）の関東大震災で内部を焼失したため、構造体を残して全面的に改修され、一九二六年（大正一五／昭和元）に新会館として再出発している。

日本YMCA同盟会館

日本YMCA同盟は、一九〇三年（明治三六）に創立されて以来、東京YMCA会館内に事務所を置いていたが、一九一七年（大正六）、神田表猿楽町に独立した会館を建てた。鉄筋コンクリート造一部四階をもつ三階建て。外壁上部をゴシック調のレリーフ・テラコッタで飾った瀟洒な建物だった。会館の過半は日本YMCA同盟のスペースとしたが、館内には鉄道青年会、平和協会、日本基督教会中央委員会、福音新報社、日本純潔同盟、IMC継続委員会、そしてヴォーリズ建築事務所の東京支所も入っていた。つまり日本YMCA同盟を中心として、東京におけるキリスト教事業のセンターの役目を果たした建物と考えられるだろう。

一九二三年（大正一二）の震災後、一九二六年（大正一五／昭和元）に会館の改修が行われ、前面一スパンが増築された。増築部の北側に塔屋を上げ、中央には個性的な出窓を設け、以前のいくぶん静かな外観からイメージが一

1926年に増築された日本YMCA同盟会館

日本YMCA同盟会館。1917年

新された。

大阪ＹＭＣＡ会館

一八八六年（明治一九）に建てられた初代の大阪ＹＭＣＡ会館は、先に述べたように、わが国における最初の本格的な会館建築だった。組合教会宣教師ジョージ・オルチンの設計によった木骨煉瓦造二階建てで、二階席ギャラリーを備えた千人ホール（大講堂）を有していたという。この旧館は三九年間の役目を終え一九二四年（大正一三）に取り壊され、新会館の建設がはじまった。そして翌年竣工した新会館は、ヴォーリズによるＹＭＣＡ会館建築の棹尾を飾るべく充実したものとなった。

大阪ＹＭＣＡでは一九八二年（昭和五七）に一〇〇年史が刊行され、会館建築についても詳述されている。ここではそれに従って会館建設までの経緯を紹介してみる。

新会館建設の要望は一九一三年（大正二）よりはじまり、一九一八年（大正七）には新会館構想をまとめた『青年会新会館建築計画趣意書』が作成され、募金活動が内外で展開された。そして、一九二三年（大正一二）に第一回新会館建築委員会が開かれた。この委員会は、米国ＹＭＣＡ同盟、日本ＹＭＣＡ同盟、それに大阪ＹＭＣＡを代表する委員で構成されたもので、三年余りにわたる会館設計と建設を主導した。

建築工事は一九二四年（大正一三）四月に着工、翌年一一月に竣工し、一二月五日に開館式が挙行された。鉄筋コンクリート造、地階を有して地上五階建て、イタリア・ルネサンス・スタイルの端正な建築で、外観の一層目は石張りで、アーチ窓を並べ、上部には柱頭飾りをもつピラスター（付け柱）を付し、頂部にエンタブラチュア（軒飾り）をめぐらしていた。意匠の要所には、テラコッタの瓶子形の手摺子やロート・アイアン（鉄細工）の手摺飾りを置き、そして出入口には華やかな装飾庇を備えていた。

九〇〇坪余りに及んだ館内の主要諸室は次のようであった。

地階　食堂。
一階　大講堂、社交ロビー。
中二階　閲覧室、理事室、主事室。
二階　社交室、倶楽部室、宴会室、撞球室。
三階　体育室、特別体育室、浴室。
四階　寄宿舎。
五階　寄宿舎、社交室。
屋上　ハンドボール・コート、バルコニー。

大阪YMCA会館講堂正面玄関

大阪YMCA会館。1925年

このように、多目的な講堂、体育施設、二八室の寄宿舎（一部はホテルとして活用）が主な機能だったのに加えて、新会館の完成とともにはじまった社交部の活動のためのスペースが用意され、多彩なプログラムが組まれていた。その一端を記すと、

音楽プログラム……音楽会、器楽と声楽のレッスン、ブラスバンド、オーケストラ、合唱団の設置。

ゲーム・プログラム……遊戯大会、撞球大会、ピンポン大会。

クラブ・プログラム……英語社交会、サンデー・クラブ、メンズ・クラブ、各種の同好会。

などがあり、会員の多様な要望に応える幅広いYMCA活動を展開させていたことが知られる。

使命としてのYMCA建築

ここでは、一九一〇年（明治四三）のホワイトハウス会議の結果として寄せられた開館建築援助資金によって建てられた各地の会館を中心に紹介し、そうした大正期の状況が、日本YMCAの「ビルディング時代」として位置づけられていることを述べた。その時代に建てられた他の会館建築をヴォーリズの資料より補うと、長崎YMCA会館の改築と寄宿舎（一九一三年）、甲府YMCA会

大阪YMCA会館1階ロビー

館（一九一七年）、米原ＹＭＣＡ会館（一九二〇年）、京城日本人ＹＭＣＡ会館（一九二三年）、名古屋ＹＭＣＡ会館（一九二五年）などがある。すなわち大正期の主なＹＭＣＡ建築はすべてヴォーリズの設計によるものだったのである。

それでは、ヴォーリズはなぜ「ビルディング時代」の会館建築を一手に設計することになったのか。ヴォーリズ建築事務所が当時、日本ＹＭＣＡ同盟の定めた専属の設計事務所だったわけではなく、あくまで結果においてそうなったのである。こうした事情について十分に応えてくれる資料を今のところ見出せないが、以下に述べる三つの状況を考えると、ヴォーリズにとってＹＭＣＡ建築の設計は、彼に与えられた一つの使命（Mission）だったように思える。

その第一は、彼の来日前後の状況と、ＹＭＣＡ活動の一環に位置づけられた、県立八幡商業学校における伝道活動などにうかがえるように、ＹＭＣＡ精神こそ彼のバックボーンとなっていたことである。このヴォーリズの思想については、奥村直彦氏の論考『Ｗ・Ｍ・ヴォーリズの思想構造』（一九八二年）があることを紹介して、ここでは触れないが、周知のように、一九〇七年（明治四〇）二月に竣工した八幡ＹＭＣＡ会館は、ヴォーリズによる最初の設計作品であり、またヴォーリズのさまざまな活動拠点となるものであった。

第二は、一九〇八年（明治四一）一二月、ヴォーリズにはじめて与えられた仕事が京都ＹＭＣＡ会館の工事監督で、会館建築の設計者デ・ラランデの代理者として働いたこと、そしてこの工事事務所は、ヴォーリズ建築設計監督事務所の起源となったものである。

また、ヴォーリズ建築事務所の東京支所は、先にも述べたように、一九一七年（大正六）に竣工した日本ＹＭＣＡ同盟会館内にあり、同盟傘下の各地のＹＭＣＡの会館建築を把握するのに格好の場にあったことが指摘できる。

第三に、ヴォーリズは一九一二年（明治四五／大正元）より中国、朝鮮地域に活動を広げている。その初期においては、とりわけＹＭＣＡ会館の建築が多い。例えば、彼の自叙伝に記される一九一三年（大正二）の最初の海外出張となった中国旅行では、上海、南京、漢江、杭州のＹＭＣＡ会館について現地で設計が進められたという。それらの設計依頼は世界ＹＭＣＡ同盟（World Alliance of YMCA）よりもたらされたものであり、出張旅行そのものが世界ＹＭＣＡ同盟のほうで準備されたスケジュールによったものだったらしい。当時はまだ日本において、建築家としての実績を蓄えていたとは思えないのだが、その彼に世界ＹＭＣＡ同盟より白羽の矢が立てられたところに、ミッション建築家として認められていたことがうかがえる。

東京と大阪のＹＷＣＡ会館
――カフマン女史とＹＷＣＡ活動

日本ＹＷＣＡは一九〇五年（明治三八）に創立され、同時に東京ＹＷＣＡが設立された。その後、横浜（一九一三年）、大阪（一九一八年）、神戸（一九二〇年）、京都（一九二三年）、名古屋（一九三三年）に設立された都市ＹＷＣＡを加えて六市ＹＷＣＡが成立している。それらの中で、ここではヴォーリズ建築として重要な東京と大阪の会館建築について見てみる。また、東京ＹＷＣＡの事業に多大の援助と奉仕を惜しまなかったカフマン女史(Miss R. Kaufman）にちなむ建築にも触れる。

東京ＹＷＣＡ会館

唐破風の玄関

一九一五年（大正四）秋、神田神保町一四番地に竣工したＹＷＣＡ会館は、ヴォーリズ建築としては珍しく和風の色濃いものだった。瓦葺き入母屋造の屋根には、きつね格子の妻壁が立ち、懸魚《げぎょ》まで取り付けられている。玄関は仰々しい唐破風構え、上階の窓を眺めると擬宝珠《ぎぼし》付きの肘掛け手摺が見られる。窓はすべて引き違い形式で、一階の窓には連子《れんじ》格子が入れられている。外壁は大壁造だが、付柱によって真壁風に見せている。この外観から洋風をうかがわせるものは煉瓦の煙突と、大きなガラス窓だけだろう。内部もおおむね和風の構成だが、畳の寄宿室を除いて椅子式に計画され、二階談話室には堂々たる煉瓦積みの暖炉があった。

この和風意匠の建築に、ヴォーリズの日本趣味を認めるか、あるいは和式の構成の中に煉瓦の暖炉と洋家具を持ちこんで強引に洋式化しようする冒険的な試みと見るか、ともかく興味深い和洋折衷式に注目したいものである。

内部の主要な設備は、一階にホール、食堂、体育館兼講堂を設け、二階に談話室、読書室、スタッフ・ルーム、三階に家政科教室とタイプ教室、それに寄宿舎が設けられ、延床面積は約三〇〇坪を有していた。この会館をもって東京ＹＷＣＡは教育、体育、寄宿舎事業など、本格的な活動をはじめたのである。

ところで、東京ＹＷＣＡの活動を物心両面で支援したカナダ人宣教師カフマン女史は、一九一四年（大正三）にスタッフとして加わっている。その時期は会館計画の最中であり、三階の家政科教室の設備は女史の寄付によるものだった。新会館のもとで、邦人初代の総幹事加藤タカと、外人総幹事を務めたカフマンは、東京ＹＷＣＡの両輪のごとく働き、事業を推進させたという。その頃ヴォーリズによって二つの住宅がカフマンのためにつくられている。一つは新宿区砂土原町に建てられたカフマンの住宅で、一つは軽井沢の家である。ともに一九一五年（大正四）に設計されたものである。

カフマンの住宅と山荘

砂土原の家はイングランド・スタイルの木造三階建て、そこに料理人夫妻、運転手夫妻のほか、いつも数人の客人が同居していたという。その暮らしの一端が『婦人之友』誌上にて「カフマン家事学校　お客の巻」として紹

東京YWCA会館。1915年

東京YWCA会館玄関

東京YWCA会館談話室

カフマン邸（東京）。1926年

介されているので、その転載資料より引用してみる。砂土原の家の暮らしがよく描かれているものである。

「ある日曜日の晩、ミス・カフマンが教会へ行っていらっしゃる間に、コックさん夫婦の手で、お客さまを迎える準備がととのえられた。客間に入ると、何ということなく温かい好ましい感じを受ける。西洋の彫刻、支那の版画、松の盆栽など和洋さまざまのものがしっくりしているのは、それらのものがミス・カフマンの心持の中によく調和しているからだろう。室内の色は主として茶系統で、これも全体にゆかしい落ちつきを与えている。

　長椅子といくつかの椅子をほどよく配置して八人分の席が用意され、その前に大小五つの揃いの小卓がおかれた。今晩はごく簡単な夕食で、食堂のテーブルを囲むのではないそうである。純白のレースのドイリーを敷いた小卓の上に、パン皿（日本の小皿）、ナフキン、グラス、塩入れ（日本酒の盃、豆粒ほどの象牙のスプーンが添えてある）、胡椒入れ（振出し穴のついた陶器の小さい壺）、バターナイフ、スプーン、フォーク。長椅子の前の長方形の低いテーブルには三人分の食器が並べられた。

　客間と食堂の境の戸をはずして両方を続きにして使うと、二、三十人までのお客さまができるということである。今晩の食堂のテーブルには、純白の総レースのテーブル掛、陶器の水盤にクリーム色のラッパ水仙が際立って美しく、それを囲む四本の銀の燭台には、花と同じクリーム色の長いローソクが立っている。暖炉の上の時計の針はもう六時をさしているが、お客を迎えることに馴れているこの家では特別のざわめきもなく、春の夕やみが音もなく窓から忍びこんでくるだけである」

　訪ねる人と親しく接して、いつも大きな感化を与えるカフマンの人柄や、この住宅の雰囲気をよく伝えている。

このカフマン邸は一九二九年（昭和四）にＹＷＣＡに寄付され、寄宿舎に用いられていたが、一九四五年（昭和二〇）の空襲で、カフマンの収集した美術品、とりわけ愛用していた古伊万里の染付、今右衛門の絵付、リーチの食器など美しい陶器もみな家とともに失ったという。

軽井沢今道沢のカフマン・ハウスは、「はこぶね」と呼ばれていた。旧約聖書のノアの方舟にちなむ愛称で親しまれ、多くの人が招かれ訪れた。下段の写真は一九一六年（大正五）の竣工まもない頃の、そうした夏のスナップ写真だろうか。当時の軽井沢では際立って大きな別荘だったようだが、山の家らしく石を野面《のづら》に積んだ暖炉と、素朴な家具の備えが避暑地の生活を伝えている。軽井沢には後にもう一棟のカフマン・ハウスがヴォーリズの設計で建てられ、「はこぶね」とともにＹＷＣＡに寄付されている。

エマ・Ｒ・カフマンは一八八一年、カナダのオンタリオ州キッチナーでジェコブとメリー・カフマンの長女として生まれた。カフマン家は材木業とゴム工業を営む有数の実業家であったが、その富と資産はキッチナーの公共施設に絶え間なく寄付され、またエマを通じて日本のＹＷＣＡにも援助を差しのべた。エマはホイットビー市フィテニー女子大学を卒業の後、トロント大学神学部、コロンビア大学家政師範科で学び、日本へは一九〇九年（明治四二）に一度訪れ、六か月間滞在している。日本逗留を心に秘めて再来日したのは一九一二年（明治四五／大正元）である。ヴォーリズは一八八〇年生まれであるから、エマは一歳若く、ヴォーリズが合名会社を設立して将来の進路を見定めていた時期に来日している。

東京ＹＷＣＡの活動に協力と援助を惜しまなかったエマ・カフマンは、ヴォーリズの来日を追うようなかたちで日本にやってきたとも想像される。というのは、ヴォーリズとカフマンは来日以前から交友があったらしいからである。それはヴォーリズが一九〇二年にコロラド・

カフマン別荘「はこぶね」（軽井沢）。1916年

「はこぶね」の食堂

カレッジのYMCAの代員としてトロントを訪れた時にまでさかのぼれるのかもしれない。

震災と再建

神田神保町にあった和洋折衷の珍しい建築だった東京YWCA会館は、一九二三年（大正一二）の震災により焼失した。

翌年にはバラックを建て、活動を再開したが、駿河台の新会館建設には数年の時を要した。もっともその間、カフマンは自ら新会館の構想を温めていたのだろう。彼女の熱意で実現していったものに、家政科関係の設備と、室内温水プールがある。

ところで、この新会館の設計はJ・H・ヴォーゲルに託された。当時、長崎の活水学院の建築を担当していたヴォーゲルは、ヴォーリズと通じた建築技師だが、カフマンがヴォーゲルに依頼したのはなぜか知られていない。ともかく東京YWCAの新会館の設計は、ヴォーゲルによって一九二六年（大正一五／昭和元）よりはじまった。それと同時にカフマンの寄付によって建てられる国領のリクリエーション・ハウス「憩の家」の設計も依頼されたらしい。その間の事情を、両建築の施工者である辻長次郎の口伝を記録した渡辺松子の手記より引用してみる。

東京YWCA会館（第2期）。1929年

「新会館建築のためには慎重に計画が練られた。工事担当は誰にするか。ボーゲル氏は辻長次郎氏を推薦した。一九二六年ミス・カフマンは加藤タカ総幹事と共に九州まで辻氏に会いに行った。ミス・カフマンは辻氏の人柄と将来性を見抜いた。『カフマン先生にお会いしたことが私の生涯を変えたのです。――先生は私にまず国領の〝憩いの家〟を建て、二年後には東京YWCA会館建築の施工をしてほしい。ついてはアメリカへ行って見ておいでなさいと、その費用に五千円を手渡されました』（五千円と云えばその当時大学出のサラリーマンの約六年分の給料に相当する）。辻氏は弱冠二十七歳、地方の一建築士の自分にはそんな資格はないと辞退したが、ついにミス・

カフマンの信頼に励まされ、ボーゲル氏に付き添われて六カ月の視察旅行に出た。

いよいよ一九二九年に完成した会館はスペイン風の緑のかわら屋根にクリーム色の外壁、道行く人の目を引き付け、建築界の注目を浴びた。内部は玄関ホールの正面に小さいながらもスペイン風のメザニンがあり、壁、床、注文造りの家具その他すみずみまで女性らしい心くばりがされて美しく、わざわざ見に来る人も多かった」

一九二九年（昭和四）一月に竣工した新会館は五階建てで、道路より巧みにセットバックさせ、スパニッシュ瓦をのぞかせる外観は特色があった。約一五〇〇坪の規模を有していた竣工当時の各階の設備を記しておく。

地階　温水プール、ボイラー室。
一階　ホール、カフェテリア、講堂、体育館、チャペル。
二階　教室（駿河台女学院が開かれた）。
三階　家政科教室、日本間、研究用アパートメント、屋上運動場。
四階　小講堂、クラブ室。
五階　事務室。

三階の日本間、研究用アパートメントは、この会館に集う若き女性たちにとって、理想の住まいの生きた教材としてよく活用されたという。

ヴォーリズとのつながりを感じさせるヴォーゲルの代表的作品であり、一九八〇年（昭和五五）頃にたびたび訪れた当時は、歴史をもつ磨きこまれた空間をよくとどめていたが、一九八〇年代末に建て替えのため姿を消している。

大阪ＹＷＣＡ会館

大阪ＹＷＣＡは一九一八年（大正七）四月二七日、天王寺公会堂で開催された大阪基督教女子青年会大会で、廣岡浅子を委員長として発会した。東京、横浜に次ぐ市ＹＷＣＡであり、在阪の有識女子の期待は大きいものがあった。そして一九一九年には、拠点となる会館建設のため星野須磨子を委員長とする建築委員会が設けられ推進されていく。

一九二二年（大正一一）に入り、ミス・テイラーの来阪を機に会館建築の構想が具体化され、直ちにヴォーリズに設計が依頼された。建築地とした北区西扇町一帯は、かつて堀川監獄のあった跡地であるが、その区域を社会福祉施設に充てようとする施策があった。今ある扇町公園、田附興風会北野病院、菅南中学校などとともに、婦人教育福祉事業として大阪ＹＷＣＡ会館の建設が位置づ

大阪YWCA会館。1923年

大阪YWCA会館談話室

けられたのだろう。大阪駅にも近い交通至便な土地を得て、建築工事は一九二三年（大正一二）一月起工、一一月に竣工した。

会館は地階および地上三階建て、鉄筋コンクリート造煉瓦帳壁式、外観の意匠は、当時のヴォーリズ建築としては際立ってシンプルでモダンなものだった。それにクラシカルな味をつけているのが二本の装飾的なフリーズ（水平帯）と、屋上庭園を囲むコロネード（列柱廊）だ。また、寄宿室に付けられた大型の鎧戸《よろいど》がドメスティックな表情を与えていた。館内の設備は、一階にホール、講堂、社交室を置き、二、三階にはこの会館建築の特色とされた整った設備の寄宿舎と、いくつかの教室が設けられていた。

近年言われなくなったBG（Business Girl）、FG（Factory Girl）という呼称を最も早く、本来の意味で普及させたのはYWCAだという。つまり単身の婦人勤労者の支援がYWCAに求められたサービスの一つであった。もっとも、ベッドなどの洋家具を完備し、スチーム暖房付きの寄宿舎に入れたのはハイクラスの恵まれたBGたちだった。昭和四年の「寄宿舎だより」から、舎内の生活がうかがえる。

「二九名の舎生は毎日学校に銀行に会社に忙しくその務を執っている。皆が一緒に集る事はなかなか難かしいが、一二月二二日のしづかな夜、心を合せ喜びにみたされてイエスの御降誕を祝った。クリスマスディナーにはお赤飯、鯉汁、鯛の雲丹焼、赤貝とうどの酢の物、お口取には鰻、空豆、くわい、お芋の飴煮、七面鳥の丸焼、お食事後にはゼリー、クリスマスケーク、お蜜柑等のご馳走。食後イエスの御降誕を讃美し、みんな心の中にクリスマスの意味を味うことができた。式後は余興もあり、日常の忙しい気分からすっかり離れてたのしい一夜を過した」

クリスマスのひと時で、その和洋とりまぜての豪華なメニューも興味深いが、皆同じクリスチャン精神で心の交歓が保たれていたことがわかる。

二階に設けられた教室では、夜間女学校が開かれており、後年に扇町夜間女学校として拡充されていった。その設備として一九三三年（昭和八）に屋上庭園は体育館に改築され、玄関前の空地に別館が増築され、会館正面が隠されたこともあった。

Ⅳ

『吾家の設計』

洋和融合の住宅建築

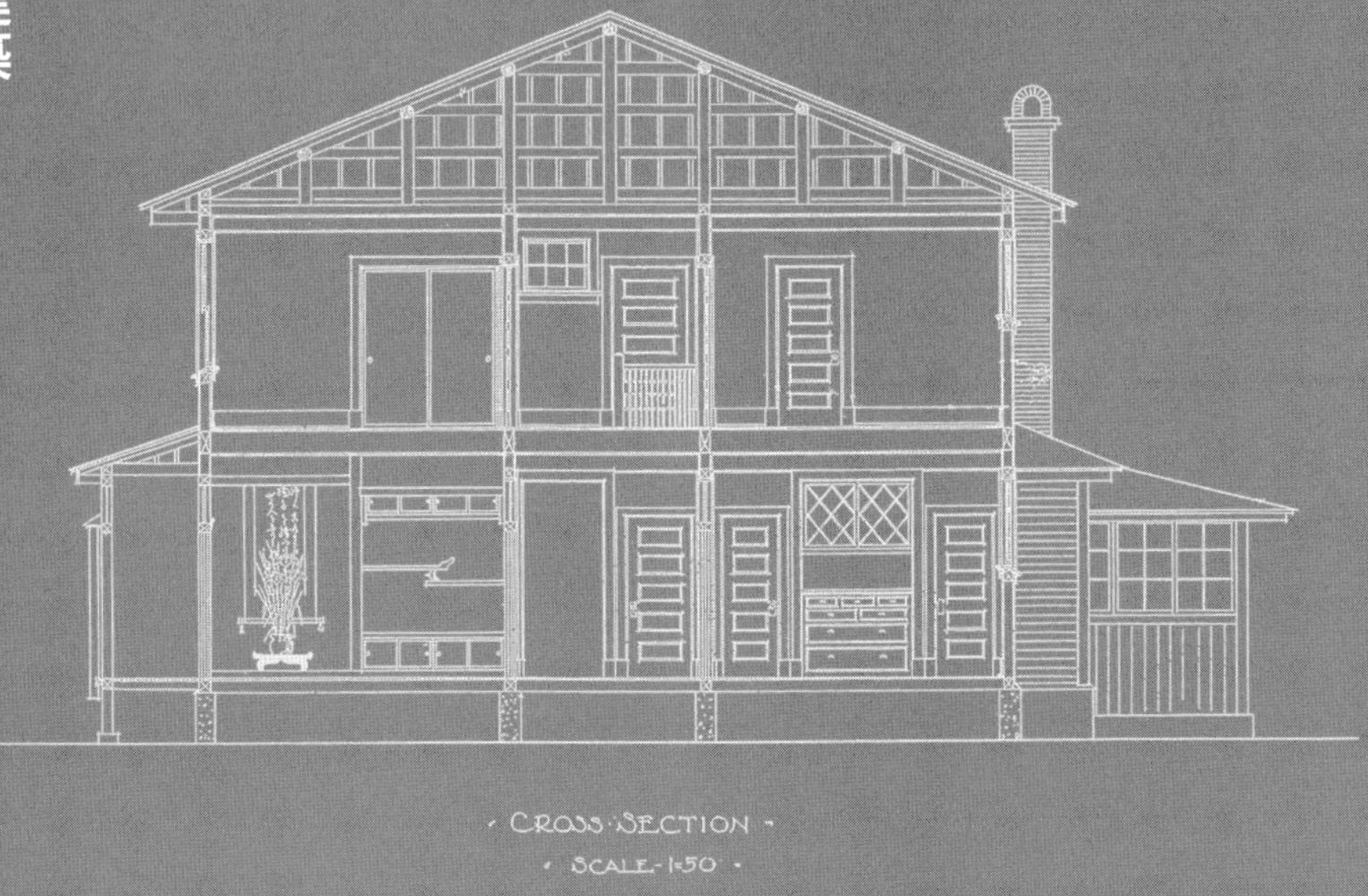

† † †

ヴォーリズには、住宅について二冊の著書がある。一九二三年（大正一二）に出版された『吾家の設計』と、翌年続刊された『吾家の設備』で、ともに文化生活研究会の発行によるものである。

「私の日本語は一寸妙な日本語です。直きに解らぬやうな、多分今まではお聞きになりませんやうな日本語で、話しますから」と、語りはじめる『吾家の設計』は一九二一年（大正一〇）頃、東京YWCA会館の社交室で開かれた三回にわたる住宅設計をテーマとするヴォーリズの講話記録をもとに執筆編集されたものである。一般読者を対象として、わかりよく述べられた住宅論であるが、当時のわが国の住宅水準からすると、かなり高い理想が語られている。『吾家の設備』はその続編で、より具体的に室内意匠、家具、設備について書かれたものであり、この両著書によって、ヴォーリズの住居学、そして住宅作品に具体的に現れた特色を知ることができる。

二つの著書の内容は、いわゆる中流階層を対象として、当時相次いで刊行された住宅論の一つと見られるものであるが、住宅設計における具体的かつ実践的な内容と、健全で整った生活を求めるミッショナリーのマインドが示されているところに特色がある。『吾家の設計』の冒頭部で「住宅の根本問題」を鳥の巣をたとえに挙げて記すように、住宅を建てる第一の目的は子供の育成と健康を守るためという。こうしたヴォーリズの生活思想を育んだ背景として、母国での幼少年期の環境と、近江八幡において拠点とした近江ミッション住宅で営まれていた宣教師家族の暮らしと教育活動があった。

近江ミッション住宅に関しては、本書I章において述べているとおり、ミッションの伝道すなわち、米国スタイルの建築と宣教師夫妻の洋風生活を範として、健全で近代的な生活を目指したものだった。

ところで、近江ミッション住宅地に最初に建った吉田邸には、二階に八畳座敷が設けられていた。床棚を配し障子の入った肘掛け窓をもつ座敷である。吉田悦蔵が母のために設けた和室のようだが、客間など多用途に使われていたもので、日本人の住宅として留意されていたことがわかる。西洋館の内に和室空間をあわせもつもので あり、洋和の折衷的住宅とも言える。こうした事例には日本の生活に関心をもった宣教師住宅にも見られるものであり、後年においては洋風住宅を求めた日本人依頼者の希望に応えたものであった。つまり、米国式を基本としつつも日本の住生活に対応し、洋風住宅への馴化《じゅんか》を図ったところに、ヴォーリズの住宅設計の特色がある。こうした木造建築の構法においては、北米の壁式木造の導入から、和風の真壁造や小屋組みの活用も広く認められ、洋式、和式の併用にも特色があると言える。このように設計活動の経験を重ねるに従い作例の幅は広がることになるが、そこに一貫して認められるヴォーリズの設計思想が『吾家の設計』において表明されていたのである。

ここでは、まず初期における宣教師住宅と、和室を導入した特色ある日本人住宅を取り上げている。建築活動が進展し、日本文化の理解のために和室の活用を考え、主として夫人の要望に応えたものだったが、ヴォーリズ自身においても日本建築への関心は少なくなかったことがわかる。

続いて、一九二〇年代にはじまるスパニッシュ・スタイルの代表的な邸宅を挙げている。一九三七年（昭和一二）に刊行された『ヴォーリズ建築事務所作品集』に収められた六二件の代表的建築の中で、住宅は二三件が掲載されている。その多くは日本人の邸宅で、コロニアル・スタイルをはじめ種々あるが、スパニッシュ・スタイルをもって独自にして代表的な作品群を残している。

また、住宅には傑出した内容と規模を誇る邸宅の類があり、ヴォーリズのクライアントとなった事業家、廣岡家の邸宅などは次のⅤ章において取り上げることにする。

さらにはコテージの建築にも見るべきものが少なくない。米国におけるコテージの概念とともに移入されたもので、自然の中で得られる健康と自立のための住まいであり、簡素な板壁の空間とゴロタ石積みの暖炉を備え、クラフツマンシップの表現を求めたものだった。ヴォーリズによる最初の試みはⅠ章で取り上げたヴォーリズ合名会社の軽井沢事務所（一九一二年）の建物であったが、本章では今日に伝わる数例のコテージを取り上げている。

『吾家の設備』1924年

『吾家の設計』1923年

ピアソン邸　フィンレー邸
アメリカン・ボード・ミッション住宅
——ミッショナリーの足跡

ピアソン邸（ピアソン記念館）

米子在住の西洋館めぐりの達人、林正氏より、道東の北見にあるピアソン記念館の写真をいただいたのは一九九四年夏の頃だった。

公園のような場所に建つ白い下見板張りの壁に、鮮やかな緑の屋根と窓が映える明るい住宅で、素朴だが緩勾配の切妻屋根が交差する瀟洒な姿の西洋館であった。南に張り出したポーチが広く、林間に建つコテージで北国の建物であることからスイス・シャレー（アルプスの山荘建築）を思わせた。記念館のパンフレットによると現地では設計者については伝えられていないようだが、一九一四年（大正三）という建築年がわかった。

さっそくこれらのデータを頼りにヴォーリズの資料を繰ると、「ピアソン邸、一九一四年五月」の記録と数枚の図面が見つかった。ヴォーリズの北海道での建築では、北星学園や遺愛学院での建築活動が知られているが、現存建築としては遺愛学院の講堂（一九三五年）がある限りであった。それに加えてピアソン邸が確認されれば、大正初期において網走に近いこの地域にまでその活動エリアを延ばしていたことになるのである。

しかし、建築図面の古風な表現と、写真に見る明るく瑞々しい西洋館の姿とはどことなく隔たりを感じなくもなかった。

意を決して一九九五年夏に北見を訪れ、さわやかな青空のもと公園のような美しい環境にある西洋館に着き、記念館の川崎氏と館長の久保勝範氏に迎えられた。聞くと、前のポプラ並木の道は昔からピアソン通りと呼ばれ、この高台にはかつて三本の柏の大木が枝を張り、三柏《みかしわ》の森と名づけられた場所であるという。外の木陰で一息ついた後、建物と展示されている大正時代の古写真をつぶさに拝見し、この西洋館を拠点に一六年間（一九一四〜一九三〇年）にわたってこの地に伝道したピアソン夫妻について知ることができた。

G・P・ピアソン（George Peck Pierson）は長老教会の宣教師として一八八八年（明治二一）に来日し、明治学院中学校教師を務めたが、一八九〇年（明治二三）に退職し、田舎伝道を志して北に向かった。ピアソンが北海道に渡ったのは一八九二年（明治二五）頃で、函館、小樽、札

ピアソン記念館。1914年

幌、旭川へと足を延ばした。その間の一八九五年（明治二八）にミス・I・ゲップ（Ida Goepp）と結婚し、一九一四年（大正三）に一時帰国している。そして再来日し、この北見に居を定めた。時にピアソン五三歳であった。

当時、北見はアイヌ語で地の果てを意味するという野《の》付牛《つけうし》と呼ばれた頃で、開拓に従事した屯田兵や北光社という土佐出身のキリスト教徒の入植者たちが村をつくっていた。宣教師ピアソンの研究者、小池創造の『G・P・ピアソン小伝』（一九七八年）によると、夫妻が野付牛の地を発見したくだりが次のように記されている。

「ある初秋の夕暮、北見の高台に柏の大木や楡が枝を張り広げ、キキョウ、カルカヤ、萩が咲き乱れ、狐やうさぎの出没する小高い丘を散歩すると、遠く広がる開拓地の向うに連なる山並に美しい夕焼がかかっている。その中を飛んでゆく鳥の群れ、どこからともなく伝ってくるハッカの芳香、こここそ自分たちの最後に住むべき根城であるとのインスピレーションを受けたと言う。なるほどこの丘で見られる夕焼けは美しい。この辺り一円は夕陽が丘と呼ばれているが、過ぎたる呼び名ではない。ピアソンはこの丘に素朴なスイスの山小屋風の二階建の住宅をたてたつもりであったが、当時の開拓民は、御殿のような西洋館と呼んだとのことである。開拓者はこの西洋館からアメリカやヨーロッパの文物をのぞき、その香りをかぎ分け、音をきき、肌で西洋を感じることができた」

美しい風景であるが、自然は時に厳しく、人里果てる荒野に近い場所であったはずだ。その北見を拠点に北の遠軽や佐呂間にまで伝道の足を伸ばし、英国人宣教師ジョン・バチェラーに協力してアイヌ部落を保護したことも伝えられている。

G.P.ピアソン邸設計図面。1914年

ピアソン記念館
居間

夫妻は来日して伝道四〇年の節目の年に帰国し、夫人の故郷フィラデルフィアで余生を送り『Forty Happy Years in Japan』（一九三六年）など滞日時代を回想する数冊の著作を残している。

さて、後に残された旧邸はミッション・ボードを経て教会関係者の私邸として保持され、昭和三〇年代には増築されて児童相談所などに使われた。その後、北見市の所有となったことで一九七〇年（昭和四五）に復元修理され、ピアソン夫妻を記念する西洋館として一九七一年（昭和四六）五月より開館されている。

この修復再生によって、外観からは意外に新しく見えるようだ。延床面積六〇坪ほどの規模をもつピアソン邸は、極めてシンプルな間取りをもつ山荘風の特色ある住宅である。一階の過半を占める大きな居間は、骨太の木材造作と二階床の小梁を室内に見せた雄渾《ゆうこん》な架構と大型の暖炉が、山荘風の自然味を強く表している。そこに夫妻愛用の家具や、オルガン（一八七八年米国製）を配し、壁の一角に宣教師館の往時の生活が写真展示されている。この居間の東に続き部屋となる食堂があったが、今は事務室に充てられている。二階には三寝室が並んでいたが、一九六九年（昭和四四）に姉妹都市となったピアソンの故郷ニュージャージ州エリザベス市の資料が展示され、交流親善の場に供されている。

ゆっくりと館内を拝見して、別辞を述べていたところ、「ハッカ記念館も西洋館ですよ」と帰り際に教わった。そう、野付牛は明治期以来、ハッカが主要作物となり、大正から昭和初期にはその世界的産地として知られたところであった。そのハッカから抽出されたメントールは米国にも輸出され、メンソレータムの原料となっていたのである。それはともかく、当時ピアソンがハッカを通して近江兄弟社を知っていたかどうかは定かでない。

フィンレー邸

鹿児島市加治屋町に、数本の樟の大木があり西郷隆盛生誕の地と言われる公園に隣接して、一九一七年（大正六）建築の宣教師館があった。その一枚の写真が、近江ミッションの英文伝道誌である『The Omi Mustard-Seed』(1918.7) に紹介されている。下見板張りの西洋館であるが、日本瓦葺きの屋根をもち、数本の赤煉瓦煙突のある大きな住宅で、明治のコロニアル式の居留地建築に近い印象を与えるものである。もっとも、コロニアル式建築の要素である南面のベランダはなく、代わりに広い縁側が備えられていたという特色あるもので、ヴォーリズの住宅作品の中でもやや異色の作品のように思われた。そしてその写真には「宣教師館は工業学校の施工で建てられたもので、その学校から四名の卒業生と一人の教員がヴォーリズ合名会社建築部に入っている」（筆者訳）という興味深い説明が添えられていた。工業学校とは、鹿児島郡立工業徒弟学校（一九一九年に鹿児島県立工業学校となる）のことであり、卒業生のことについては後で触れることにする。

ここにミッション・ハウスを建てた米国メソジスト宣教師会の鹿児島伝道は明治初期にはじまり、一八九九年（明治三二）には山下町に鹿児島メソジスト教会（現・日本基督教団鹿児島加治屋町教会）の教会堂を建てている。そして一九一〇年（明治四三）に、幼稚園の開設を目的に一人の婦人宣教師が当地に赴任してきた。

その人、アリス・フィンレー（Alice Finlay）は一八七八年、米国オハイオ州コシャンクトン・キーネに生まれ、オハイオ州立大学で幼稚園教育学を修め、数年の教職経験を経た後、外国伝道を志した。そして、米国メソジスト・ミッション派遣の宣教師として、一九〇五年（明治三八）八月、ヴォーリズの来日と同年に来日し、福岡英和女学校の英語教師に着任。そこで女史の協力者となる望月照子との出会いがあった。そして、新たな教育宣教活動を目的に鹿児島に来て、当地のメソジスト教会を場として聖書研究会などで活躍し、やがて開かれる新しい幼稚園計画を進めたと思われる。その建築地として確保された敷地の一角に建つ宣教師館の設計が、一九一五年（大正四）春にヴォーリズ合名会社に依頼されていた。その背景は明らかではないが、当時、すでに関西学院や福岡女学院の建築でヴォーリズと交流のあったはずの米国メソジスト・ミッションの推薦によるものと思われる。

ところで、フィンレーについては高著『愛の人フィンレー先生』（一九七三年）が出版されている。滞日時代の三五年間と帰国後の伝記であり、天性に恵まれた教育者、宣教師としての真摯な活動の日々を伝えている。その中に「フィンレー先生ははじめから宣教師としてすぐれたものを持っておられた。日本のことを学ぶのに一生懸命だったが、日本語は天才的でお祈りも日本語でされた。日本式の礼儀作法からごあいさつまでいつの間にか身につけて」と日本の文化や作法についての関心の深さが印象的に記されている。そのフィンレーの希望によったものか、一九一七年（大正六）春に竣工した住宅は当時としては珍しく畳座敷を中心に設け、扉に替えて襖戸《ふすまど》を随所に用いるなど和式を導入した宣教師館であった。その様子について伝記の中で次のように記されている。

「当時日本の宣教師館は殆んど全館が洋風であった。その時に先生は二階の寝室は洋風にしたが、お手伝いさんの二室は畳で、日本風にし、階下に南向きの最もよい場所に、二つの日本式のお座敷を置き、その前面に日本風の庭園をつくった。先生がいかに日本式なものを愛し、これを大事にし、日本にとけ込んで伝道の使命を果たそうとされたかがよく分かる。二つのお座敷は実に便利で皆が親しみ打ちとけ合う集会所であり、また膝を交えて語り合う家庭でもあり、お客の泊り場所ともなった。階下の食堂と台所は洋式であったが、料理の会や西洋作法のお稽古等もした。ストーヴのある食堂はまた一家団らんの場でもあった。宣教師の住宅として建てられたのであったが、まるで公の集会所の様によく用いられた。そして先生はここに来る人たちの一人一人を大切に迎えられた。教会の婦人会、仕事会、王女会、職業婦人の木曜会、男子青少年の金曜会、幼稚園母の聖書研究会、鹿児島YMCA（七高、高農生）の会もあった」

この宣教師館の建築工事は鹿児島郡立工業徒弟学校に関係深い建築会社によるとされ、その工事は工業徒弟学校建築科学生の卒業年度の実習として進められたものだった。その実習を体験した学生の柿元栄蔵、隈元周輔、宮原春森、松田晃の四人の学生は、フィンレーの紹介を得て一九一七年（大正六）春の卒業後、近江ミッション建築部に就職している。その一人、隈元は後に次のように回想している。

「私が三年生のときにフィンレー先生に接する機会を与えられ、初めて讃美歌の四部合唱を聞きましたが、先生のソプラノが今も耳に残っているくらい感激でした。単音階の唱歌しか聞いたことのなかった私でしたから、あんな唱い方もあるのかと驚きでした。（中略）さて三年生の一学期の終わりに近い或る日、フィンレー先生から学校に、学生たちの力で私の住宅を建築して欲しいという要請のあった事を、一先生から聞かされました。君たちはやる気があるかと訊かれて、学生たちはしばらく無言でいましたが、相談の結果フィンレー先生の御希望に添うべく、工事を引き受けることになり、棟梁を混えて着工したのは暑い夏の日でした」（『湖畔の声』一九七五年一〇月）

この記録から、彼ら学生たちをよく知っていたフィンレー女史が積極的に学校に働きかけた様子がうかがえる。そして彼ら卒業生に続いて翌年、建築科の教員であった高松吉太郎も近江八幡を目指したのである。

さて、宣教師館の記録は多くはないが、設計図面によると、縁側と腰にガラスの入った障子戸をもつ一〇畳座敷の一室は立派な床の間、飾り棚を備えたものであり、続きの一〇畳間には北東の隅に暖炉と、書院風の窓机が並べて備えられた珍しい和室だったようだ。一方、食堂、書斎、寝室などは、それぞれに暖炉を配した洋室であり、広いキッチンやバスルーム、その外に付されたサービス・ポーチ、そして二階の裁縫室など特色ある住宅だったことがわかる。この竣工に続いて幼稚園舎の建築（設計者は不詳）も進み、一九一七年（大正六）四月に敬愛幼稚園が開園され、その翌年には新たに婦人宣教師アゼリア・ピートを迎えて、新しくそして創造的な教育がここには

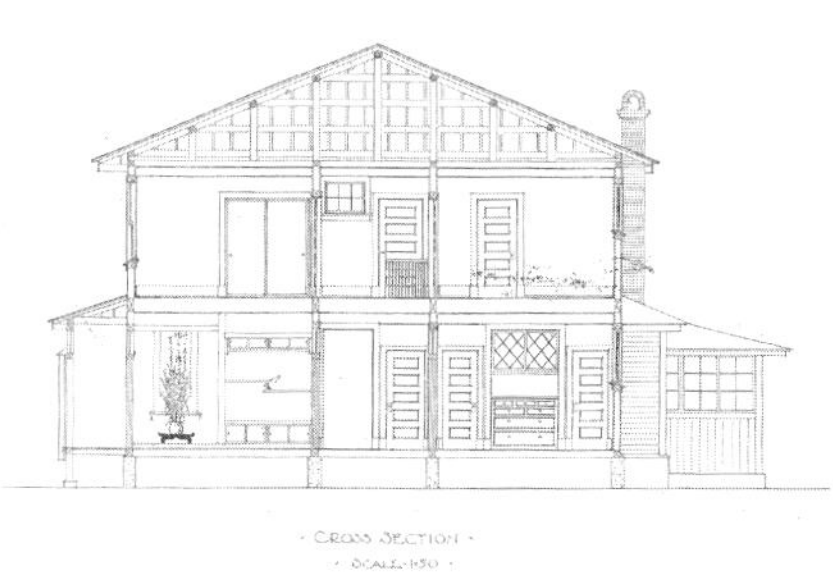

フィンレー邸断面図

フィンレー邸模型

じめられたのである。

一九四〇年（昭和一五）の夏、休暇帰国のため鹿児島を発ったフィンレーは、横浜で戦争の近づきつつあることを耳にし、一抹の不安を抱いての離日となった。以来、日本の土を踏む機会は訪れず、カリフォルニアの各地で教会活動に努めた後、パサデナ・ロビンクロフトで一九五九年に没している。

一九四一年（昭和一六）に太平洋戦争に突入し、鹿児島空襲によって園舎および山下町の会堂も焼失したが、敬愛館と呼ばれていた宣教師館は火災を逃れて残った。そして戦後、幼稚園の復興期以来、一〇畳二間の座敷はホールに改築されて、修養会、夏期学校、特別集会のほか、CS教師養成講座、読書会、フォークダンスなどが催され、広く活用されてきたのであった。しかしながら、教会堂の建設と敷地の分割売却という事態に及んで、一九七五年（昭和五〇）夏に敬愛館は、関係者に惜しまれつつ解体されたのである。

ところで、大正時代に本州最南端のヴォーリズ建築として建ったこの宣教師館に筆者が関心をもち、今野善郎牧師に依頼して史料をいただいたのは、一九九二年のことだった。そして一九九八年春にようやく現地を訪ねることができた。そこには一九七六年（昭和五一）に建てられた鉄筋コンクリート打ちっ放しの現代建築があり、その建物の名残は残されていなかったが、歴史を担う新たな表現として好感のもてるものだった。さっそく宣教師館の記録写真などを拝見した後、館内を案内いただきながらフィンレー女史の功績など改めて拝聴し、幼稚園の創立八〇周年を迎えられたことをうかがった。そして、持参したフィンレー邸の設計図面を前にして、敬愛館を知る方々の深い思い出を直にうかがうことができた。

アメリカン・ボード・ミッション住宅

西宮市、阪急夙川《しゅくがわ》駅の北に位置する雲井町、殿山町の一帯は、一九二〇年代に拓かれた環境のよい住宅地であった。しかし、一九九五年の阪神淡路大震災で被災し、歴史をもった風情ある住宅の多くが失われ、町の環境は変わりつつあるが、かつてこの地にあったアメリカン・ボードの宣教師住宅からこの住宅地の原風景を考えてみた。

震災に見舞われるまで、広大な敷地を有する八木邸の一角に二棟の洋館があった。大正初期の近江ミッション住宅（現・近江八幡市池田町の西洋館）で最初に試みられた米国コロニアル・スタイルの典型的な西洋館であり、所在地に関するヴォーリズの資料で、その一棟が当初モラン邸として建てられたことがわかっていた。しかしながら、モラン氏という未知の宣教師の住宅から現在の八木邸につながる経緯は容易にたどれそうになく、長い間、顧みないままでいた。

一九九四年の夏、梅花学園の遠藤トモ先生より、この宣教師住宅地にまつわる詳しい史料をいただいたことで、その履歴が一挙に明らかとなった。それによると、一九二一年（大正一〇）に在日本コングリゲーショナル宣教師社団、つまりアメリカン・ボード・ミッションの住宅地となり、翌年この高台に三棟の宣教師館が建てられた。それらの二棟は切妻の腰折れ屋根、一棟は寄棟の腰折れ屋根で、それぞれにドーマー窓がのぞくコロニアル・スタイルで外壁はヴォーリズがよく使ったセメントの掃き付け壁で、その脇に赤煉瓦の煙突が高く立ち上がっていた。宣教師館当時の記録は伝えられていないが、戦中の一九四一年（昭和一六）に一斉にここを去ったのだろう。その後は「敵産管理人」として日本基督教団が管理し、その建物は岡内科病院として活用されて戦後に至った。そして一九四七年（昭和二二）に再び米国ミッションの手に戻り、一九五八年（昭和三三）末まで宣教師住宅として使われてきたものだった。そして、この地を拠点にしてアメリカン・ボード・ミッションに関係の深い同志社、梅花学園、神戸女学院、頌栄保育学院などの学校で働いた宣教師にH・W・ハケット、F・ケーリ（一九一二年来日）、ミス・M・A・ケーリ（一九一六年来日）、S・F・モラン（一九一六年来日）らのいたことがわかった。このケーリ兄妹の父、オーティス・ケーリは一八七八年（明治一一）に来日し、同志社神学校教授、神戸女学院初代理事長を務めた高名な宣教師であり、二代にわたってここで活躍した一家であった。またS・F・モランは梅花学園理事を務めるなど広く活躍し、戦後に再来日して一九五六年（昭和三一）まで当地にとどまり、本務の傍ら日本の美術工芸、特に刀剣の装飾工芸品の収集と研究は、趣味の域を超えたものだったことが知られている。

旧アメリカン・ボード・ミッション住宅
（写真は八木邸当時）

旧モラン邸(写真は八木邸当時)

ともかくここは、阪神間におけるアメリカン・ボード・ミッションのステーションとして重要な場所だった。その年の秋晴れの日に、近くに住まわれてヴォーリズ満喜子の遠戚にあたる廣岡敏雄氏と遠藤先生と筆者の三人で八木良三氏邸を訪ねた。旧モラン邸の切妻腰折れ屋根の住宅は、当時のヴォーリズ住宅として、同時期の諏訪邸など類例のあるものだった。しかし、北に建つ小さな平屋建てに見える住宅は、およそ五間半四方、三〇坪ほどの正方形に寄棟の腰折れ屋根をもつコテージ風の建物だった。赤い洋瓦屋根の四方にドーマー窓が開けられ、愛らしい姿の西洋館で、竣工当時は三〇歳頃だったミス・ケーリの住宅にふさわしいもののように思えた。

建物に近づくと、緑の間にオープン・ポーチの玄関が見え、赤煉瓦の段の奥に白いドアが開かれていた。宣教師館らしく明るく簡素な意匠の住宅で、赤煉瓦のポーチや暖炉を囲む居室は、アメリカン・ホームを範としたヴォーリズ初期の特色を備えたものだった。そして、ヴォーリズの『吾家の設計』の中で語られる「シンプルにして文化的」といった住宅思想の一句一句を思い出させるものがあり、巧みな設計と魅力的な空間に感動をおぼえた。その特色について触れるべきところだが、ここでは戦時中の歴史について記すこととする。戦時体制が深まり宣教師たちが去った後、岡内科病院として使われていた当時のことで、クリスチャン医師として生きた岡通の自伝のような著書『いのちを愛して』（一九六一年）を通して知ったことである。

　氏は東京帝大医科大学から東北帝大に学び、ドイツ留学より帰国後、一九三二年（昭和七）に畠中博牧師（当時大阪教会牧師、日本組合基督教会会長）のもとで洗礼を受けてキリスト者となり、生涯畠中牧師に私淑した。一九三四年（昭和九）に開院した甲南病院院長に就き、創設期の基礎を築いた後、一九四二年（昭和一七）夏、突如として甲南病院を去り新たな出発を期したのだった。それは岡が「聖なる神の驚くべき啓示」を受けたことによる行動と語っており、それからまもない九月一日に、「老松の茂る高燥の地に、ベット《ママ》もマットレスも机も椅子もすべて備わっている三軒の建物の内、一軒を診察所、一軒を病室、他の一軒を住宅として、三十床病室の岡内科病院」を開院した。それから戦中も含めた五年余り、岡はここで「空襲が激烈となるや大部分の入院患者を疎開させて十五、六名になったが、最後まで私たちと運命を共にしたい希望と決心で」とどまり、医療と礼拝が一体となる生活を通したのである。それによって、ここで療養した患者たちとともに住宅も守られたのだった。

　こうした履歴をもった宣教師住宅であったから、阪神間地域のミッション・スクールとさまざまな往来があったことと思われる。

駒井邸　旧忠田邸　数江邸

——洋和融合の住宅

駒井邸(駒井家住宅)

　京都市左京区北白川の住宅地に、一九二七年(昭和二)に建てられた駒井卓博士の遺邸がある。疎水の流れに沿う小径に面して建ち、背景には比叡山麓の大文字山を間近に見る静かな環境にあり、この風致と地の利によって京都大学の学者、研究者の住まいが多く集まるところである。

　西側の道に面して門を開き、およそ三〇メートル四方ある敷地の西寄りに主屋が建ち、敷地の東半分は比叡山を借景とした自然味のある庭園とし、一角に博士が設けたという温室が置かれている。主屋はスパニッシュの意匠で、赤い桟瓦葺き切妻屋根のおとなしい構えである。建坪約三〇坪の二階建てで、北側に平屋の付属屋(洗濯室など)を設置している。主屋の一階は居間を中心として、北側に食堂、台所、南にサンルーム、そして西に和室を置き、二階には二つの寝室と書斎などを配置している。階段を納めたホールを中心とする間取りの中規模住宅であり、こうした郊外地に適合した洋風住宅の類と言える。ところで、当家住宅が注目されるのは、建築主夫妻の住宅思想に基づいた計画と、ヴォーリズの住宅設計の特色が密度高くつくられ、快適で良質な住宅空間にあり、加え

駒井邸竣工当時。1927年

駒井邸西側正面

駒井邸居間

て奢侈に流れず良質な栂材の建具類や、竣工時以来の家具が揃って健在であり、調和のある魅力的な空間となっているところにある。

建築主となる駒井卓は、東京帝大理科大学（理学部）にて動物学を修め、一九二〇年（大正九）に京都帝大理学部講師として着任して以来、京大理学部長を務めた動物分類学の学者で、昭和天皇に生物学を教授されたことでも知られている。

氏は着任まもない一九二三年（大正一二）より、二年にわたり夫人を伴って欧米に留学し、主としてコロンビア大学に学んでいる。そのニューヨーク時代に夫妻は米国生活と音楽に親しみ、深い共感を得たことが伝えられている。駒井卓に一九二二年（大正一一）に嫁いだ青野静江は、今治のクリスチャン家庭、青野家の次女で、長女とともに神戸女学院に学び、一九一四年（大正三）に卒業した才女であった。帰国してまもなく博士は理学部教授に着任し、新しい環境を求めて新居を計画する。一九二五年（大正一四）暮れにヴォーリズ建築事務所に設計を依頼している。夫人の静江は神戸女学院時代、年長組のピアノ科に在籍していた一柳満喜子と交流があったとも言われ、近江八幡のヴォーリズにつながったと伝聞されている。

スパニッシュ・スタイルの新邸は一九二六年（大正一五／昭和元）夏におよその設計が作成されており、翌年春に竣工したものであろう。駒井博士は一九四六年（昭和二一）に京都大学を退官し、京都府立医大に転じた後も研究生活を全うし、一九七二年（昭和四七）に他界している。一方、夫人は京都基督教婦人会、矯風会《きょうふうかい》などでも活躍し、一九七三年（昭和四八）に没しているが、遺邸は当時の面影をよくとどめて維持されていく。

筆者が本邸を訪れたのは一九八八年（昭和六三）頃で、当時は某企業の研修所であったが、学者の生活空間らしい空気と、当地の環境に深く根づいた近代住宅の風情に感動したおぼえがあり、管理者の本田夫妻との出会いも忘れがたいものがある。そして翌春に博士のご養子駒井喜雄氏を横浜に訪ね、多くを知ることができた。

本邸を訪ねると、門から入り飛び石のアプローチの先に、赤煉瓦床の玄関ポーチと、愛らしいアーチ窓をもつ玄関が温かく迎えてくれる。招じ入れられてホールに立つと、九〇年余りを生きてきた邸の歴史が息づいているのを感じながら、ヴォーリズ住宅の空間に包まれていることを実感するだろう。そして魅力的な曲線の手摺をもつ階段が目に入る。階段はホールの一角にコの字形に納められ、小さな吹き抜け空間をつくっている。壁面には大きなアーチ窓があり、午後には色ガラスが黄金色となってその光がホールを彩る。この空間構成は巧妙なものであるが衒《てら》いがなく、ヴォーリズの持ち味を見事に表している。居間に入ると両側に続く食堂とサンルームの配置がわかり、ゆったりとした空間の広がりがあって、東の出窓式の連窓から入る明るい日差しが気持ちよく感じられる。出窓と腰掛けを合わせた設備はウィンドウ・シートと呼ばれるもので、居間の中心をつくるポイントとなっている。

こうしたヴォーリズ特有の意匠と設備が各部にあり、それが有用な働きを備えた設計であることがわかり、台所や寝室の設備など、住居学が文字どおり建築化されていると理解できるのである。また、外部には表れない六畳の日本間があり、その和の空間の存在が住宅に潤いを与えているようだ。このように本邸で営まれたであろう文化的生活を伝える住宅であり、暮らしを伝える文化財としての価値を有するものと言える。

駒井邸の高窓をもつ階段室

本邸はその来歴と維持活用されていることが評価され、一九九八年に京都市指定文化財となり、地域を中心に多くの訪問者を迎えることとなる。二〇〇二年に至り、所有者は公益財団法人日本ナショナルトラストに寄付されたことで、トラストの資産として保存維持に努め、「駒井家住宅（駒井卓・静江記念館）」として公開活用されている。

余話であるが、寄付をされた駒井喜雄氏の履歴を書きとどめておくこととする。氏は京都大学にて物理学を修めた博士、そして東京電気などの経営に関わってきた実業家である一方、キリスト者の血脈を引く人であった。氏の実父平塚勇之助は、一八九二年（明治二五）に来日した宣教師マッケーレブに師事し、雑司が谷教会の牧師として活躍した著名なキリスト者であった。そのマッケーレブは一九〇七年（明治四〇）に米国スタイルの宣教師館を建てており、その後再生され、豊島区の文化財として復元整備された雑司が谷旧宣教師館として一般公開されている。一九四一年（昭和一六）にやむなく日本を離れた宣教師マッケーレブと、その年に一柳米来留となって日本に帰化したヴォーリズとの接点はあったのだろうか。

旧忠田邸

近江八幡のシンボルとなっている八幡堀は、一六世紀末に八幡城の外堀として掘られたもので、城地を守り、そして物資と人を通わせる、この町の動脈となってきたものである。そして、いつの頃からか八幡城跡に村雲御所瑞龍寺《ずいりゅうじ》が開かれ、麓には日牟禮《ひむれ》八幡宮が営まれ、八幡山をいただく堀の内側は緑濃い史跡公園の観を呈している。さらに一九七〇年代から八幡堀の流れを再生し、憩いの散歩道を設けるなど、周辺は歴史的景観ゾーンとして整備が進み、町の散策に訪れる人たちで賑わう場所となっている。その脇に洋菓子店クラブハリエがあり、庭に面する奥に、一九三七年（昭和一二）に建てられた旧忠田邸を継ぐ特別室が所在する。

近江八幡には周知のようにヴォーリズによる近江兄弟社の建築、そして当時の近江兄弟社社員の住宅が今も残され、この町に根づいた近江兄弟社の事業を伝えているが、加えて郵便局や警察署の建物、そして数棟の住宅が現存している。これら一般の住宅によって、建築家としてのヴォーリズと、この町に根づいていたヴォーリズ建築事務所の活動が具体性をもってとらえられるように思う。忠田邸の建物は和式を融合した洋風住宅の代表的なものとして筆者も早くから関心があり、一九九五年の初夏の一日、ご当主の忠田幸一氏より建築時のアルバムを拝見しながら住宅について拝聴する機会を得たことがあった。

忠田家は八幡にて二百数十年の歴史をもつ旧家とのことである。幸一氏の御祖父で、建築主となる兵造は一八八五年（明治一八）にこの町に生まれ、ヴォーリズ来幡の年より三年早い一九〇二年（明治三五）に八商（八幡商業高等学校）を卒業し、神戸高商へ進み、その後一九〇八年（明治四一）より朝日新聞大阪本社に勤務し、出版部長、販売部長に就くなど経営畑を歩まれた。仕事盛りの時期には肥後橋たもとの朝日ビルへ通うため、住まいを大阪住吉に定め、そこで長男、長女をもうけている。知命の年を迎えた一九三五年（昭和一〇）に一線を退き監査役に就任したのを機に、自適の生活を求めるように、故郷近江八幡に建てた住宅だった。かなりの敷地を有し、八幡堀にかかる明治橋より北に入ったところに門を構えていた。玄関まで十数メートルはある径の脇に広い前庭を設け、その奥に四〇坪ほどの二階建て住宅が建てられた。

当地でのヴォーリズの住宅は、一九一三年（大正二）の池田町における米国式のモデル・ハウスのような西洋館から、昭和初期にはスパニッシュや和室を積極的に導入した和洋折衷式の住宅などバラエティ豊かに広がり、それぞれにその新しさや個性に見るべきものがある。そして、やや年代の下がる一九三七年（昭和一二）に建った忠田邸は、それらが穏やかに融和し、和風を加味した洋風住宅として、この地に自然に納まる住宅スタイルを実現させたものと言える。

その意匠的特色は、玄関先へと進むに従って早くも理解できるものがある。

それらを目で追うと、和風石畳の露地のような玄関へのアプローチを行けば、やがて煉瓦敷きのポーチと、正面に滋味ある玄関扉が構えている。もちろん洋風の厚い板戸だが、縦板張りで、しかも六尺五寸と割合低く、瀟洒にデザインされている。用材を見ると木目の美しい塩地材であろうか。その玄関扉の縁は青い窯変釉のタイルで飾られ、脇にスパニッシュ調のランプが掛けられている。一方、屋根瓦は和式の桟瓦、ただし赤褐色で、軒桁には和風の杉丸太が使われているという具合に演出されているが、それが不思議と抵抗感なく納まり、自然に玄

旧忠田邸。1936年

旧忠田邸玄関

関に招じ入れられる感じなのである。玄関の設備はヴォーリズの定石どおり、壁際に腰掛けとなる靴箱を置き、踏み込み段は五寸五分と極めて低く、人は自然にホールへと達する。そして、シンプルながら堂々としたディテールの美しい階段を脇に設けており、上部の高窓から穏やかな外光が射しこんでくるという構成である。間取りの特色は、南側の中央に煉瓦敷きの広いテラスと大きなマントルピースを配した一五畳ほどの居間を設けて住宅の中心とする一方で、その東に続いて広い縁側をもつ六畳の和室が置かれていた。その部屋には台所境にハッチが開かれ日本的な茶の間のように使われていた。その便利なスペースに続いて二間の座敷が一九四〇年（昭和一五）頃に増築されている。一方、西側には書斎と本格的な設備の暗室が配され、兵造の趣味の場が確保されていた。

ご当主である幸一氏は、この住宅が建てられて三年目に誕生した。幸一氏の少年時代の記憶に残る祖父は、朝日の幹部社員として活躍した姿ではなく、冒険小説には目がなく、手あたり次第に読破していた読書家の姿と、カメラと写真を愛好していた自由人の姿であるという。兵造は一九四一年（昭和一六）に朝日新聞社を辞し、戦後の一時期に八幡の町長を務めた後、一九六三年（昭和三八）に他界している。その訃報を伝える朝日の社内報「朝日人」があり、氏の経歴とともにその人柄が偲ばれている。それによると、若き日の文学青年が転じて後半生は、号を「瓢左右」と称して俳句に明け暮れていた様子が伝えられている。その風趣好みが、スパニッシュの住宅に加味されたところの高雅な和風に表れているように思われた。

ともかく幸一氏にとって、この住宅は個性豊かであった祖父の思い出にすべてが通じているように拝察した。

見事に整理されたアルバムの中に、一九三七年（昭和一二）六月一八日の上棟式の写真があった。そこに細かい文字でヴォーリズ建築事務所スタッフの庄司氏と鈴木氏、棟梁の大工、中小路氏の名前が記されていた。庄司憲太郎氏は神戸高等工業学校を卒業後、一九三一年（昭和六）に入社した当時若手の建築技師であった。このような記録の残る住宅作品も珍しい。

ひと抱えほどもあるアルバム帳を繰りながら、目をテラスに向けると、藤棚から落ちる緑の木漏れ日が射していた。

数江邸

東京は大田区久が原に、一九三九年（昭和一四）に建てられた数江邸（旧亀井邸）がある。近代的な数寄屋造の邸宅で、野趣味のある門を構え、風情ある石段を上がったところに玄関を設けている。穏やかな明るい香色の大壁が特有の表情をもち、そこに開かれた二連のアーチ、そしてリズミカルな小窓が近代的洋風感覚と、さらにスパニッシュの味を感じさせる特有の滋味ある住宅である。

この住宅については、わが国の近代建築史において高名な藤森照信先生の訪問記「アメリカ建築を生きる　松ノ井覚治と数江邸」がある。これによって、建築史の関係者のうちでは米国帰りの建築家松ノ井覚治による異色の数寄屋風住宅として知られたものとなっている。

実際、事業家亀井文夫と茶の湯の趣味を深くした夫人の住宅として建てられたもので、邸内に茶室を中心とする本格的な茶の湯の設備を備えたものであった。そしてほどなくこの家を譲り受けた数江教一氏は、瓢鮎子の名によってお茶の世界ではつとに著名な数寄者であり、この邸宅を見事に生かして今日に至っている。筆者はそこに漂う格式と、これまで見てきた多くのヴォーリズ建築とは異なる趣にためらいを感じたものだった。

しかしながら、一九三三年（昭和八）以降のヴォーリズ建築事務所東京支所の活動において、建築家松ノ井覚治を抜きには考えられないものがあり、一九九四年の夏、数

数江邸（旧亀井邸）。1939年

江邸の近くにある松ノ井邸を訪ね、久夫人、そして建築家であるご嫡男の敬一氏に接することができた。久夫人の手によってまとめられていた覚治の履歴に関する興味深い資料やドローイング作品を拝見しては話題が広がり、近在にある数江邸への同行も快く引き受けていただいた。

松ノ井家の記録によると、ヴォーリズとの出会いは一九一八年（大正七）六月、早稲田大学建築科を卒業した直後に、松ノ井は近江八幡のヴォーリズを訪ね、将来の進路についてのアドバイスを受けたことにはじまるという。つまり、卒業後の渡米留学については早稲田の恩師、内藤多仲教授の指導に加えてヴォーリズのすすめがあったという。ともかく一九一九年（大正八）六月に渡米しニューヨークに着いた松ノ井を待ち受けていたのが、ヴォーリズの協力者として一九一〇年（明治四三）に来日し、一九一三年（大正二）まで八幡で働いていた建築技師チェーピンであった。

それ以来の数年間、松ノ井はチェーピン家に身を寄せ、日常の英語を教わり、また建築を学ぶうえのアドバイスを受けるなど世話になり、建築修業時代を過ごしたのだった。ニューヨークにあって、すでに建築家として活動していたチェーピンは、当時米国における近江ミッションの代表者（representative）の役目を果たしており、そこに松ノ井を迎えて、一九二〇年（大正九）に近江セールズ株式会社のニューヨーク出張所が設立されたらしい。そして、松ノ井はコロンビア大学の建築科に通う一方、早々にそのスタッフとしての仕事に就いていたのだった。

覚治の残した記録によると、米国の建築資材を多く用いた大同生命ビル（一九二五年）や、大丸心斎橋店（一九二二・一九三三年）などヴォーリズ建築事務所による大きな建築設計に際して、ニューヨークにあったチェーピンとともに松ノ井の働きがあったことがわかる。つまり、当時近江セールズのニューヨーク出張所は、米国建築の新しい技術を背景にしたヴォーリズの建築活動を、物

数江邸（旧亀井邸）玄関

と情報の面で支えていたらしいのである。そして松ノ井は一九二二年（大正一一）にヴォーリズ建築事務所のニューヨーク事務所の代表者となり、翌年にチェーピンが副所長を務めていたモレル・スミス建築事務所に請われて就職し、それからの一〇年余りに最も充実した米国時代を過ごすこととなる。

その最大の仕事が、一九二八年より三年余りを費やして完成したニューヨークの有名なスカイスクレーパーの一つ、バンク・オブ・マンハッタンの本店ビルの建築であったという。その後、ニューヨークも経済不況に見舞われ、一九三二年（昭和三）に一三年間の米国時代にピリオドを打って帰国。その翌年に近江八幡のヴォーリズ建築事務所に勤めることとなった。そしてまもなく東京事務所の所長として着任し、佐藤新興生活館（現・山の上ホテル）、大同生命札幌支部、蜂須賀邸など当時の大作を担当していった。しかし、日華事変の起きた一九三七年（昭和一二）、建築資材の制限もはじまって戦時色を深くしていった時期、ニューヨーク仕込みの松ノ井にとって、当時の建築界の状態とそこで活動しつづけたヴォーリズの姿をどのように見ていたのか。歴史的にも重たい問いであるように思う。その渦中で設計された密度の高い住宅がこの数江邸であり、茶室を中心とした数寄屋の伝統に正面から挑み、かつ自然に洋風モダンをさりげなく織りこんだ表現に、建築家松ノ井の非凡な力量が見て取れるのである。

ナショナル・シティ銀行住宅

——赤瓦のスパニッシュ

スペイン瓦の赤い屋根、スタッコの荒い白壁、深い陰影をつくるアーチ形の窓や扉、装飾的なアイアン・グリル、S字形に彫りこまれた軒裏の化粧垂木などがスパニッシュ・スタイルの特徴である。その名前のとおりスペインの建築が源だが、それはスペイン支配時代以来、米国中西部のローカルな建築様式として根づいていたものである。とりわけカリフォルニアの沿岸地域にはカトリックの伝道拠点となったミッション（教会）が連なり、そのミッション建築に由来するミッション・スタイルが地域の伝統となっていた。それが一九世紀末からリバイバルし、当時の建築家によって伝統を継ぎつつしかもモダンな建築スタイルとして盛んに用いられていた。

そうした白壁と瓦屋根の建築は、米国を訪れた日本人建築家によって、まもなくわが国に伝播する。知られている早い作例には古塚正治の宝塚ホテル（一九二六年）、木子七郎の住宅作品、大林組による洋風住宅などがあるが、ヴォーリズ建築事務所の活動がその本流となったことは言うまでもない。米国中西部のデンバーに生まれ、コロラドの町を身近にしていたヴォーリズには親近感のある建築だったに違いない。

ところで、ヴォーリズの初期作品においてスパニッシュの建築は多くはなく、記録に見る最初の作例は、一九二一年（大正一〇）の八幡郵便局の改築かもしれない。そして、一九二三年（大正一二）に建てられた池田邸がある。『吾家の設計』の表紙を飾るもので、二〇坪の小住宅の作例と説明されているものである。スパニッシュ式はこの頃、小住宅向けの簡便な洋風スタイルとして扱われていたらしく、デザイン的な秀作を見るのは昭和初期に入ってからである。その契機となったのが、一九二九年（昭和四）に完成した関西学院の建築群だったと見られ、同年、学院にも近い西宮に旧ナショナル・シティ銀行の三つの支店と、それらの社宅群を建てている。ナショナル・シティ銀行は一八一二年、ニューヨークに創設された歴史をもつ屈指の銀行で、早くから海外に業務を広げたことでも知られている。日本には一九〇二年（明治三五）に横浜、神戸に支店を開いて米国系銀行のさきがけとなっていた。

大阪、神戸の両支店建築もヴォーリズの銀行建築として代表的なものだが、ここでは社宅建築に注目してみる。

ナショナル・シティ銀行大阪支店住宅

西宮市雲井町、夙川公園に隣接して、四棟の社宅が一九二九年（昭和四）、すなわち関西学院の建築と同年に建てられた。中庭のようなテニス・コートを囲むように支店長住宅、副支店長住宅、経理課住宅、単身者住宅の四棟が、ミッション・スタイルによる共通した手法で設計されている。実際、副支店長住宅を除く他の三棟の平面形式、正面外観の意匠は、ほとんど同じと言ってよい。中央に玄関、その奥に階段を配したホールを置き、左右にリビングルームとダイニング、キッチンスペースを設ける平面形式である。それに対応する外観は、玄関ポーチを中心にほぼ左右対称に構えて、寄棟屋根がまとまりをつくり、少し凝った煙突とバルコニーが変化を与えている。

ところで、正面図を並べて見ると、支店長住宅を第一に、多少の格差をつくっていることに気づく。玄関ポーチの構え、装飾的なアーチ窓の配し方などで意匠的な差異がある一方で、建築の質、居住環境への配慮が等しく図られていることがわかる。ヴォーリズが一貫してもっていた住宅思想の一端がうかがえるようだ。この竣工の

ナショナル・シティ銀行大阪支店住宅。1929年

時には、わが国の住宅近代化のモデルとして地元の新聞（神戸新聞五月一四日）に報じられ、見学者には均整のよい形と居住性のよさ、キッチンや収納設備の充実ぶりが注目されたという。

ナショナル・シティ銀行神戸支店住宅

神戸支店の支店長住宅と経理課住宅の二棟が神戸市北野町に一九三〇年（昭和五）に計画され、翌年竣工している。

支店長住宅は斜めに組まれたL字形の平面形で、この隅に扇形の玄関ポーチを設けた特徴ある間取りをもち、延床面積も一四五坪を有する住宅である。ユニークな玄関ポーチの構えからも、規則的なまとまりとは無縁で、変化に富んだスパニッシュの傑作である。実際この住宅のまわりをひとめぐりすると、スパニッシュ・モチーフの大半を見ることができる。連続アーチが深い影を落とすロッジア、アーチ上部の壁面をアラベスク模様のレリーフで飾る凝った装飾、スペイン瓦を壁面や手摺壁に埋めてアクセントにする手法、ロート・アイアンの飾り手摺やグリルなど、さしずめスパニッシュのお手本として格好の作品と言えよう。

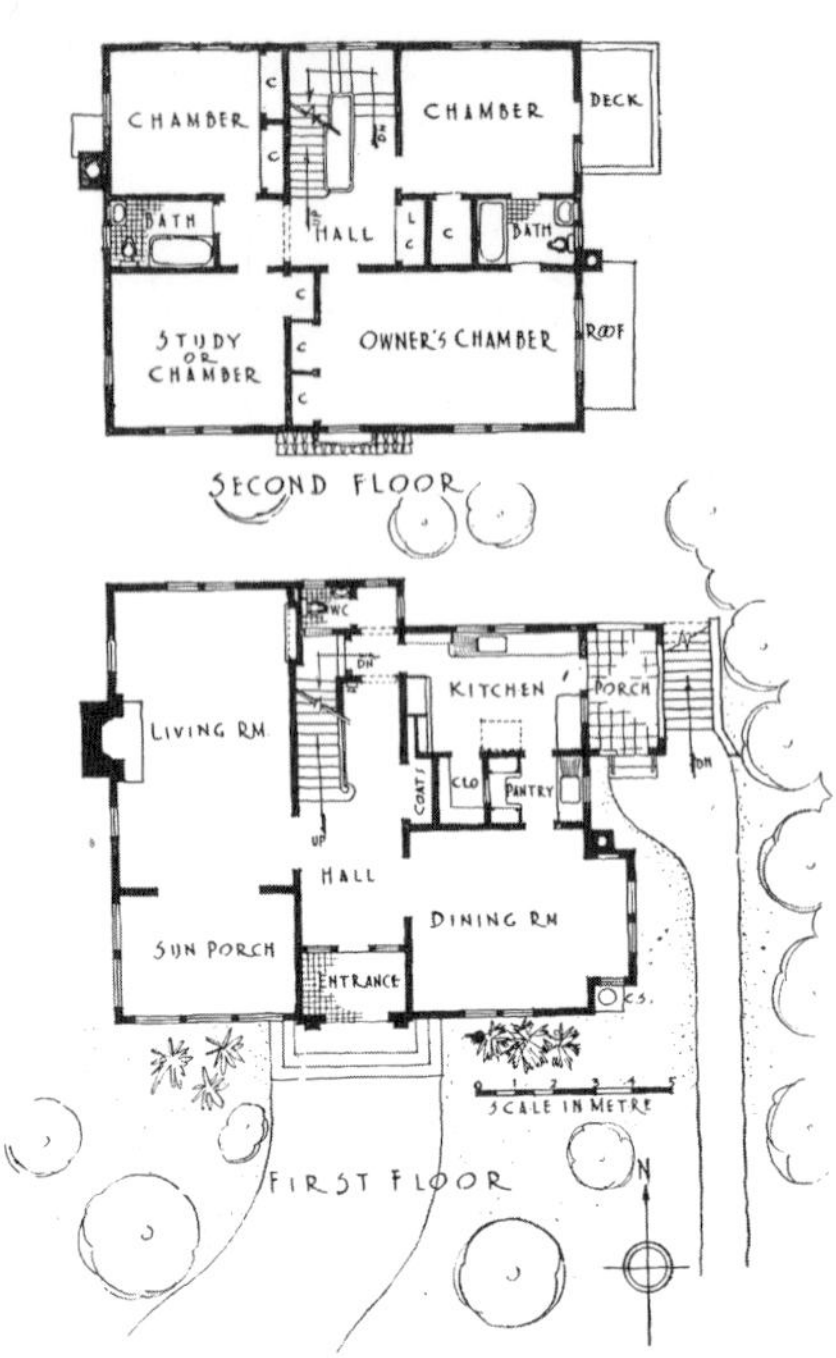

ナショナル・シティ銀行大阪支店住宅1階、2階平面図

ナショナル・シティ銀行神戸支店住宅。1931年

小寺邸 旧佐藤邸 近江岸邸 マッケンジー邸

── スパニッシュの名品

ヴォーリズがスパニッシュを手がけはじめた時期は大正末期の頃であったが、関西学院の建築、そしてナショナル・シティ銀行住宅の反響には大きなものがあったようだ。実際、それ以降のスパニッシュの住宅は、この地域を中心に阪神間住宅地に広く伝播する。それらの主なる住宅作品には阿部邸（西宮、一九三〇年）、小寺邸（御影、一九三一年）、湯浅邸（西宮、一九三四年）、松村邸（神戸、一九三五年）、広海邸（御影、一九三七年）などスパニッシュの名邸が連なっている。

これらの邸宅は個々の個性を備えているものの、共通してヴォーリズのスパニッシュに指摘できることがある。その一つはミッション式、つまり関西学院で活用した様式がもととされていたこと。それは、玄関ポーチを中央とした左右の均整が図られていること。テラスを囲うコロネードなどに半円アーチをデザイン要素として用いて、深い陰影を外部に宿すこと。全体に複雑な構成、繁雑な装飾は用いず、明快で穏やかな表現を示していること。そして内部には和室座敷や畳の夫人室が自然に導入されていることが多いことなどである。これらの作品は米国式を範とした直写ではなく、むしろ日本間を導入し和式の暮らしにも対応するもので、日本に馴化したスパニッシュとみるのがふさわしい。いわば着物着の婦人が日常化できる洋館であり、日本人の感性になじむ住宅を目指していたに違いない。こうした邸宅建築では、室内意匠をまとめる家具調度が適切に計画配置され、台所や暖房設備なども昭和初期から電気式レンジやオーブンなど当時最新の機器が備えられた高品質の住宅であったが、同時に合理的な平面計画、緻密な収納設備など生活本位の住居思想に基づく住宅であることに変わりはなかった。

ただ、一つの例外的作品がある。一九三五年（昭和一〇）に伏見に建った下村昇之助邸で、スパニッシュの中では最も規模壮大な住宅であり、インテリアにおけるスパニッシュ・デザインで秀でたものだった。この邸はすでにないが、竣工記念写真帳と建築図面から建物の全容がわかる。その特徴はまず間取りと、庭園計画にある。西側正面に設けた玄関に向かうアプローチを含めた前庭が第一の庭。次にリビングルームの正面に張り出した半円テラスを組み入れた南側の洋風庭園が第二の庭。それに北側、食堂と二階の座敷から眺める和風庭園が第三の庭

下村昇之助邸。1935年

としてそれぞれ個別にデザインされ、その庭空間を屋内に引き入れる大小のテラス、二階のデッキが外観を変化に富んだものにしている。その個性は遠景においては三本の高い煙突と丸い望楼で、その頂部には帆船の風見が舞っていた。邸内に入ると、南北のテラスに開く連続アーチのコロネードと壁面に落ちる深い影が人を誘う。玄関ホールを中心に展開する空間の流動感がすばらしい。白い壁に浮かび上がるロート・アイアンの階段手摺と、スキップ・フロアの面に張られた化粧タイルが華やかだ。

この多彩なインテリアの中でもスパニッシュの南欧的気分にあふれるのは、二〇畳の広さはあるリビングルームだ。正面には石造の大きな暖炉を設け、左右の壁面は半円アーチ型の出入口で南北のテラスに開かれる開放性を備える一方、壁からヴォールト天井に続くラフな漆喰仕上げで空間に淀みをつける伸びやかな構成となっている。そこに置かれた鮮やかな敷物、スパニッシュ家具、照明器具のハーモニーが独自のインテリアをつくっている。スパニッシュ・デザインには古典的デザインにある形式性や、定形にはまらない自由さがあり、それが細やかなディテールによって豊かに表現されるもののようだ。

小寺邸

神戸市東郊の住吉、御影は明治後半期より拓かれた住宅地で、お屋敷が集結し「長者町」と呼ばれてきたところである。その風情は深田池より山手に向かう沿道に今もとどめており、銜艸居《かんそうきょ》と称される豪壮なチューダー・スタイルの旧武田邸の先に小寺邸があった。

北側の沿道に面して広い前庭をもつスパニッシュの館は、当地のシンボルのような存在であったことが、本邸を知る人たちに記憶されているに違いない。

建築主小寺敬一は関西学院高等部を一九一六年（大正五）に卒業後、コロンビア大学などでの留学歴をもつ経済社会学の学者で、母校に戻り教授に就いていた。設計を依頼したのは一九二八年（昭和三）で、ヴォーリズ建築事務所では、関西学院の上ケ原キャンパスの建設の最中であった。つまり関西学院の建築に続いて工事が着手され、一九三一年（昭和六）に竣工したものである。鉄筋コンクリートの壁式構造、地階を有する三階建て、スティール・サッシの窓、ボイラー・ルームを設けラジエーターによる暖房給湯設備などを整えた近代住宅であるとともに、本格的なスパニッシュ・スタイルの意匠をもつところに本邸の特色がある。

スパニッシュ本瓦葺き切妻屋根、デッキ腰壁上部の軒瓦、白壁の滋味ある外壁など、大きく張り出した玄関ポーチを中央に置き、ほぼ対称形に配置された構成より生み出される外観は、スパニッシュ住宅の名品として以前より高く評価されてきたものである。その意匠は室内にも及び、石張り床のホール、居間の化粧根太天井、随所の飾り金物、階段手摺などスパニッシュのインテリアが基調となっている。

また、こうした意匠上の特色に加えて実用的な間取り、例えば二階に設けられた畳座敷やつくり付けの家具調度など工夫された近代住宅としての質も高く、当時の生活様式に沿う配慮がなされていた。本家住宅は二〇一五年に消失したが、敷地の南に後年に建てられた分家住宅が残されている。

旧佐藤邸

近江八幡の近郊、土田町に一九三一年（昭和六）、当時ヴォーリズ建築事務所のスタッフだった佐藤久勝が自邸として建てたスパニッシュ・スタイルの住宅がある。近江兄弟社社員の間ではよく知られているように、佐藤久

小寺邸。1931年

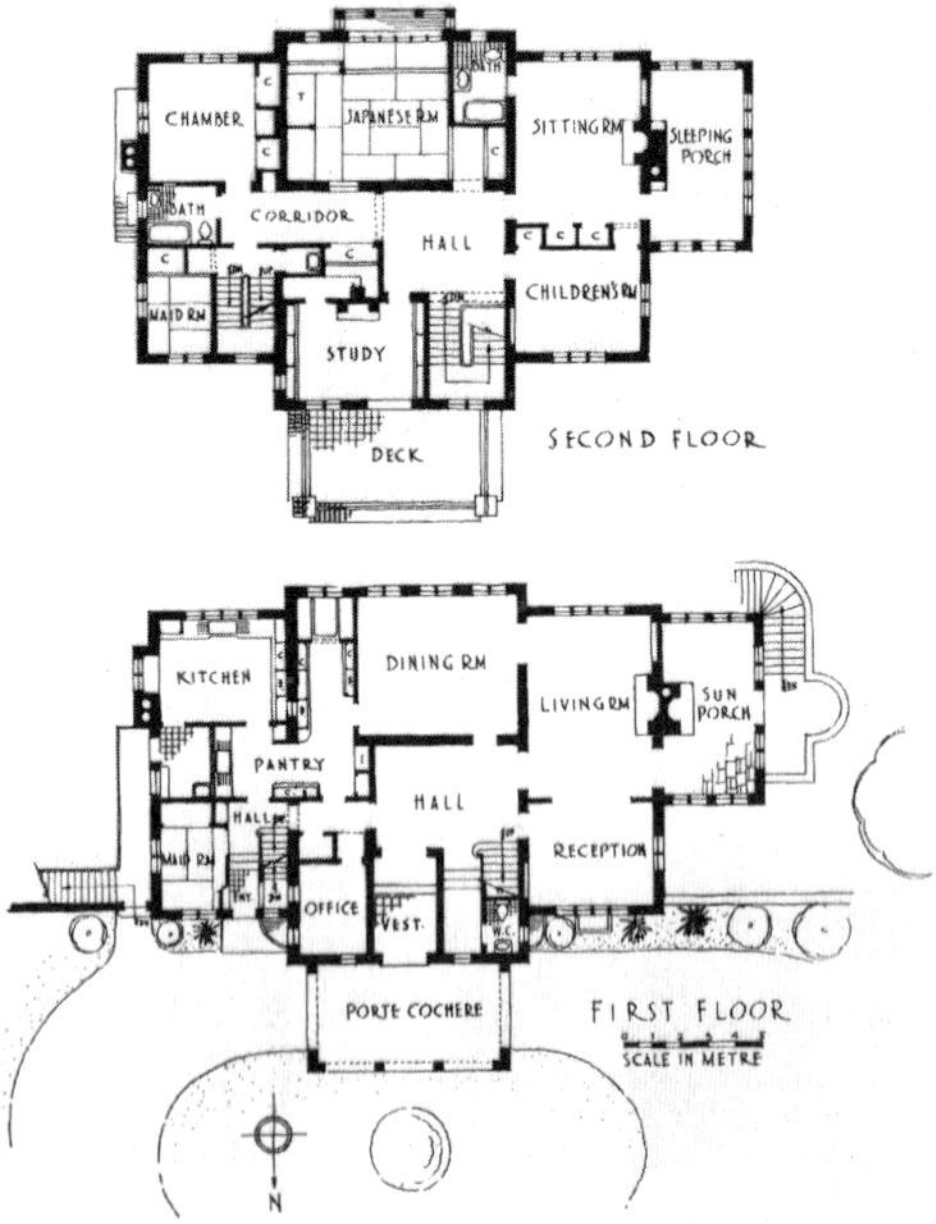

小寺邸1階、2階平面図

小寺邸居間

旧佐藤邸。1931年

勝の没後、朋友であった前田重次が後を継いできた住宅である。さして大きくない住宅ではあるが、ヴォーリズ建築事務所で活躍し、「立体芸術の天才」と言われた佐藤久勝の遺邸として重要なものである。

一九八〇年（昭和五五）頃、当時元ヴォーリズ建築事務所員の前田重次氏がお元気で、悠々と住んでおられた頃、筆者はたびたびおじゃまして、佐藤久勝をはじめ当時の建築部員のことなど多くを語っていただいた。その重次氏が他界された後、夫人が邸を守っておられるが、一九九六年春に嫡男の典夫氏も東京から当家に戻られたと聞き、筆者は奥村直彦氏と二人して桜花の季節に前田邸を久々に訪れた。

荒い煉瓦積みの門前に立つと、まっすぐに続く緑のトンネルの奥に邸のポーチがのぞいている。誘われるようにヒマラヤ杉や白樺の小径を行くと、赤い煉瓦タイルで縁どられた厚い板の玄関扉が現れる。白壁の表情は柔らかく、一見まことに素朴だが、まわりの窓を見ると山荘風の出窓、八角形の飾り窓など二つとして同じ形であるものがないことに気づく。

招かれて玄関ホールに入ると、堂々とした階段が目に飛びこむ。その手摺親柱は花台であり、片方には珍しい電灯照明が組みこまれている。ホールは四畳半ほどの広

旧佐藤邸食堂

旧佐藤邸居間のステンドグラス。
入居時の情景が描かれている

さだか、視線は階段のステップに沿って上昇し、右手にはアーチをもった露台（テラス）に射す外光を追い、この充実したスペースに感動をおぼえるのである。仕上げはおおむねスタッコ壁と木、それに装飾タイルで構成されるスパニッシュであるが、その肌ざわりが実に柔らかい。そして、窓から射しこむ光と工芸品のような照明器具の明かりが空間を生気づかせている。

全体としてこの住宅の構成は大胆かつ周到であり、手仕事による上質の風合いで満たされ、さまざまな形は単なる装飾のためだけにあるのでなく、住宅の機能性から発案されたものであり、生活を楽しむという目的に応じてあることが自然に感じ取れるのである。

建築技師佐藤久勝は一八八九年（明治二二）に現在の大津市に生まれた。滋賀県立商業学校に入学し、一九〇五年（明治三八）卒業して、一時期鉄道省に勤めた後、一九一一年（明治四四）にヴォーリズ合名会社に入社している。つまり、「近江ミッションの三創設者」と言われるヴォーリズ、村田、吉田に続いて社員となり建築部の仕事に就いている。そして翌年のクリスマスに八幡教会で受洗し、クリスチャンとなり、その後八幡教会の日曜学校校長としても活躍したのだった。

建築は米国人建築技師のチェーピンやヴォーゲルから

直伝で一から教わったようだが、芸術的な面の素養と感性を発揮し、一九一五年（大正四）のチェーピンの帰国後には建築部の主任として活躍し、「ビルディングの装飾、エレベーションのスタディ等、（中略）霊想霊腕の天才」として認められ、建築デザインの方面では事務所きっての技量を発揮したことが伝えられている。

　そうした仕事の間の一九二八年（昭和三）六月には、ロサンゼルスで開催された世界日曜学校大会に日本代表の一人として出席し、翌年四月に帰国するまで米国、欧州各地、エジプト、パレスチナをめぐる建築視察と教会遍路の旅を経験している。

　帰国の後には大丸心斎橋店の増築計画や、下村社長邸（現・大丸ヴィラ）の大仕事が続き、再び多忙な業務に戻った。そういう時期の一九三一年（昭和六）春、この敷地を得て待望の自邸の設計を試みたのである。そして竣工の近づいた一〇月、自邸の計画と新しい生活の夢を「寂光に輝く」（『湖畔の声』一九三一年一一月）と題して次のように記している。

「『家は人の住む機械である』誰かの言葉にこんなのがあつた。そして自分も、この新興思想界を風靡した言葉を肯定する一人ではあるが、又一方に、人の住む家から詩を求め、歌を称へる必要を捨てる事の出来ない人間でもある。此頃の様に『住む機械』と云ふ言葉に和応《ママ》しい都会に、齷齪《あくせく》とする日の多い自分に取つてはせめて郊外に住居して、土の香に親しんで、人間味豊かな時をも持つて見たいと思つたのである。（中略）

　切り詰めた予算で、趣味の豊かなるものをしやうとは、無理な仕事だと思ひつゝも、世界行脚のひまにかひ間見た、懐かしい國々の住宅地にあれこれと心を馳せて、遂にこれも落着いたところは、南欧の明朗さに北欧の家を偲ばすやうな、木と壁を旨く扱つて見やうと……（中略）

　家は落成に近附いた。もう庭の手入も遅くはない。箱庭式の庭木は植木屋の特製に任せて、私の庭木はもつと伸び／＼枝を張らせる事にしやう。自然を損はぬやう。

　宇宙の造物主の心を、よく受入れる事にしやう垣根の無い庭が欲しいものだな…他所から高い塀でも囲はれて困るから早く胸程の低い生垣を作る事にしやう。

　あの垣根一つない、アメリカ辺りの住宅の開放さ、美しい限りである。

　我家こそ、どこまでも、親しさと、そして暖かさとの溢れて居る住宅で、あらしめやう。こん度の台所の動きよさ、パンも自ら焼かう、新しい料理もやつて見やう。

　母や女中が困つても構はないから……

　培ふ日が待遠しいものだ。あれも植えよう、楽しき我家……懐しの我家」

佐藤四一歳、まだ独身であったが、母と暮らす自宅の設計にあたり、欧米の旅、とりわけスイスのルツェルンで見たシャレー・コテージの木の家と自然を思い出しながら、趣味豊かで生活を楽しむ家を理想として建てたものだった。

しかし、この新居での生活は数週間で終わることになる。佐藤はその年の一二月三一日に急性肺炎でサナトリアムに入院し、翌年一月六日に他界した。氏の急逝を悼む声は建築部のみならず、近江兄弟社社員すべてにあがり、一九三三年（昭和八）に回想記『佐藤先生を憶ふ』（近江八幡基督教会日曜学校）が出版されている。まだ新しい佐藤の遺邸を継ぐことになる前田重次はその中で、「自然に還る」と題し次のようにのべている。

「万人に好かれた人、ひとりとして敵を持たなかつた人、幼児のやうに無邪気であり、それで何ひとつとして出来ないものは無かつたやうに思ひます。強ひて言へば佐藤さんに最後まで出来得なかつたものは、水泳と自転車乗り位なものでせう。建築のデザインにしても、日曜学校々長としても、詩でも講演、音楽、運動何でも立派にやられた。ことに劇の場合舞台上の動作、台詞等は何時も見物人を興奮させ、又泣かせたものでした。本当に天才とは佐藤さんのやうな人を言ふのでせう。

路端に埃りにまみれた小犬にさへ、出逢へば必らず手を出さないでは通り過されない人、朗かなスポーツマンでありながら、その半面に涙脆い寂しい真に純情の人でした。況して私達をどのやうに愛してくれたか、忘れられません。心の底から話の出来たのは佐藤さん唯一人でした」

前田（旧姓片桐）重次は、香川県立工芸学校を卒業し、校長の紹介で一九二〇年（大正九）にヴォーリズ建築事務所に入社している。数年後、八幡教会の聖歌隊コーラスで出会った前田政と結婚し、この町を定住の地とした。カメラと写真を趣味とした前田、油絵の趣味を手離さなかった隈元周輔（一九一七年入社）、それに建築部の主役の一人である佐藤らの楽しみは、夏の軽井沢だったようだ。前田はその思い出を次のように記している。

「佐藤さんとの軽井沢生活は十一回の夏を共に迎へ、そうして私との最後の夏は昭和五年でした。私にはその年が一番印象に残つてゐます。それは九月の初旬の或る夜のこと、誘るゝまゝに軽井沢の本通りを下り、程なく右に折れた落葉松の小路を通り抜け離山の麓からニューグランド・ロッヂの裏庭を横切り、野沢の池に辿りついた時です。その夜はまるい月夜ではありましたが、何時の間にやら碓氷峠方面から黙々として動き廻つてゐた霧がやがて離山の裾にもめぐり、此の池にも覆れてきて鏡のやうに殆んど微動だに見せない水面が、ぼんやり霧の中に浮んで見えた。真に神秘的なその時尚足を進め線路を横切り夏期大学の裏路あたりから南軽井沢方面の高原へ足の向くまゝに歩いた時、霧を洩る月の光りに高原一面に生えた雑草の葉が露に濡れたその輝き、山の上、山の中腹、山の裾、野原の中に散らばつた別荘の窓から点々と洩るゝ灯火のすべてが一層美しく見えた」

一九三〇年（昭和五）というと、ヴォーリズ五〇歳、佐藤四〇歳、前田、隈元は三〇歳の時である。年齢はやや異なるものの、それぞれに青年の気概を共有していたのだった。そうした時代の夢を宿して、邸は宮村氏に継がれている。

近江岸邸

大阪南部の浜寺は、かつては歴史のある海水浴場で、南海電鉄の浜寺公園駅舎は一九〇七年（明治四〇）に辰野金吾の設計で豪華な二代目駅舎を建て、行楽客を迎えたところである。駅舎は現存し、寄棟屋根でハーフ・ティンバーと、玄関ポーチの構えに特徴があり、東京駅に先行する辰野金吾作品として著名なものである。一九二〇年代には駅舎の東側は別荘住宅地として拓かれ、やがてお屋敷町の景観を整えていく。そうした時代にスパニッシュ式の門塀をめぐらせた本邸が建てられた。約建坪七〇坪ほどを有する二階建て木造切妻寄造の住宅で、立ち上がる二つの煙突が遠方からも目に留まるモダンな西洋館であり、地域のシンボリックな存在ともなっている。

建築主は近江岸弁之助。大阪で生まれ、ロシアに進出して成功を収めた事業家であるが、一九二二年（大正一一）頃にキリスト教に出会い、福祉活動に広く活躍した。氏の半生について、高見沢潤子氏が「近江岸弁之助　新生した根性」（『信徒の友』連載「キリスト者列伝」シリーズ）に記している。それによると、弁之助は大阪府第五尋常中学校（現・大阪府立天王寺高等学校）に学ぶが、一四歳にして函館に出て独立、やがてロシアに渡り事業家を目指す。成功を収めるがロシア革命で撤退し、ウラジオストクで再起して、近江岸商店は大阪とロシアをつないで発展する。

そして、結婚を機に一九二六年（大正一五／昭和元）頃、浜寺での生活をはじめるが、長女の重い病を経験したことでキリスト教に出会う。氏を導いたのはウヰルミナ女学校（現・大阪女学院）校長のゴルボルド、そしてアレ

近江岸邸。1935年

近江岸邸階段

近江岸邸玄関

キサンダーら宣教師で、やがてクリスチャンとなり生活を改め、その後クリスチャン事業家として半生を生きたのである。弁之助は地域のキリスト教活動のため浜寺新生会を立ち上げ、クリスチャンのつながりを広げていく。そうした中で大丸の里見純吉、住友倉庫の山本五郎らの実業家とも協同したという。

一九三四年（昭和九）に広い敷地を得て、大きな家を建てることとなる。ヴォーリズ建築事務所に設計を依頼したのは、近江八幡での活躍を亡父から伝え聞いていたのかもしれない。弁之助の父、近江岸政士は滋賀県野洲の出身で、大阪に出て小さな事業を起こしていたが、早逝していたのである。あるいは大丸の里見純吉の紹介があったと思われる。里見は大丸入りする前からＹＭＣＡで活躍しており、ヴォーリズとの関わりは深いものがあり、ヴォーリズの設計と言われている自邸を一九二五年（大正一四）頃、当地に建てていたのだった。

一九三五年（昭和一〇）秋に竣工したのは立派な邸宅となるが、東亜新生会、家庭集会などさまざまな活動拠点として充てられ、戦中には牧師家庭の避難所にも提供されてきたという。戦後は住宅が接収され、生活は不自由が続くが、里見らとともに社会活動に尽くしたことが伝えられている。

こうした歴史を経て、住宅は幸いにして存続している。竣工に近い時代の写真が『ヴォーリズ建築事務所作品集』に収録され、庭園側の外観、諸室の写真を伝えているが、家具の配置も含めて変わらず美しくとどまっている。ヴォーリズが自在にしたスパニッシュ・スタイルの代表的住宅であるものだが、中廊下式を基本とした間取り、私的な生活部分は和室を連ねていることも特色であり、昭和初期の邸宅としてさまざまな要素を備えていることが注目されるのである。

近年は縁者に受け継がれ、平安な時代を生きている。余話であるが、長女の多美夫人は結婚当時、近在の「キャラバシ園」に暮らしたという。今の高石市羽衣、かつての伽羅橋《きゃらばし》であるが、山川逸郎によって一九二〇年代に拓かれたモダンな住宅地として著名なところである。米国での生活経験をもとに計画されたところで、噴水広場を中心にシングル・スタイルのコテージが立ち並んだガーデン・タウンのような町であった。浜寺を訪れたヴォーリズもこの米国式の「キャラバシ園」を歩いたのかもしれない。

マッケンジー邸。1940年

マッケンジー邸

静岡市高松、駿河湾に面してかつては白砂青松の海岸（今は無粋な防潮堤が海を隔てている）に、スパニッシュ・スタイルの館、旧マッケンジー邸がある。赤瓦と白漆喰壁、それに瑞々しい緑が、さえぎるもののない風景の中で輝いていた。ダンカン・マッケンジー（Duncan J. Mckenzie）は、米国の貿易商社アーウィン・ハリソン・ホイットニー商会の静岡支店長として一九一八年（大正七）に来日した。土地柄か、お茶の輸入が主な業務だった。当初は社屋のあった北番町に近い西草深に住んだが、一九四〇年（昭和一五）に太平洋のかなたに母国を望むこの地に、永住のための住まいを建てたのである。氏は貿易商である一方、日本の美術芸術にも関心が深く、それらの収集を楽しみ、余暇を天体観測に充てる天文ファンでもあった。また一面、神への信仰厚い篤信家で、日本人と静岡の風土を愛した親日家でもあったという。そうした生活は、戦時下の一九四三年（昭和一八）に母国への強制送還で一時期途絶えるが、戦後再び来日して、一九五一年（昭和二六）にこの地で永眠したのだった。

建物は約三〇〇〇坪の敷地に一部三階建て、延床面積一八三坪余りの規模がある。西側正面にはシンボリックな望楼が立ち、右手に二連アーチの玄関ポーチと、左手の多面形に突出した食堂が変化に富んだ外観をつくり出している。海を望む南側にはテラスを備えたリビングルームと、その上階には主寝室を置いて、最も快適な居住スペースとなっている。リビングルームに続いて、書斎と骨董品収集室が並ぶ。食堂に接して、夫人が活躍したキッチン、配膳室、什器収納室があり、奥に使用人のための諸室が続く。実にゆったりとした間取りである。それに、この住宅を特色づけているのは、多彩なスパニッシュ・スタイルの外観に比して、内部は装飾を意図的に控えて、シンプルで淡白なインテリアデザインを指向していることである。

一般に昭和初期の建築では、いわゆるモダニズム・デザインの機能的で抽象的な表現が注目されるのに対して、大正から昭和初期のヴォーリズの作風は、伝統的でオーソドックスなものを基調としていた。それが一九三八年（昭和一三）のこの住宅デザインで、スパニッシュという様式的なデザインに、昭和初期のモダニズム・デザインの感覚を加味しようとしたのだろうか。ゆったりとした弧面の天井と、漆喰壁の境はペンキの塗り分けで、簡潔に処理されている。また、大梁を支持するブラケットの刳形もシンプルにデザインされ、窓など開口部まわりの枠は薄く、刳形もシンプルに扱われている。一方で淡緑色の壁の色（竣工時は違っていたらしい）や、リビングルームと書斎に据えられた大理石の暖炉の色彩的に鮮やかな対比など、諸室のインテリアにも見どころが多く、本邸はこうした新しいデザインの展開を目指したものだった。

竣工した一九四〇年（昭和一五）はすでに戦雲の影が近づいていたが、マッケンジーは一時の憩いを新居で得たのだろう。望楼から海を眺め、夜空に天体望遠鏡を向けるこの館を、ホーマム（HOMAM）と愛称し、竣工に際して知人に送られた「ホーマムからの挨拶状」にその意味が記されている。それによると、ホーマムとはアラビア語で、ペガスス座の星の名前。アラビア語、中国語、英語、日本語で異なる意味もあるが、ホスピタリティーすなわち歓待、親切なもてなしを意味する言葉だという。氏の天文マニアぶりがうかがえるもので、何ともロマンティックな愛称ではないか。

ところで、本邸の天文台について興味をもった頃、筆者の友人から一九三八年（昭和一三）の天文雑誌「天界」の誌面が送られてきた。そこには「ローエル、ピケリング両博士の憶い出」と題するヴォーリズの手記が載っていた。それによると、彼が少年時代を過ごしていたフラッグスタッフの郊外に、ローエル天文台が建設されたという。少年ヴォーリズはその様子をつぶさに目にして、建築とともに、星の観測にも目が開かれていった。そこを訪れたピケリング教授、ダグラス博士らの天文学者とも知遇を得て、彼ら天文学者との親交はこの手記が書かれた当時も続いていたという。ヴォーリズとマッケンジーの二人はともに夜空の星を眺める人であった。

マッケンジーは先に記したように、戦中の一九四三年（昭和一八）、追われるように母国へ送還されたが、一九四八年（昭和二三）に再び来日し、一九五一年（昭和二六）にこの地で永眠した。本邸の戦後史はむしろ夫人のエミリー・M・マッケンジーについて記さねばならない。夫妻は子供に恵まれなかったためか、社会福祉事業、とりわけ赤十字奉仕活動に専心したという。その功績を讃えて一九五九年（昭和四四）に夫人は静岡市名誉市民第一号に推挙されている。その後も福祉事業に挺身し、社会福祉法人エミリーを設立して活躍した。高齢を迎えた一九七二年（昭和四七）に母国に帰り、翌年カリフォルニア州パロアルト市で永眠した。マッケンジー夫妻の功績と友情の記念碑のように、このスパニッシュの館が残された。

一九九七年に登録有形文化財となり、旧マッケンジー住宅として保存活用が図られ、海浜に建つスパニッシュの館はさまざまな歴史を伝えている。

マッケンジー邸食堂

マッケンジー邸台所

マッケンジー邸階段

亜武巣山荘　旧朝吹家別荘 旧小寺家山荘

―― 山荘を訪ねる

亜武巣山荘

ヴォーリズは来日した一九〇五年（明治三八）の夏、友人のエルモアに誘われて旅に出て、軽井沢をはじめて訪れている。それ以来、夏には宣教師仲間の大勢集まるこの避暑地に逗留し、やがて一九一二年（明治四五／大正元）に、ヴォーリズ合名会社の社屋を建て軽井沢を夏の活動拠点とした。そして、まもなくヴォーリズはじめ近江ミッションのメンバーの山荘が、ハッピーバレーの谷筋に近い浅間隠しと呼ばれる一帯に建てられていった。

昭和初期の「軽井沢別荘案内図」によると、近江ミッション、あるいはホーリスと記された山荘が付近に一〇棟近く並んでいたことがわかる。

このコテージ群は当時から「近江園」と呼ばれ、ヴォーリズは夏のシーズンには近江八幡から十数名のスタッフとともにここに移動し、避暑地の生活を楽しむ一方で、多くの宣教師たちや日本の貴紳との交流、建築設計の仕事を地の利を生かして効率よく進めていたようである。

時代が過ぎ、戦時色が深まる中で、ヴォーリズは一九四一年（昭和一六）に帰化し、一柳米来留と称するが、まもなく夫妻は軽井沢にこもり戦中をしのぐことになる。そういう時代でも、ここではドイツ人の医師も、米国人の宣教師も、英国人の教師も質素にして平時とあまり変わらない暮らしを続けていたらしいという場所だった。

一九九七年に新幹線が開通して以来、軽井沢も変わったと言われるが、万平ホテルから、かつての「近江園」への小径には古別荘が点在し、旧軽の環境をとどめている。

一九九五年のこと、一粒社ヴォーリズ建築事務所の芹野与幸氏とともに軽井沢を訪れ、ヴォーリズゆかりのコテージを見て歩いた。その途中、近江兄弟社別荘（別荘番号１２００）の数棟奥に、斜面に建つ印象に残るコテージがあり、青葉幼稚園の立て札があった。小さな二階建て、板壁に鉄板葺き切妻屋根の山荘だが、ベンガラ塗り赤茶色の壁に白い建具のコントラストが美しく、眺めているとなかなか姿形がよい。そして浅間石を積んだ煙突や、小さなデッキの構えなど、大正期に成立した軽井沢のコテージ建築の特色をよく備えたものだった。幸い管理人の土屋さんがおられ、幸運にも室内を拝見できた。

居間は思った以上に広く、野趣ある板壁に飾り棚、物入、腰掛けまでつくり付けられ、機能性をよく考えた設計が行き届いている。そして圧巻なのは二階床梁の太い松丸太で、石積みの暖炉とバランスよく調和し、このコテージに個性を与えている。

その飾り戸棚の上に白髪の婦人宣教師、マーガレット・エリザベス・アームストロング女史の写真が掛けられていた。

彼女はカナダ・オンタリオ州のトロント大学および神学校を卒業後、カナダ合同教会婦人伝道教会より派遣されて一九〇三年（明治三六）に来日し、長野の上田、金沢を経て一九一一年（明治四四）、富山に青葉幼稚園を開いて活躍した婦人宣教師である。アームストロングとヴォーリズの交流も早い時期からはじまっていたらしく、ヴォーリズは青葉幼稚園の設計を引き受けていた。夏の軽井沢でも同じカナダ・ミッションの宣教師ニコルソンらとともに親しい交流があったことが伝えられている。そして、このコテージがアームストロングの夏の家として使われたのが一九三五年（昭和一〇）頃からと言われている。つまり近江ミッションの別荘地である近江園にはアームストロングやYWCAのエマ・カウフマンらの宣教師も加わり、国際的なコミュニティをつくっていたよう

亜武巣山荘居間の暖炉

亜武巣山荘

である。そうした「近江園」の歴史をこの山荘は伝えており、近年、亜武巣山荘と名づけられ、二〇一四年に登録有形文化財となり再び注目されている。

当時の調査メモを見ながら、近江ミッション・コテージの図面と目されるものを改めて調べていたところ、一九一七年（大正六）の設計で瓜二つの建築図面があった。アームストロング・コテージと南北面の設定が逆にした間取りであるが、設計内容は一致した。その図面には作品番号１３５４の書きこみがあり、同種の山荘が近隣の敷地にあったのかもしれない。設計年代はこの建築図面をもって一九一七年（大正六）と見てよいと思う。そうすると、軽井沢の歴史的建築と目されているユニオン教会（一九一七年）と同時期の建物ということになり、この地におけるヴォーリズ建築の一時代を物語る建築と言えよう。

この山荘の計画的特色は、傾斜地に建ち、斜面地の一部をゴロタ石で土留《どどめ》を設け地階を有していること。内外壁は押縁付きの板張り壁、主要室の意匠は、天井を丸太材による根太表しとし、ゴロタ石積みの暖炉とともに野趣ある意匠を見せている。二階の階高は約九尺と低く設定し、階段は緩く快適。居間、台所などには簡素であるが収納家具、飾り棚がつくり付けられ、山荘における生活感が好ましく表現されているところで、生活に基づく平面計画、通風採光に留意された住環境など、ヴォーリズの建築観が見て取れる。こうした特色は、一九一二年（明治四五／大正元）のヴォーリズ合名会社軽井沢事務所、一九一五年（大正四）のカフマン・ハウスなどとも通じるものであり、後述する一九二二年（大正一一）のヴォーリズ山荘（別荘番号１２２７）とともに、当時のヴォーリズによる山荘建築の特色を備えた初期の山荘建築なのであった。

旧朝吹家別荘（睡鳩荘）

軽井沢本通りの二手橋《にてばし》より矢崎川に沿い北に入ったところに、一九三一年（昭和六）に建てられた朝吹家別荘があった。三井物産、三越をはじめ種々の事業に関わった事業家、朝吹常吉一家の別荘で、広い敷地の奥、林間の緩い南東斜面に沿って建つ山荘建築であった。

鉄筋コンクリート造の高い基礎の上に建ち、南側正面に広いデッキがあり、それに続いて三六畳ほどの広間があり、大きな暖炉とその上部に飾られた牛頭飾り、そして重厚な家具の数々が、この別荘の歴史を物語っていた。

朝吹常吉は英国留学時、三井物産ニューヨーク支店勤

斜面地に建っていた旧朝吹家別荘。1931年

務での経験によって、洋式生活を範とし、スポーツ、音楽に親しむ文化人であり、大正期より夏期には軽井沢で家族との避暑生活を続けていた。そこでヴォーリズとの交流があり、一九二四年（大正一三）には東京高輪の住宅設計を依頼している。この住宅は後述するように、ヴォーリズ建築事務所における初期のスパニッシュによる邸宅として注目されたものだった。

一方、朝吹家のモダンな生活、そして広い交流については、常吉の長女で仏文学者として知られる朝吹登水子が著した『私の軽井沢物語』（一九八五年）がある。英国人家庭教師ミス・リーとともに過ごしたという緑の環境での避暑生活、当地での外国人宣教師、日本の貴顕階層との交流などが生き生きと描かれており、軽井沢の別荘地文化と言われるものが読み取れる。そうした舞台の一つだったのが、睡鳩荘と呼ばれた当家の別荘であり、ベランダから見下ろせたというテニス・コートだった。

　建物は一部地階を備えた木造二階建て、切妻造瓦葺きで、L字型平面の建築である。先に述べたように主要室はポーチに接続した広間で、西に八畳和室、北の廊下を介して台所、洗面室、階段室、奥に女中室を置く。二階は四寝室と物置を配し、南にデッキを備えていた。外観における特色は、丸太づくりのような板壁と、上部にシャーレ風装飾をもつ縦板壁とし、野趣味のある木製デッキ、素朴なモルタルづくりの煙突など、コテージ・スタイルをもとにし、加えて意匠的に優れた要素を備えたところにある。屋内の広間は居間兼食堂を兼ねるもので、この別荘のすべてとも言える存在感を有している。東壁の中央に木の飾り棚を置いた石積み暖炉を置き、それを中心に面付の枠材で組まれた窓、戸口が配置されている。壁

塩沢湖畔に移築された旧朝吹家別荘(睡鳩荘)

旧朝吹家別荘居間

天井ともに漆喰塗りであるが、壁には四尺の高さの杉樹皮による腰板張り、天井には一一本の太く長大な赤松丸太の化粧梁が配されていた。この構法は根太梁を丸太梁とし、下端を天井面に表したもので、山荘らしい意匠の特色となっている。そして、部屋に合わせて製作されたと見られる軽井沢彫りの種々の家具、由緒ある牛頭の壁飾りなどによって、英国カントリー・ハウスの様相を呈する類例を見ない特色ある室内となっていた。

この外観は『ヴォーリズ建築事務所作品集』にも山荘建築の名品として収録されていた。戦後に至り、別荘は朝吹登水子の活躍拠点として当地で知られていたが、女史の没後ほどなく別荘は手放されることとなり、山荘は塩沢遊園の営む「軽井沢タリアセン」に託され、移築保存されている。

二〇〇八年に再建された山荘は、塩沢湖畔の水辺の環境でデッキからの眺めも変わって「睡鳩荘（旧朝吹山荘）」となり、新たな歩みをはじめている。特色のある外壁は修復によって当時の外観を伝え、広間や二階寝室のインテリアにはかつての歴史を色濃くとどめており、際立ったコテージ建築として知られている。ヴォーリズの建築としては、軽井沢テニス・コートのクラブハウスと同時期の建築であることも興味深いものと言える。

ここで、ヴォーリズの設計による、一九二六年（大正一五／昭和元）に竣工したスパニッシュの邸宅について記しておきたい。朝吹家が東京港区高輪の屋敷地を得たのは一九〇三年（明治三六）頃で、和風邸宅が設けられていた。先代の朝吹英二が没し、関東大震災を経た翌年に、朝吹常吉によって洋館の設計が依頼されている。氏が洋式生活を心に決めたのは、一九二〇年（大正九）の欧米旅行の時であろう。夫妻で九か月にわたって米英方面を漫遊している。その旅の途中で英国人家庭教師ミス・リー（Miss D. I. Lee）を見出し、朝吹家に招いている。ミス・リーにより一家五人の子供たちは、英語ばかりでなく英国のマナー、物の考え方など大いに感化を受けたと伝えられている。

そうして生活を一変させたであろう新しい洋館が建った。鉄筋コンクリート造、地階と一部三階を有する二階建て、延床面積二四〇坪余り。南の庭に面する一階の主要室は、居間、食堂、ホールのほか、婦人室、応接室、朝食室を備え、地階には遊戯室とテニス用具など特徴のある部屋があった。二階には六つの寝室と学習室、そして三つの屋上テラスがあった。スパニッシュ瓦の屋根にはかなり大きな屋根窓と三基の煙突が立ち上がっている。変化のある外観だが、窓のプロポーションを一定にして、階下は三連のアーチ窓、階上は矩形に統一して、意匠の一体感をつくり出していた。邸内は女中室を除いてすべて洋室で、化粧腰パネル（ウェインスコット）を背高く張り上げた壁面間の中央に、あるいはコーナーに暖炉を備え、さまざまなバリエーションでインテリアの室内家具はすべて米国製と言われていた。この洋館で英国式のライフスタイルが自然と定着していた。外国人を交えたパーティーでは、音楽をやる五人の子供たちの演奏が有名になっていたという。

　そうした時期に、軽井沢の別荘が建てられた。再び『私の軽井沢物語』をひもとくと、登水子の回想として、欧米宣教師が各地から集まり、ともに行動した当時の軽井沢での暮らしぶりがつづられている。

「幼時の文化的環境がこんなに人に影響を及ぼすものかと、驚くほどである。子供たちは外国語を覚えるのも早く、私たちは五人とも英語を流暢に話すようになり、（中略）日本語で喧嘩を始めても途中から英語になってしまうほどだった。服装だけでなく、ミス・リーは、イギリス・プロテスタント風な思考をわが家の教育にもちこんだ。日曜日になると、兄たちはネクタイをつけ、私はアイロンのよくかかったきれいなサンデー・ドレスを着て、ベンガラ色の日本聖公会、つまり、軽井沢を避署地として開いたショー師の簡素な英国国教会《アングリカン》のチャペルに行って、讃美歌を聴いた。（中略）ミス・リーはジーザス・クライスト（主キリスト）を語り、この世の中に貧しい人たちがいること、貧しい人たちに親切でなければいけない、と教えた。（中略）それから、嘘をついてはいけない（You must not lie）、正しくあらねばならない（Be fair）とか、勇敢であれ（Be brave）、人に親切であれ（Be kind）、人に対する思いやり、などのモラルを彼女は教えた」

　朝吹家はこの別荘の暮らしでプロテスタントの感化を受けた洋風生活に親しんだのだった。

旧小寺家山荘（六甲ヴォーリズ山荘）

　神戸の六甲山上に旧小寺家山荘（六甲ヴォーリズ山荘）がある。山荘へは六甲山記念碑台前の四つ辻より東に入る小径を進む。その記念碑は、明治中期に避暑に適した別荘地として六甲山を見出したA・H・グルームによる開発を顕彰するもので、その西にある六甲山ホテルとともに当地の歴史を伝えている。瓢箪池とゴルフ場のグリーンを目にしながら進んだところに、ようやく山荘の小さな門扉が現れるが、建物はその奥深い木立の奥にある。

　この山荘の所在を知ったのは二〇〇一年のことで、阪

旧小寺家山荘(現・六甲ヴォーリズ山荘)。1934年

神間地域の自然と文化財保護で活動するアメニティ2000協会の情報による。やがて関係者での調べが進み、この山荘の来歴、そして特色あるコテージ建築であることが知られてきたというドラマがあった。

ところで、六甲山の歴史を物語るものに、一九〇三年(明治三六)に山上を拓いて創設された神戸ゴルフ倶楽部がある。わが国最初のゴルフ場と言われ、眼前に神戸の海を一望する眺めをもつクラブは、外国人を中心にスポーツと社交の場として発展した。昭和期に入り、山上に通じるロープウェイ、そして六甲ケーブルの敷設が進む頃の一九三〇年(昭和五)に、ヴォーリズ建築事務所はM・I・アーウィン別荘の設計を行っている。氏の履歴はよくは知られていないが、ゴルフ倶楽部の役員であったようで、ゴルフコースの一端に建てられた。和洋折衷式の特色あるもので、『ヴォーリズ建築事務所作品集』にも大きく掲載されたものだった。その翌年に二代目クラブハウスの設計が依頼され、パーゴラ付きの広いテラスをもつ、ゆったりとした休憩室、食堂を備えたコテージ風のクラブハウスが一九三二年(昭和七)に建てられている。そうしたことで、クラブの関係者にはヴォーリズの建築について広く知られていたことと思われる。

そして、有力なメンバーでゴルフの愛好者だった小寺敬一が山荘建築のため、ゴルフの八番コースに接して、緩やかな北斜面にある千数百坪の敷地を得て、ヴォーリズに設計依頼をした状況が想像できるのである。山荘の建築主小寺敬一は、一九一六年（大正五）に関西学院高等部を卒業し、米国留学の後、一九二〇年（大正九）より関西学院高等部の教授を務めていた。関西学院には深いつながりがあったようで、一九二八年（昭和三）に自邸の設計をヴォーリズ建築事務所に依頼しており、一九三一年（昭和六）に建った御影の自邸はスパニッシュの名邸として知られたものである。

一九三四年（昭和九）に建てられた山荘は雑木林に抱かれて建ち、小径から建物はほとんど望めないが、緩い勾配の寄棟屋根、外壁は赤茶色の下見板張りで、東西に長く約八〇坪の規模をもつコテージ建築である。居間の棟中央に建つ煙突は特色があり外観のアクセントとなっている。

主な部屋には、居間、食堂、台所、四つの寝室のほか、小さな玄関および和室、浴室などを備えている。最も特

旧小寺家山荘居間

旧小寺家山荘の暖炉と腰掛け

神戸ゴルフ倶楽部のクラブハウス。1932年

色あるところは、広いテラスを備え、北側に開けた景色を眺望する二〇畳大の広さをもつ居間で、なぐり仕上げの化粧梁で組まれた天井、南壁面の中央にヌックと呼ぶのであろう腰掛けを付した石組みの暖炉がある。居間の東は食堂で、大きな引き分け戸を壁内に収めると広い続き間となる。そうした工夫された設備が野趣あるインテリアに隠れているところが注目される。そして、ヴォーリズ建築ならではのディテールも工夫があり、木の空間をつくる材料および施工がよいのであろう、年月を経ながら今も新鮮な空気を保持しているようだ。また居間には建築当初以来の家具とみられる籐椅子や脇テーブル、珍しい竹製家具も残されており、山荘の歴史をよく伝えている。山荘建築であるが、台所には整った設備とともに竈《かまど》を備え、浴室は五右衛門風呂式、当時の使用人のための和室部も残されており、薪にする木材置き場があるなど、六甲山での一家族の避暑生活を伝える建築として、ほとんど変わらずに維持活用されているものである。

工事は六甲の山荘をしばしば手がけていた藤田工務店の藤田幸太郎によると伝えられている。先のクラブハウスの建築も手がけており、高いコンクリートの基礎、良材による堅実な施工など、山上環境における建築の工夫がよくなされていることも特色と言える。

ゴルフ倶楽部のクラブハウスの建築は、一九六八年（昭和四三）に設備の一新や拡張工事がなされているが、主要棟は良好に維持されており、この二つの建築はそれぞれに当地の歴史を伝えるシンボル的建築としても知られている。

旧小寺家山荘は一九七五年（昭和五〇）より甲南女子学園六甲山学舎として活用されてきた後、二〇〇八年春、先に述べたアメニティ2000協会が受け継ぎ、「六甲ヴォーリズ山荘」として維持活用に取り組まれている。その維持活動は会員交流の場としての利用のほか、夏期のワーキング・ホリデーと称する整備活動、晩秋期の大掃除などがあり、そうした活動を通して六甲山の自然に触れつつ、歴史ある建築の特色と魅力が解き明かされる場となっている。

V 都市の華

商業・オフィスビルの建築

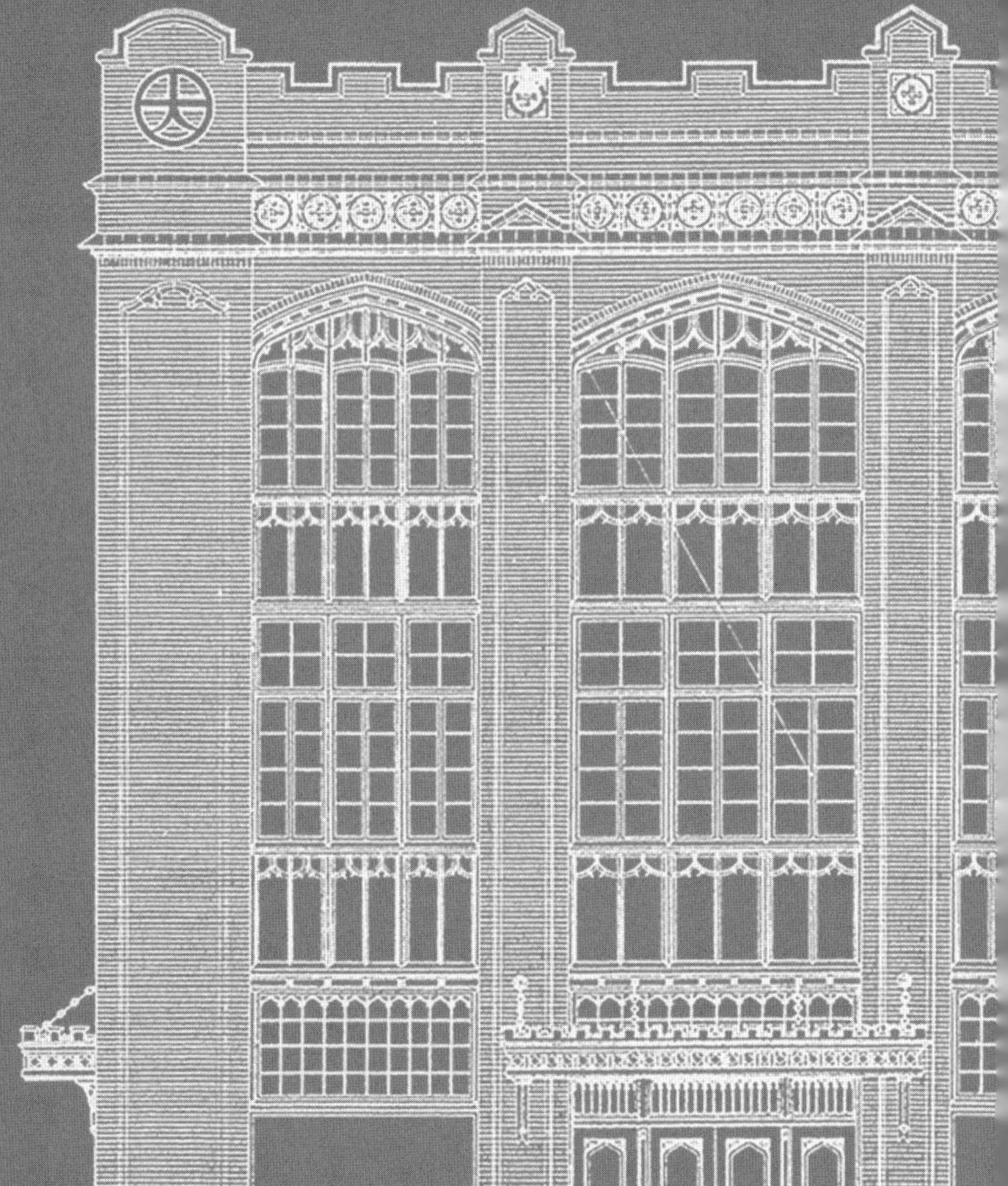

†　†　†

ヴォーリズの建築作品には、その性格からして、商業・オフィスビルの建築は多くない。そして官庁舎の類の作品は皆無なのである。そのことが一般のオフィス・アーキテクトとの性格の違いを表している。しかし、その少ない商業・オフィスビルの作品が、建築家としてのヴォーリズを広く認めさせたものでもあった。実際、大阪に建った大正期オフィスビルの名建築と誉れ高い大同生命ビル、個性ある装いで知られる心斎橋の大丸百貨店、京都四条大橋たもとの東華菜館など、稠密な様式建築の装飾性が効果を発揮して、広く巷間に知られたものである。

もっともこれらの建築は、都市にはいくつかある壮大で堂々とした明治、大正期の近代建築とはやや様相が異なるように思う。ヴォーリズの手になった商業ビルほど、西洋建築の様式を自在に装飾的に応用、折衷した建築もあまり見あたらない。それほど豊饒で目を引く意匠にエネルギーが注がれているのである。大丸百貨店の建築、あるいは東華菜館を改めて思い出してみるとよい。建築意匠の要点は二つある。遠景として眺める建物のシルエットと、玄関まわりに集中的に凝らされて目のあたりにする装飾の効果である。そのことによって商業的効果を挙げ、また、街にあって格好のランドマークとして記憶されている。

ヴォーリズ建築の盛期となる時代は、大正から昭和にさしかかる頃である。かつての明治は歴史のかなたに遠ざかりつつあり、西洋古典建築の再現のごとき端正な様式建築が孤高の美を誇った時代から、近代都市の中に建築が集積される都市文化の時代を背景にして、大正から昭和初期の建築は新しい展開を見せつつあった。そういう中で、ヴォーリズは都市の花形たる商業・オフィスビル建築に臨むに際して、その時代の都市の華として息づく建築を目指したのではないか。そしてそれは、そうしたクライアントの期待に応えたものだった。

大同生命と廣岡邸
――テラコッタの装い

一九一九年（大正八）にヴォーリズは、一柳末徳子爵の三女満喜子と結婚した。二人の出会いの場となったのは、大阪の現・天王寺区小宮町にあった廣岡邸であろう。

当時大同生命保険、加島銀行などの事業を営む廣岡家には、一柳満喜子の兄、恵三が婿養子として一九〇一年（明治三四）に入籍しており、さらに当主廣岡信五郎の妻浅子は当時からすこぶる開明的な女性で、女子教育事業やキリスト教伝道事業にも積極的に取り組む女傑ぶりを発揮していた。そうした活動を通じて、キリスト教主義の事業家で建築家のヴォーリズを知ったことと思われる。そして浅子の望みで一九一六年（大正五）、当家の住宅設計を依頼している。廣岡家の住宅については後述するのだが、そうした背景でヴォーリズは満喜子と結ばれ、廣岡家の縁者となったのである。

三〇〇年来の歴史を有する廣岡家は、江戸時代には加島屋の屋号で知られた大阪の豪商であり、加島屋の初代当主、廣岡久右衛門が大阪の御堂前にて精米業と両替商をはじめたのは一六二五年（寛永二）のことだという。その後、事業の拠点を玉水町（現・西区江戸堀）に移し、また廣岡家の広大な屋敷を土佐堀通一丁目一番地、現在の大同生命ビルのある場所に構えていた。明治時代に入り、加島銀行を設立するなど事業の近代化を図り、やがて新規事業として着目したのが生命保険会社だった。

一八九九年（明治三二）に、廣岡家宗家第九代久右衛門正秋は、朝日生命保険株式会社の経営を引き継ぎ、三年後の一九〇二年（明治三五）に護国生命、北海生命を合同する形で大同生命保険株式会社を設立した。設立時の本社は大阪市東区大川町四七番地にあり、木造三階建ての和風の社屋だったが、事業の拡大により一九〇九年（明治四二）には江戸堀上通一丁目九番地に本社ビルを建てた。新社屋は木造二階建て、総坪数三五〇坪を有し、スレート葺きのマンサード屋根をかけたクラシック・スタイルの建築だった。ここに社の隆盛期を迎えようとしていた矢先、初代社長廣岡久右衛門が没し、事業は廣岡家新宅の当主、廣岡恵三に託されていく。

廣岡恵三は、一八七六年（明治九）に子爵一柳末徳の次男として東京・小石川に生まれた。東京帝国大学政治科を卒業して後、一九〇一年（明治三四）に廣岡信五郎、浅子のもとに養子として迎えられ、長女カメと結婚、一九〇四年（明治三七）に廣岡信五郎の没後、家督を継いでいた。そして廣岡合名会社の代表として、加島銀行頭取、加島信託社長、大同生命保険株式会社社長など、廣岡家の事業を総覧することとなった。廣岡恵三の時代は、ここから一九四二年（昭和一七）八月に勇退するまで三三年間続くことになる。その間の社の主要な建築は、義弟にあたるヴォーリズに託されることとなり、大阪の本社ビルを皮切りに、各地に設けた支店ビル、そして廣岡家の邸宅建築がつくられていく。

土佐堀川畔にあった廣岡邸

江戸堀にあった旧本社。1909〜1925年

大同生命本社ビル

会社設立二〇周年を目前にした一九二〇年（大正九）、廣岡社長一行はヴォーリズとともに四か月にわたる米国の保険会社の視察旅行に出発した。廣岡恵三はその旅行で、事業発展の将来像を描き、その拠点となる新本社ビルの具体的イメージを固めたようだ。そして米国の近代経営に目を向けていた廣岡恵三の経営思想を、ヴォーリズはネオ・ゴシックの様式をまとう、当時最新のオフィス・ビルディングとして具現化したのだった。

一九二二年（大正一一）、土佐堀通一丁目一番地、かつての廣岡本家の屋敷地六七〇坪を譲り受け、新本社ビルの設計がすすみ、その年の一〇月に着工された。その構想は一九二三年（大正一二）二月に創刊された『社報大同』の誌上に発表された。地上一〇階、軒高一〇〇尺の建築である。それによると、竣工は一九二四年（大正一三）四月が予定されていたが、工事半ばに関東大震災があり、耐震耐火対策に万全を期すため、工期二年八か月を費やして一九二五年（大正一四）五月に竣工した。軒高一〇〇尺は最初の計画どおりであるが、それを地上九階に構成し、一階分のスペースを構造補強に充てた様子がわかる。いずれにせよ、当時大阪市中における屈指の高層ビルで、一九二三年（大正一二）の堂島ビル、一九二五年（大正一四）の大阪ビルディングとともに一〇〇尺ビルの三傑と言われたものである。この竣工を記念してパンフレット『新館落成記念』が刊行されている。それによって主要室の配置を見ると、次のように記されている。

地階　公衆食堂、銀行員食堂。
一階　加島銀行本店営業室、郵便局。
二・三階　加島銀行。
四階　廣岡合名会社。
五階　本社事務室。
六階　本社事務室、食堂、集会室。
七階　貸室。
八階　ホール、談話室。
九階　倶楽部室、屋上庭園。

このビルが当時話題となったのは、外観をすべてテラコッタ張りとしたことで、特に最上部の繊細なレリーフを付した尖頂アーチと、パラペット上に突出するピナクルがゴシック式デザインの特色を示していた。また、垂直に通る窓方立を、三階と七階外壁に掛かるアーチが交錯する意匠など、華麗で艶やかな印象を与えるものだった。この仕上げは一階内部にも連続して、大理石張りの床の光沢と、三階吹き抜けの空間を覆うガラス屋根を透過する自然光によって、壁面、天井のレリーフ・テラコッタを効果的に見せるインテリアが特徴的だった。

一方、米国製の最新設備を備えたオフィスとしても注目すべきものがあった。例えば、所内の連絡に使うインターホン、タイム・シグナル付き電気時計、メール・シュート、当時最新の複写機フォトスタットなどが装備されていた。

先の落成記念パンフレットに、大同生命の各地の支店、支部の建物が紹介されている。大阪、九州（福岡）、東北（仙台）、東京、京都、名古屋、中国（広島）、北陸（金沢）の八支店、神戸、京城、札幌、横浜の四支部の一二店が全国を網羅していた。それらは土蔵造の和式建築、煉瓦造のピクチャレスクな建築、それに大正建築の特色であるセセッション式の建築など、さまざまな社屋をもっていたことが知られ、その建築の多様性には興味深いものがある。

大同生命ビルの竣工した一九二五年（大正一四）には、他に主婦の友社ビル、大阪YMCA会館、文化アパートメンツを相次いで竣工させている。いずれもヴォーリズの代表作品に加えられるもので、耐震耐火構造の都市建築としての要請に応える鉄筋コンクリート構造の初期的建

大同生命ビルディング。1925年

旧加島銀行本店営業室の吹き抜け空間

築であり、かつ幅広い様式建築の意匠を駆使しつつ全体を明快に構成する共通したデザイン手法が認められるものである。

従来キリスト教建築を主にしていたヴォーリズ建築事務所はこの時期に至って、高層の都市建築への新たな試みに臨んだと言えよう。具体的に言うと、赤煉瓦による建築から鉄筋コンクリート構造への転換であり、主たる意匠材としてテラコッタを全面的に活用していく建築の出現である。

わが国の近代建築で、テラコッタの用いられた作例は、明治期までさかのぼるものがわずかに知られている。しかし、テラコッタが都市建築を飾る素材として広く活用されていくのは、関東大震災後において、鉄筋コンクリート構造が定着していく時期と重なっている。つまり、この時期は、明治以来の近代建築の歩みの中でも注目される建築構法と意匠の一つの変換点であった。

こうしたテラコッタによる都市建築を、ネオ・ゴシック・スタイルという華麗な様式でデザインされた大同生命ビルが、商都大阪の都心に出現したのである。このニュースは、建築学会の会誌『建築雑誌』（一九二五年一二月）で、また建築協会の会誌『建築と社会』（一九二六年一月）の誌上にても報じられ、建築界に広く知られた。

近江八幡を本拠地として特異な経歴を歩んできたヴォーリズは、大同生命ビルディングにおいて建築界の本流に浮上したと言えよう。

本社ビルの完工を境に、その後の支店建築の建て替え、新築の多くがヴォーリズに一任された。年代を追って記すと、次の一一の建築作品が挙げられる。ほかに京城支店（一九三五年）、神戸支店改築（一九四〇年）があるが、ヴォーリズの関与は定かでない。

北陸支店	一九二九年（昭和四）
横浜支部	一九三二年（昭和七）
仙台支店（改築）	一九三五年（昭和一〇）
札幌支部	一九三五年（昭和一〇）
東京支店（改築）	一九三六年（昭和一一）
岡山支店（改築）	一九三六年（昭和一一）
松本支店	一九三九年（昭和一四）
京都支店（改築）	一九四〇年（昭和一五）
新潟支店	一九四〇年（昭和一五）
大阪中央支店（松屋町）	一九四二年（昭和一七）
宮崎支社	一九四二年（昭和一七）

大同生命ビルは、一九四五年（昭和二〇）の終戦に際し占領軍の接収は回避されたものの、一階を十合《そごう》百貨店に貸与されるなど苦難の時期を経て、一九四七年（昭和二

二）に相互会社としての企業再建を果たし、一九六〇年代には種々の整備とともに中央部の吹き抜け空間の閉鎖、床が新設されるなどの改変を経て活用され、一九九一年まで存続した。一九九三年に一九階の高層ビルに改築された大同生命大阪本社ビルでは、高層部の外観にイメージをとどめ、館内のメモリアル・ホールには特色あるテラコッタのインテリアが保存継承されている。

大同生命北陸支店

北陸支店は一九二六年（大正一五／昭和元）に設計され、一九二七年（昭和二）七月に竣工した。本社ビルに続くヴォーリズ作品で、テラコッタの外装や、特徴ある突き出し窓のサッシなどが、本社ビルと共通している。しかし、デザインの基調はイタリア・ルネサンス式で、五つの連続アーチと頂部のコーニス（軒先飾り）が安定感のある意匠を有する一方、正面入口上部の腰壁には葉形飾りや、社章を入れた盾形装飾（カルツッシ）などのレリーフ・テラコッタが滋味を添えている。三階建てながら意匠密度の高いもので、南町二番地の目抜き通りにあったが今はない。

北陸支店。1927年

大同生命横浜支部

一九三二年（昭和七）五月に竣工した横浜支部は、先の北陸支店と好対照をなすデザインだった。ゴシック調の構成をモダンなデザインに構成したもので、いわゆるアール・デコ式デザインと考えてもよい。アール・デコの建築は昭和初期の頃、ヨーロッパ諸都市のほか、とりわけニューヨークで流行したもので、幾何学的なパターンを緻密に構成する装飾に特色がある。

建物は六階建て中間階の渋いスクラッチ・タイル張りの凹凸面に対して、グリッドに目地切りされた上部の白い壁面のコントラストが鮮やかであり、窓上部の鉱物的な装飾的造形にはアール・デコのデザインが色濃く反映している。

大同生命札幌支部

一九三五年（昭和一〇）一一月に竣工した札幌支部は、北海道庁前の角地にあって、市内屈指の建築として知られたものだった。五階建てビルの印象は、一九三三年（昭和八）につくられた百貨店、大丸心斎橋店の御堂筋側外観に近い。もちろん百貨店建築にある商業性は適度に薄められているが、ヴォーリズ建築の商業ビルのデザインの流れを考える上で興味ある建築である。札幌支部としてはゆとりがあったためか、一階には二つのテナントが入れられ、活用されていた。

横浜支部。1932年

札幌支部。1935年

東京支店。1936年

大同生命東京支店

東京支店は一九〇二年（明治三五）の会社設立の時に設けられた重要な支店で、一九一六年（大正五）には京橋区南伝馬町に第二期の社屋が新築されていた。設計は東京高等工業学校の前田松韻《まつおと》であり、鉄筋コンクリート構造で外壁には煉瓦を使うピクチャレスクな建築だった。それが一九二三年（大正一二）の震災後、直ちに修復され、外観をややモダンなセセッション式に改めたのをはじめ、角の円塔部に尖り屋根を載せた愛らしい建物に生まれ変わっていた。

一九三六年（昭和一一）に至り、支店の拡張を実現するため、日本橋通二丁目の旧加島ビルを改築して第四期の東京支店とした。七階建ての建築で、中央の玄関アーチを中心に四本の円柱がファサードを構成する古典的なデザインは他の支店建築と異質なものだが、旧加島ビルの外観が多分に残されたものだろう。

＊

ヴォーリズによる廣岡家関連の作品は、ここに見た大同生命保険社屋ビルのほか、いくつかの加島銀行の建築、それに廣岡恵三のためにつくられた邸宅がある。建築家ヴォーリズの作品を考える時、一九二一年（大正一〇）の加島銀行京都支店のクラシカルな建築、一九二〇年（大正九）に竣工した廣岡邸（現・神戸市東灘区深江）など、一九二五年（大正一四）の本社ビルに先行する作品群を再見する必要があろう。

廣岡家の邸宅建築

英国のカントリー・ハウスを想起させる邸宅が、一九三七年（昭和一二）に発行された『ヴォーリズ建築事務所作品集』の巻頭を飾っている。廣岡恵三の本邸として、兵庫県武庫郡本山村森に一九二〇年（大正九）に建てられたものである。

廣岡恵三は、言うまでもなく当時大同生命の社長であり、かつヴォーリズが一九一九年（大正八）に結婚した一柳満喜子の兄で、ヴォーリズの義兄にあたる間柄にあった。廣岡恵三は、前述のとおり一八七六年（明治九）に子爵一柳末徳の次男として東京小石川に生まれ、東京帝国大学政治科を卒業後、一九〇一年（明治三四）に廣岡浅子の養子として長女カメと結婚。一九〇四年（明治三七）に廣岡信五郎の没後、家督を相続し、一九〇九年（明治四二）に廣岡本家の第九代久右衛門正秋の没後、廣岡家の事業を総覧する立場に立った。すなわち、加島銀行頭取、加島信託社長、大同生命保険株式会社社長のほか、大軌電鉄、京阪神急行電鉄、白木屋百貨店など数社の役員を歴任していた。廣岡恵三の時代は大正中期の経済好況から昭和初期の金融恐慌、そして戦時下における統制時代へと変転著しい時代であったが、一九四二年（昭和一七）、病で引退するまでの三三年間にわたり廣岡家の事業を担ったのである。その恵三にとって最もよき時代は一九二〇年（大正九）、本山村森に本邸を建てた頃であったように思える。

ヴォーリズとの最初の出会いとなったこの本邸の設計は、一九一六年（大正五）にはじめられ、それが竣工するまでに東京別邸（麻布材木町）、大阪別邸（曽根崎）の住宅の設計が相次いで依頼されている。そういう最中の一九一九年（大正八）、恵三の妹、満喜子がヴォーリズに嫁ぐことになる。

満喜子は一柳末徳の三女として一八八四年（明治一七）東京に生まれ、クリスチャン系の幼稚園からお茶の水高等師範付属小学校を経て、高等女学校を卒業している。クリスチャンであった母栄子の感化と、女学校時代の師ミス・アリス・ベーコン女史から深い影響を受けていた。そして後年、再びベーコン女史を追って米国に向かうことになるが、高等女学校卒業後、神戸女学院音楽科に進んだ。おりしもその先年（一九〇一年）、兄恵三が廣岡家入りしており、神戸女学院への通学の時期、廣岡家に寄寓していた。廣岡家では浅子が母代わりの世話をしたという。当時の浅子は家業を実質的に切りまわす行動力で女実業家と言われていた。その一方で、一九〇一年（明治三四）大阪教会で受洗して以後、キリスト教に基づく女子教育事業に情熱を注ぎ、成瀬仁蔵を援助して日本女子大学を創設し、女子専門学校を開いた安藤キョウ子とも親交を厚くしていた。満喜子はこうした行動的な浅子の影響を二〇歳前後の多感な時期に受けていた。その後決意するところがあり、ミス・ベーコン女史との再会を期し

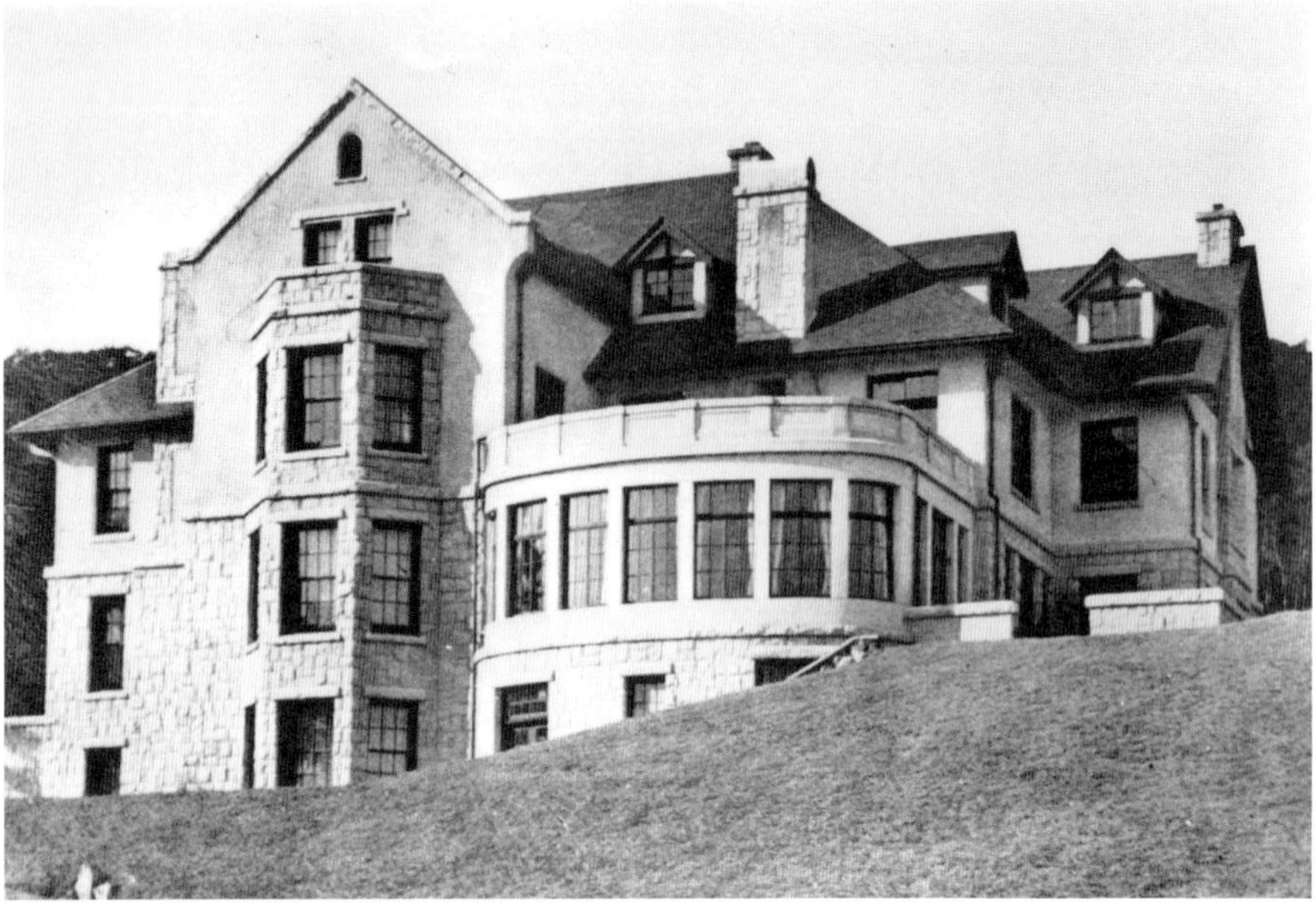

廣岡本邸(神戸本山)。1920年

廣岡本邸階段ホール。ステンド・グラスはティファニー社製とある

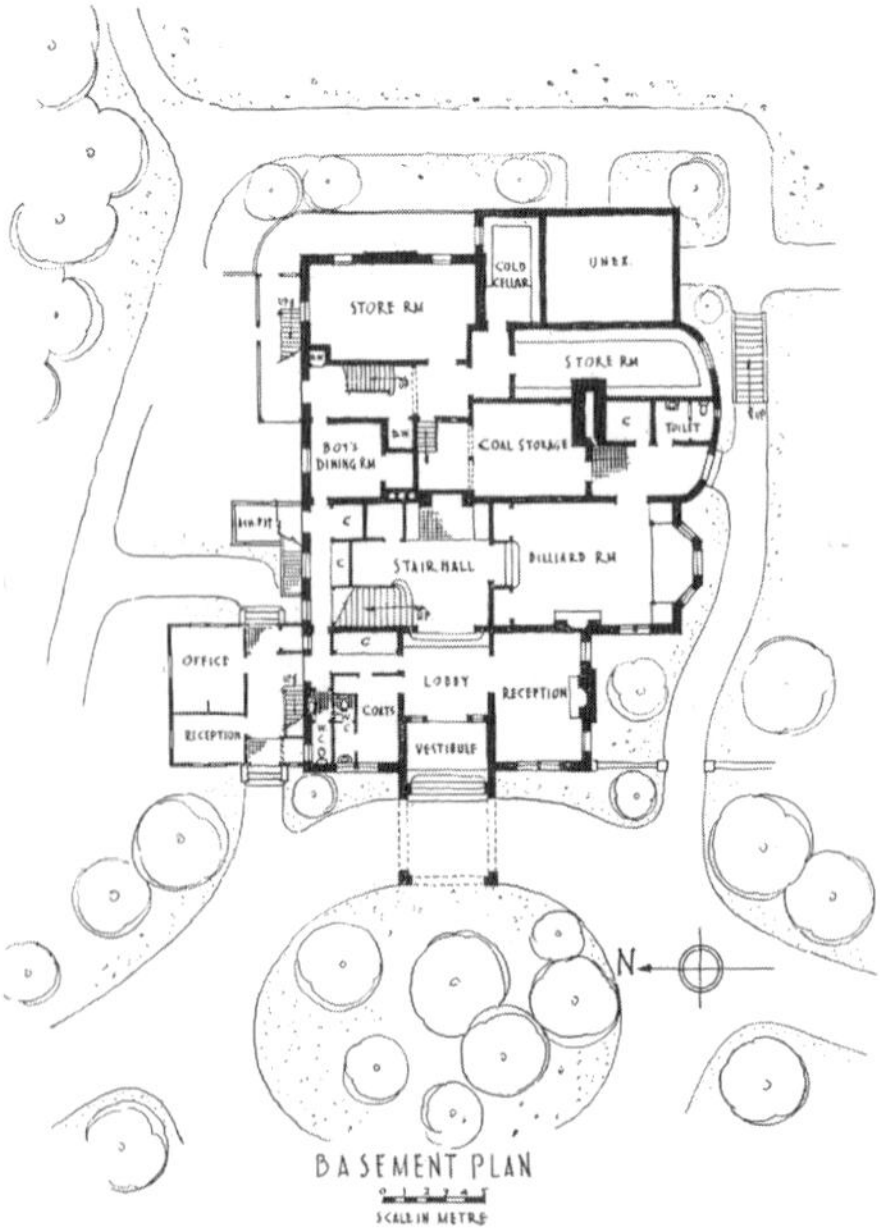

廣岡本邸地階平面図

て渡米し、ペンシルヴァニア州ブリンモア大学に入り教育学を修め、八年間の留学を終え一九一八年（大正七）に帰国したのである。

本邸の設計はヴォーリズに一九一六年（大正五）七月に依頼されている。キリスト者としての浅子がヴォーリズを見出したと思われる。そして、回を重ねた設計に際して、米国留学帰りの満喜子もしばしば同席したのだろう。ともかくこの仕事の縁で満喜子と出会い、ヴォーリズは廣岡家のパトロネージを得るのである。

さて、本邸のため、兵庫県武庫郡本山村森に準備された敷地は約三万六〇〇〇坪。その中には本邸用宅地約五〇〇〇坪のほか、二つの池と山林地、畑地を含んでいた。そこに四階建ての本館、付属屋、庭内の温室、貯水池、テニス・コートなどが次々計画されていった。本館は鉄筋コンクリート構造を活用した煉瓦造で、外観の基部は御影石張り、屋根は天然スレート葺きで、二階に居間、食堂、サンルーム、台所、客室など住宅の中心部分、三階は書斎、寝室などプライベートなスペース、四階には個室および物置が設けられていた。玄関から入る一階には、二階に導く階段ホール、ビリヤード・ルームのほか、事務、応接室などが設けられていた。この事務室は「勘定場」と呼ばれた部屋で、ここに一〇人近いスタッフが詰めて、用務のすべてを取り仕切っていたという。

本館の北には和館部が設けられ、大階段ホールの踊場から二階建ての渡り廊下で結ばれていた。和館は本館の工事より遅れて一九一九年（大正八）にヴォーリズ事務所が設計したもので、入母屋の瓦尾根が二棟折り重なり連なる姿は、純洋式に構成された本館に彩りを添えるものであった。

本館の工事は、一九一八年（大正七）一二月に竹中工務店と契約され、二年半の長期に及ぶ工事で竣工した。市街地からかなり隔たった山間に設けられた邸は、本邸でありながら別荘の佇まいで、荒い石積みの外壁と、複雑に連なる屋根の稜線が傾斜地形に優雅に溶けこんでいた。そして延床面積四八八坪に及ぶ内部の諸室は、古典的で格調高いインテリアが凝らされていた。例えば、洋風意匠の要となる暖炉飾りは邸内に一二基あり、各々異なる意匠でデザインされ、ティファニー社のシャンデリアなど米国で求められた夥しい数の家具調度とともに、諸室を個性的に飾っていたのである。

三つの別邸

森の本邸とほとんど同時に東京・麻布材木町の別邸が

東京麻布別邸。1918年

大阪別邸。1920年

東京目黒別邸。1930年

設計に着手され、本邸より早い一九一八年（大正七）に竣工している。規模は本邸に及ばないとはいえ、地階を有する三階建てで、邸内の室構成は本邸に準じるものだった。構造は木造を主体とし、一階壁は煉瓦張りで、上階は大きな切妻に化粧梁を見せるハーフ・ティンバー・スタイルの瀟洒な外観をみせていた。

竣工の翌年の六月三日、ヴォーリズと満喜子は明治学院礼拝堂（一九一五年、ヴォーリズの設計）で結婚式を挙げた後、この邸に移り披露宴を催した。まことに思い出深い作品となったに違いない。

東京別邸が竣工した一九一八年（大正七）、時を移さず第二の別邸となる大阪曽根崎の邸の設計にとりかかった。大阪駅にも近い曽根崎中一丁目一番地に設けられた大阪別邸は、浅子の住宅であるとともに、廣岡家の社交場としての倶楽部施設を意図して計画された。一階には接客を想定した大ぶりの応接室、居間、食堂、台所とオフィスが配置され、二階に浅子のプライベートな居室と客室部などが置かれ、三階には畳敷きの客室三室を設けて、襖を除くと両脇に床の間、棚を備えた二二畳の広間となる設備があった。森の本邸では接客用の和館を別棟で備えていたのに対し、大阪別邸では三階部分を和式として組み入れた興味深い計画が注目される。建築は地階を有する木造三階建てで、全体がH形の平面構成にまとめられたため、南北面は左右対称の威風に富む外観となった。ことに南面は、一階のベランダ、三階の縁側部ともにアーチを連続させてロッジア風にデザインされ、イタリアン・スタイルの格調高い構成となっていた。

大阪別邸は一九二〇年（大正九）に竣工したが、その前年、主となるべき浅子は東京別邸で没していた。そのため、邸は廣岡家一門のクラブハウスとしてしばらく活用されたという。

廣岡恵三の第三の別邸となる東京目黒の住宅は一九二九年（昭和四）に設計され、一九三〇年（昭和五）に竣工した。控え目な色調のスタッコ壁と瓦葺きのスパニッシュ・スタイルで、内部の装飾も控え目に居住性を優先した、いわばヴォーリズの手練《てだ》れた手法とスケールが行き渡っていた。相当規模の住宅だが、他の邸宅のように接客用の特別な設備はない。この住宅で家人は最もくつろいだのではないだろうか。

大丸と旧下村邸

――煌めくアール・デコ

大丸心斎橋店

大丸は、業祖の下村正啓が大文字屋の屋号で京都の伏見京町に出店したのが一七一七年（享保二）、そして一七二六年（享保一一）に大阪の心斎橋に店を構えて以来、大阪の老舗百貨店として知られている。その大丸は明治期の呉服店時代を経て、大正時代には大型店舗を構えて、洋式を探り入れた百貨店へと衣替えしていく。その新店舗の建築依頼を一九一七年（大正六）にヴォーリズ合名会社が受け、翌年に四階建て、総床面積一二〇〇坪を有する百貨店を竣工させた。

ところで、大阪における百貨店建築では、旧紀州街道である大阪の南北幹線の堺筋に沿い、三越高麗橋店（一九一七年）、白木屋大阪支店（一九二一年）、松坂屋日本橋店（一九二三年）があり、少し後発の高島屋は問屋街の長堀橋に店を構えていた。大阪の商業ビジネスの幹線である御堂筋は、梅田から心斎橋を経て難波に至る道路

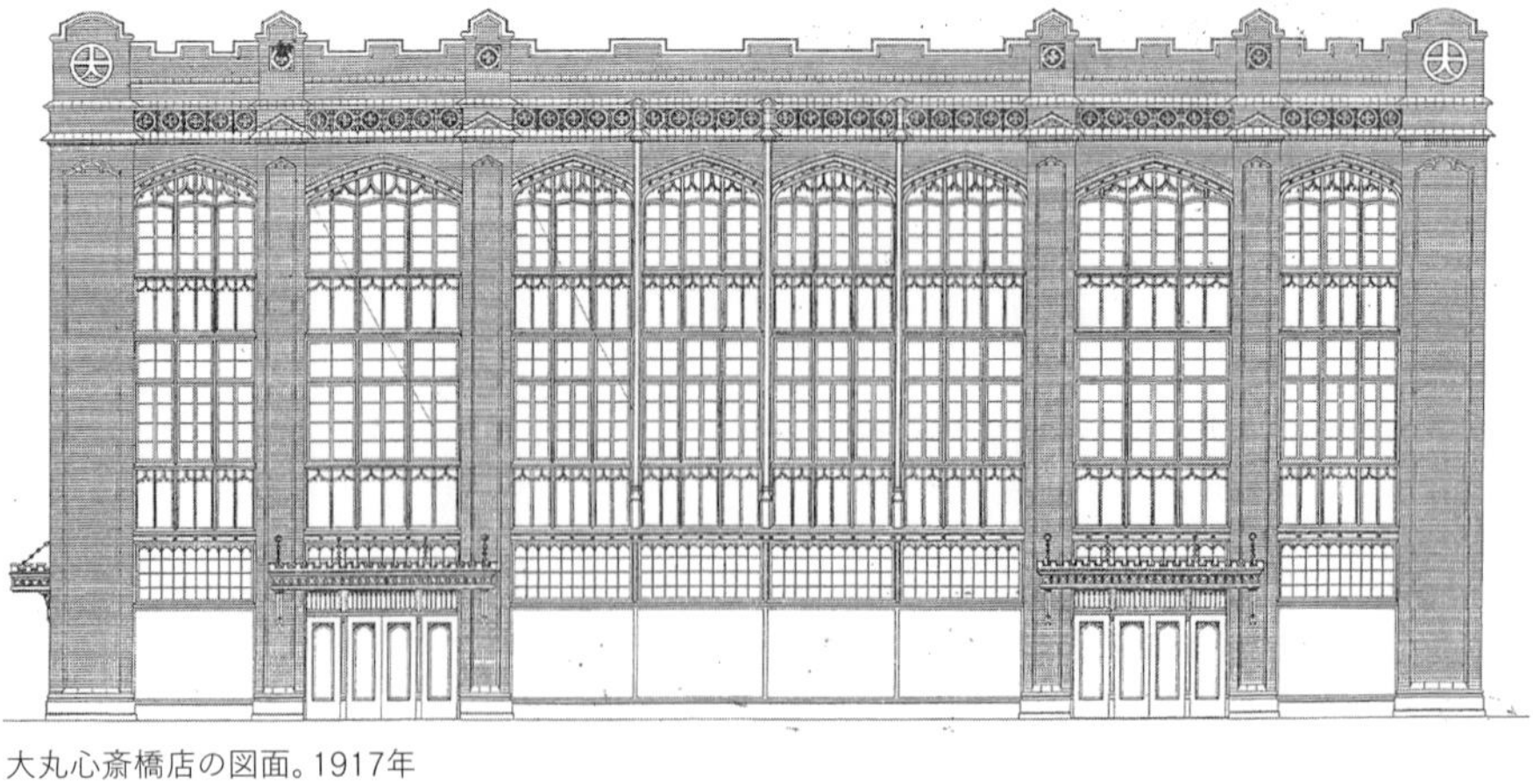

大丸心斎橋店の図面。1917年

心斎橋筋に面した大丸心斎橋店。1925年頃

玄関アーチを飾るテラコッタのピーコック像

であるが、これが開かれたのは昭和初期のこと。つまり、御堂筋の拡張と合わせて建設された地下鉄が梅田～心斎橋間を結び開通したのは、一九三三年（昭和八）のことである。すなわち、大正時代の心斎橋筋は、近世より続く商店筋であったとはいえ、北浜から日本橋に通じる堺筋からは隔たっていた。

その心斎橋筋に、三越に前後して洋式百貨店のさきがけとなったことは、老舗の面目躍如たるところであろうか。そして、やがてはじまる御堂筋の大拡張と、地下鉄開通により、大阪ミナミの中心として、大丸はまたとない立地を得たことになる。

しかしながら、大丸の発展は、必ずしも順調に進んだわけではない。一九一八年（大正七）に世人を驚かせた四階建ての洋風建築は、ゴシック・スタイルで外壁が赤煉瓦、構造主体は鉄骨であるが、内部はおおむね木造によるものだったため、竣工後二年にして、不運にも全館が焼失したのである。しかし、翌年には旧店舗をはるかにしのぐ規模をもつ、耐火耐震の鉄筋コンクリート六階建てとする新館計画が立案された。その工事は一九二二年（大正一一）、一九二五年（大正一四）の二期に分けて着工され、心斎橋筋に面する長大な新店舗が竣工したのである。

その中央玄関上部には大アーチを配し、内部には満天に羽根を広げたピーコックのレリーフが飾られた。それを見上げて店内に入ると、天井の高いグランドフロアのまわりには、メザニンと呼ばれた中二階を回廊のように配し、その中央には六階吹き抜けの大空間が設けられていた。

そして、北から進む御堂筋の拡張整備に備えて、一九二七年（昭和二）より西側ブロックの増築計画が立案され、一九三〇年（昭和五）の第三期増築工事、一九三二年（昭和七）からの第四期増築工事で、御堂筋に面する西側正面が姿を現した。この新館地下二階で、地下鉄心斎橋駅に連絡し、さらに幹線道路の御堂筋に向かって高さ一〇〇尺、地上七階のネオ・ゴシック様式の華やかな百貨店建築を出現させたのである。

この地下鉄開通に前後する時期は、昭和初期のデパート文化隆盛時代であった。難波駅の南海ビルディングには高島屋が一九三〇年（昭和五）に総テラコッタのルネサンス・スタイルの新館を建築し、梅田の阪急ビルが同時代に建築されている。また、大丸の北に隣接する十合《そごう》百貨店は一九三五年（昭和一〇）、モダンなスタイルで開業した。この十合百貨店は、大阪で独立した建築家、村野藤吾の傑作として知られるもので、ガラス・ブロックとモザイク・タイルの壁面に長大なルーバーで外観を構成した建築が、伝統的様式をとる大丸と好対照をなしていた。

大丸心斎橋店の6階までの吹き抜け空間。最上階は大食堂、ガラス天井から光が射す。1925年

大丸心斎橋店。1933年

大丸心斎橋店1階天井

階段

エレベーター

ピーコックの森

大丸の御堂筋側は、いくらか控え目な心斎橋筋側外観に対して、装飾性のウェイトが増している。しかし、グランドフロアと、アティックと呼ばれる最上階を石とテラコッタで明るく仕上げ、中間層を渋いスクラッチ・タイルで重厚に立ち上げる三層構成は東側立面と同じである。表現効果は異なるものの、共通した手法が用いられていることに注目したい。一九二二年（大正一一）以来の数度の増築を重ねながら、大丸ブロック全体の統一性が意図されたものであろう。そして、随所に散りばめられたアール・デコ式の装飾モチーフは、一九二八年（昭和三）の大丸京都店の建築にも一部に用いられたものである。幾何学的図形や装飾的植物模様を重ねるアール・デコの華やかさを伴って、ネオ・ゴシック・スタイルのデザインは、大丸百貨店建築の基本的イメージだったと考えられる。

心斎橋筋側のアーチに納められたピーコックに呼応して、御堂筋側入口上部には止まり木にとまる六羽の大鳥がユーモラスにデザインされている。また店内のステンド・グラスにはフラミンゴが群れ、壁面のブラケットには鷹がレリーフされている。それらの寓意に満ちた装飾は何を物語るのであろうか。ピーコックについて伝えられるエピソードの一つは、ヴォーリズが不死鳥のように蘇るフェニックスを米国のテラコッタ会社に指示したところ、メーカーのアトランティック・テラコッタ社では、貴種で珍重されるピーコックを提案してきたという。結局、その華やいだイメージを新店のシンボルとして活用することになったようだ。こうして、アラベスク風の幾何学模様の森の中に種々の鳥が住みついた。

大丸心斎橋店は一九四五年（昭和二〇）の大阪大空襲で罹災し、五階以上を焼失したにもかかわらず、破損したテラコッタを修復し、また八階増築の計画も当初の外観を損ねないよう控え目に増築され、再生を果たしてきた。

大丸京都店

京都は大丸発祥の地で、一七三六年（天文元）には大丸総本店を東洞院押小路船屋町に構えていた。その後、明治に至って現在地の四条高倉に進出し、鉄骨木造三階建てインド・サラセン式という奇抜な百貨店建築を建てていた。

ところで、大丸心斎橋店が一九二〇年（大正九）に焼失

大丸京都店。1928年

大丸京都店の地階マーケットへの入口

の後、次期新店舗を計画中の一九二一年（大正一〇）に京都店も相次ぎ火災で全焼している。その後の再生計画は早く、焼失後半年にして今日の大丸京都店に発展する鉄筋コンクリート造三階建ての第一期工事が竣工した。その後の増築過程をたどると、一九二六年（大正一五／昭和元）に東館四階建てが竣工し、さらに一九二八年（昭和三）に東西館ともに六階建てとし、四条通りに面する正面は、華やかさで心斎橋店に匹敵するものになった。この一九二八年（昭和三）の全景をとどめるのは当時の記録写真のみであるが、心斎橋店の増築の過程と合わせて、ヴォーリズの百貨店建築の特色を示す貴重な作品であったことがわかる。

京都大丸は戦後ヴォーリズの手を離れ、数度にわたる増改築がなされている。ヴォーリズ建築としての面影は高倉通に面する一部に残されているにすぎないが、地階に降りる脇階段には『ヴォーリズ建築事務所作品集』に紹介された京都大丸の写真の一コマが現存していることに気づく。京都店では今やヴォーリズのデザインは脇役を果たすにすぎないが、そのデザインは一九三三年（昭和八）の心斎橋店の基本的イメージにつながっている。

旧下村邸（大丸ヴィラ）

京都の烏丸丸太町に御所と対面して古色蒼然とした西洋館の大丸ヴィラがある。かつての大丸百貨店社主、下村正太郎の邸宅として一九三二年（昭和七）に建てられた館で、中道軒《ちゅうどうけん》と称されたチューダー様式の建築としてつとに知られている。黒とグレーを取りまぜた天然スレート葺きの屋根と、木骨のハーフ・ティンバーが素朴な妙味を感じさせる一方、中世の城郭を連想させるバトルメント、葡萄模様のあるゆったりとしたチューダー・アーチが伝統様式の風格を示している。加えて、煉瓦積みで高くそびえる五基の煙突は、一つ一つが目を楽しませる意匠で、屋根棟に舞う帆船の風見とともにシルエットを飾っている。英国様式の館に芸術的住まいの夢を託した下村の望みに応えた中道軒は、ヴォーリズ建築の数多い住宅建築の中でも趣味あふれる出色の作品なのである。

先に見てきたように、下村正太郎は百貨店の近代経営研究のため、一九〇八年（明治四一）に欧米視察に出向くなど先取りの意欲あふれる若き経営者であった。その途上、ロンドンで目にしたチューダー時代（一五五〇年頃）の様式で建築された新しいリバティー商会の建物に魅せられて以来、英国伝統様式で自邸を建てることを心に決めていたという。

一九二八年（昭和三）にいよいよ具体化する時を迎え、設計をヴォーリズ建築事務所に依頼した。ヴォーリズと下村正太郎の親交は深く、一九一七年（大正六）の煉瓦造の大丸百貨店の設計以来続いており、心斎橋大丸、京都大丸の建築で並走してきた両者であった。ヴォーリズは下村正太郎が望むチューダー・スタイルの館を目指す。こうした英国伝統様式の邸宅は、カントリー・ハウスの情緒が色濃いもので、二〇世紀はじめのリバイバルの展開として米国でも流行していた。つまり、ヴォーリズにおいては米国を経た英国伝統様式の応用だったのかもしれない。

チューダー・スタイルの建築が生まれたのは、英国にルネサンスと近世が同時にはじまったと言われる一六世紀、大航海時代の幕開けで、シェイクスピアの時代である。その特徴は、外壁のハーフ・ティンバーと呼ばれる木骨と、その間の白壁、時には煉瓦積みの壁が素朴に、あるいは華やかに外観を構成する。そして、重厚な石造のベイ・ウィンドウ（出窓）や頂部には細かな菱格子を入れた飾り窓、さらにチューダー・アーチが織りこまれて、実に多彩な構成要素が混入されるものである。また、最も印象深いものは屋根のシルエットであろう。大小の妻壁と、種々の煙突、なかにはエリザベス朝様式にならった振れ煙突など、それぞれに機能をもつ設備なのだが、それが形式的でない建築の魅力を感じさせるのである。

玄関から入り、ホール、談話室（居間）、食堂と連なる主要部は、チューダー・スタイルを駆使したインテリアで、堂々たる暖炉の構えとハイパネル（板壁）、そのレリーフは、リネン・フォールドと言われる折り布模様がさまざまに凝らされている。加えて、英国エリザベス朝式の漆喰装飾が天井を彩り、階段の振れ柱が吹き抜けのホールに立ち上がっている。そして、夥しい数の調度品が伝統を踏まえたインテリアを構成している。ハイ・バック・チェアやサイドボードなど家具は言うに及ばず、吹き抜け空間を彩るゴブラン織りのタピストリー、トナカイの壁飾り、食堂には綴錦《つづれにしき》九谷の大皿がところを得ている。この趣味の広がりは、一七世紀英国貴族の嗜好を連想させるとともに、下村正太郎が欧米の芸術美術に寄せた並々ならぬ情熱を今に伝えている。

この周到に計画された伝統様式は、ほとんど完璧なもののように見える。しかし、一九三二年（昭和七）に竣工した邸宅を支えているのは鉄筋コンクリート構造で、設備は全室スチーム暖房、温度の自動調節装置、電気その

竣工当時の旧下村正太郎邸（現・大丸ヴィラ）。1932年

居間

玄関ホール

他の機器はすべて米国製で、当時の最新式が備えられていた。そして、室内意匠には、相当にモダンなデザインが大胆に導入されているところもあるのだが、全体に英国の伝統様式を混乱させてはいないようだ。例えば客用寝室は、アダム・スタイルの優雅な漆喰レリーフの天井に、金色の市松模様の壁紙、家具一式は中国風という具合で、室内全体は極めて珍しい好みで構成されているし、客用浴室はさらに大胆なインテリアで目を見張る。床から壁にかけては黒、緑、黄のタイルがグラフィカルな市松模様に張られ、その壁の上部から天井にかけては鮮やかな赤色に仕上げられている。そして、出入りの扉は鏡張りという具合である。限定された部分においては、いわゆる一九三〇年代のアブストラクトで絵画的な造形を展開させ、そこでは意外にモダニストな下村正太郎の好みが映じているようでもある。正太郎の趣味といえば素人の域を脱していた写真で、そのためのスタジオと暗室の設備が三階に設けられていた。この写真スタジオの立派さは、プロの間でも垂涎の的だったという。

あらゆるところに下村正太郎の趣味と嗜好が形をもって実現されていた。この館の竣工の翌年、ドイツからやってきた建築家ブルーノ・タウトが訪れている。タウトは後年「永遠なるもの」として絶賛した桂離宮の見学を目的に京都を訪れたのだが、日本の芸術に深い関心を寄せるタウトのために、助力を尽くしたのが下村だった。タウトは下村の計らいで修学院、京都御所を見学し、京都での数日を過ごした。その宿としたのが御所に向かいあう、他ならぬ下村邸である。この感性に富むタウトの目に、竣工したばかりの下村邸はどのように映じたのだろうか。同年の暮れに著した、日本でのはじめての著作『ニッポン』(一九四七年)の扉では、下村正太郎への満腔の謝辞が記されている。日本の伝統建築の芸術的価値を発見した京都でのタウトの背後に、西洋芸術に造詣の深い下村と、ヴォーリズの建築があったことは興味をおぼえるエピソードと言える。

さまざまなドラマを演じてきた館は、一九六八年(昭和四三)に大丸百貨店の大丸ヴィラとして改装された。そのため、四つの寝室で構成されていた二階に会議室を設け、間取り、内装、浴室などの設備の大半が改修されている。しかし、一階ホールから旧談話室、食堂へと続く中心部分、主屋に接続する付属屋、車庫、鳩舎など、ハーフ・ティンバーのチューダー・スタイルで一体となった邸内の雰囲気は変わっていない。

今日ではもはや実現し得ない、伝統芸術と職人技で満たされた館は、現代の建築とのあまりにも隔たった距離にあるゆえ、そのかけがえのない価値が見直されている。伝統様式の建築の魅力は、あまりに移ろいやすい現代調の建築と異なって、人を悠久の時間へ誘うイリュージョンに似た存在にある。とすれば、やはり、そのドラマの続くことを願わずにはおれないのである。

主婦の友社

——再現された記憶

キリスト教精神を支柱に

一九八〇年（昭和五五）頃のこと、主婦の友社の建築を見ようと思い、一九二五年（大正一四）竣工当時の外観写真で見ていた記憶を頼りにして、お茶の水から神田駿河台に向かって歩きはじめた。ほどなくして主婦の友ビルの前に着き、そのすぐ先に『ヴォーリズ建築事務所作品集』で見ていた旧本社ビルが今も健在であることを認めた。ところが、その隣にあるやや新しい建物を見て驚いた。目指す旧本社ビルと瓜二つと言えるくらいに似ている。ヴォーリズによる旧本社ビルをモデルにして、一九三七年（昭和一二）に新館が建てられたのは知っていたが、どちらがはじめの建物なのか速断しがたく、改めて手元の古い竣工写真と逐一見比べて、ようやく南の棟が旧本社ビルであることを確認したのだった。このヴォーリズ建築探訪でも珍しい経験によって、ルネサンス様式により手堅くデザインされた建築には強い印象を受けたものであった。

主婦の友社。1925年

主婦の友社は、一九一七年（大正六）二月に創刊された雑誌『主婦之友』で知られているが、ほかにお茶の水図書館（現・石川武美記念図書館）や石川文化事業財団など、幅広い婦人文化事業を推進している。そこには創業者石川武美の事業精神が色濃く投影されている。

この主婦の友社の歴史を調べてみようと、お茶の水図書館を訪ねたところ、その奥まった部屋に創業者石川武美夫妻の写真と並べて、海老名弾正《だんじょう》、徳富蘇峰、それにヴォーリズの肖像写真が掛けられているのを目にして、主婦の友社精神を半ば理解したように思った。

石川は、同文館書店に勤めていた一九〇五年（明治三八）頃の修業時代に、弓町本郷協会の海老名弾正牧師の説教を通じてキリスト教に出会い、深い精神的啓示を受けた。またその時期、キリスト者でリベラリストの徳富蘇峰の著作にも接し、氏を敬愛していたという。彼の事業はそうしたキリスト教精神を支柱に展開されていたのである。

三〇歳を迎えた一九一六年（大正五）に独立して、東京家政研究会を設立した。当初の社員は石川ただ一人。しかしながら、彼が最初に自筆出版した『貯金の出来る生活法』（一九一六年）は予想をはるかに超えて売れた。そうして翌年二月に月刊誌『主婦之友』が創刊される。

大正期は一面、庶民文化の高揚期で、当時すでに『婦人画報』『淑女画報』『新家庭』『婦人世界』『婦人界』などの婦人雑誌が刊行されていたが、石川の『主婦之友』は欧米の進歩的な生活思想を機軸にして、さらに生活に密着した内容で、新しい分野を拓いていった。

社が現在の神田駿河台に移転したのは一九二三年（大正一二）六月で、病院だったという木造二階建ての古い洋館を買い取り、明るいピンク色に塗り替えて社屋とした。しかし、三か月後の九月、関東大震災で被災し焼失する。その苛酷な教訓を生かして、新社屋は耐震耐火を第一条件にしてヴォーリズに設計が依頼された。

震災直後でありバラック建築で急場をしのぐ事業主の少なくなかったなかで、「堅実主義」「堅牢主義」を信条としていた石川は、震災の危機を千載一遇の時と見たのである。氏の建築観をうかがわせる言葉が伝えられている。

「なるべく安くて体裁のいい家として建てた住宅に住むことの危険」

「住む家が丈夫でないと、住む人の心がぐらつく」

そして、構想された新社屋は、堅牢、安全、快適な設備に加えて、新たな文化事業の拠点とすべく計画されたもので、一九二四年（大正一三）一〇月に着工され、翌年一一月に竣工した。

当時の建築記録より、各階の主要室を挙げると次のようにさまざまな用途を備えたもので、出版社ビルとしては異色の内容をもつものであった。

地階　カフェー、倉庫。
一階　主婦の友ストアー。
二階　事務室、編集室、図書室。
三階　ホール、講堂。
四階　大食堂、料理講習室。
屋上階　写真室。

それでいて全体をシンプルな矩形にまとめて耐震設計を謳い、同時にファサードを彩る装飾でも人目を引きつけたものである。例えばパラペットを飾るアンテフィックス（軒端飾り）、壁面を帯状に飾るフレット、パテラと呼ばれる円形の飾り、アダム・スタイル（英国ネオ・ルネサンス式装飾）のレリーフ、そして窓まわりの縁飾りなどクラシックなモチーフにあふれている。この新社屋の竣工を記念して「子供洋服展覧会」「写真展覧会」「無線電話展覧会」など五つの展覧会が講堂において次々開催されたという。

本社ビルに続いて、一九二七年（昭和二）に主婦の友社写真館が本社の北隣に建てられた。木造二階建てだが、大きな腰折れ屋根の中に吹き抜けのスタジオを設けた個性ある建物だった。写真師安河内治一郎の腕前も評判で、ことにお見合い写真の人気が高かったという。そして、一九三二年（昭和七）、三越での「大東京百景」写真展の作品もここで生まれた。この木造の写真館時代は一〇年ほどで終わる。

主婦の友社写真館。1927年

事業が拡張され、一九三八年（昭和一三）に新社屋がこの敷地に建てられることになった。その設計、施工はともに大林組によるが、隣の本社ビルとばほぼ同じデザインに仕立てられ、先のヴォーリズ建築が双子のビルのように並び建った。

お茶の水スクエア

主婦の友社のことにいろいろ関心を寄せていた矢先に、一つのニュースが伝わってきた。この建築がまもなく取り壊され、全面的に建て替えられるという。しかしながら、新社屋ビルの建築計画は斯界の偉才、磯崎新氏によるもので、ヴォーリズ建築の形態保存を組み入れた、ユニークな手法による建築の再生が計画されていることを知り、その行方に興味をもっていた。それから二年余りが経って工事が着工され、一度は解体現場に没したと思われた旧社屋ビルが、一九八七年（昭和六二）の暮れに、頭上に一三階建ての高層棟を載せて再現されたのである。

かつての主婦の友社ビルは、建築後六十数年で古びたとはいえ、個性ある建築で、駿河台角のランドマークとして、人々に記憶されていた。その記憶されたイメージに直接働きかける建築デザインは、復元の手法を積極的に応用したものとして話題となった。背後に建つキュービックで艶やかな高層棟と、マッシブで滋味ある復元部との鮮やかな対比でもって、お茶の水スクエアが出現したのである。それは、外面的な建築デザインの手法ということだけではなく、建築のうちに継承される文化の問題として注目されることと思う。

なお、お茶の水スクエアは、二〇〇二年に日本大学に引き継がれ、理工学部駿河台キャンパスとなり、復元された建物は図書館などに使われている。

ユートピア的共同社会の試み

創業者石川武美の精神をとどめるヴォーリズ建築がもう一つあった。駿河台二丁目の高台に一九二七年（昭和二）、石川邸として建てられた住宅で、石川文化事業財団のオフィスとして使われていた。用途は変わっても、門構え、邸内の様子など往時をよくとどめ、ヴォーリズ住宅の名品の一つであった。一九八四年（昭和五九）春に、ここで育った石川恵美子氏に面談し、興味深いお話を拝聴することができた。

「娘時代の記憶では、個人の住宅といっても、家族の団らんなどしているゆとりはありません。常に社の人たちが大勢出入りしていて、まるで学校のようでした」

玄関ホール、食堂なども広く立派で、一、二階にある客用トイレの異例な広さに驚かされたが、それらは私的な贅沢のためではなく、社交と教育の場として考えられた設備であったようだ。そして、かなりの広さの庭内にはバラ園、菜園がつくられていたという。美しいバラ園は、社のイメージづくりに一役買ったようだが、野菜づくりは、やがて本格的な農園経営へと進んでいく。

その試みとして、一九三七年（昭和一二）に三鷹農園が開かれた。武蔵野丘陵の原野、十町歩の土地に、白樺の並木、竹林、耕作地、それに三棟の建物とプールが設けられた。なかでも茅葺きの二棟の田舎屋風の建物は、北欧の民家を思わせるユニークなものだったが、その設計者は知られていない。続く一九四一年（昭和一六）には静岡県の清水市に清水農園を開いている。農園では石川自らが農事に励み、収穫された新鮮な野菜を社員とともに食するのを喜びとしたという。こうした農園経営は石川のロマンティシズムの現れか、それともユートピア的共同社会の試みとも考えられるだろう。

石川による主婦の友社は、一出版事業を超えたキリスト者の営為であったとすると、ヴォーリズにおける近江兄弟社に近い理念があったのだろう。そういう共通の思いが石川とヴォーリズの絆であったはずだ。ヴォーリズがオルガンを弾いて自由な時を過ごしたように、石川も晩年は歌を詠んで清水農園での晴耕雨読の日々を送った。

ヴォーリズ住宅の特徴ある立派な暖炉、それに石川の愛用した文房四宝を据えた記念館の居間で一時を過ごし、清水農園から送られてくるという蜂蜜シロップを溶かしたジュースをいただいた記憶がある。

旧石川武美邸。1927年

三鷹農園の建物

百三十三銀行　寺庄銀行　ナショナル・シティ銀行

――クラシック・モダンの銀行

都市の近代化とともに、堅牢さと伝統の重みを第一とする銀行は、金融機関の権威と信頼感を建築的壮大さをもって示すため、ギリシア・ローマの古典的な神殿建築を規範としたクラシック・スタイルの近代建築を求めて建てている。それは、重厚な石造の壁面を、列柱と装飾的な水平帯によって美しく構成し、そして開口部には半円アーチか、あるいはペディメントと呼ばれる三角形の屋根形装飾を付して入念にデザインされるものである。そうしたモチーフを自在に応用し、クラシック・スタイルの建築は安定した秩序感とともに端正な美しさを表す。そのような建築が銀行のステイタスを表すものとして、都市の景観に位置づけられてきた。都市を舞台に活躍した建築家においては、銀行建築こそ力量の見せどころであり、著名な建築家の代表作品として銀行建築が挙げられることも少なくない。

ところで、ミッション建築や住宅を中心に取り組んできたヴォーリズには、官公庁舎の建築や、銀行、オフィスビルなどの都市建築作品は、大同生命ビルと大丸百貨店を例外として、他はまことに少ない。その希少な部類の中に、次に記した六つの小さな銀行建築がある。

百三十三銀行堅田支店　一九二二年（大正一一）
百三十三銀行今津支店　一九二三年（大正一二）
寺庄銀行　一九二五年（大正一四）
ナショナル・シティ銀行大阪支店　一九二八年（昭和三）
ナショナル・シティ銀行神戸支店　一九二九年（昭和四）
ナショナル・シティ銀行東京支店　一九二九年（昭和四）

百三十三銀行、寺庄銀行はともに滋賀県下に設立された地方銀行で、ナショナル・シティ銀行はニューヨークを基盤とする米国屈指の銀行だが、当時わが国では際立った存在ではなかったようだ。つまり、ヴォーリズはクラシック・スタイルを規範とした銀行建築に関しては、マイナーな類の小さな建物を残したにとどまったのであり、むしろそのことが、近江八幡を拠点とした建築事務所というあり方を示していると言えよう。

百三十三銀行と寺庄銀行

百三十三銀行は一八七九年（明治一二）、当初は第百三十三国立銀行として彦根に開設されたもので、大正年間には大津、草津など滋賀県下に九支店を設けており、ヴォーリズが設計することになる今津支店（現・今津ヴォーリズ資料館）、堅田支店もそれらの一つであった。一方、寺庄銀行は一八九七年（明治三〇）、滋賀県甲賀郡寺庄村に設立されたもので、一九二八年（昭和三）に、県下に支店網を広げていた百三十三銀行に合併されている。その後、百三十三銀行は一九三三年（昭和八）に八幡銀行と合併し、現在の滋賀銀行へと続いている。

湖西の町である堅田、今津へは、近江八幡の湖岸より

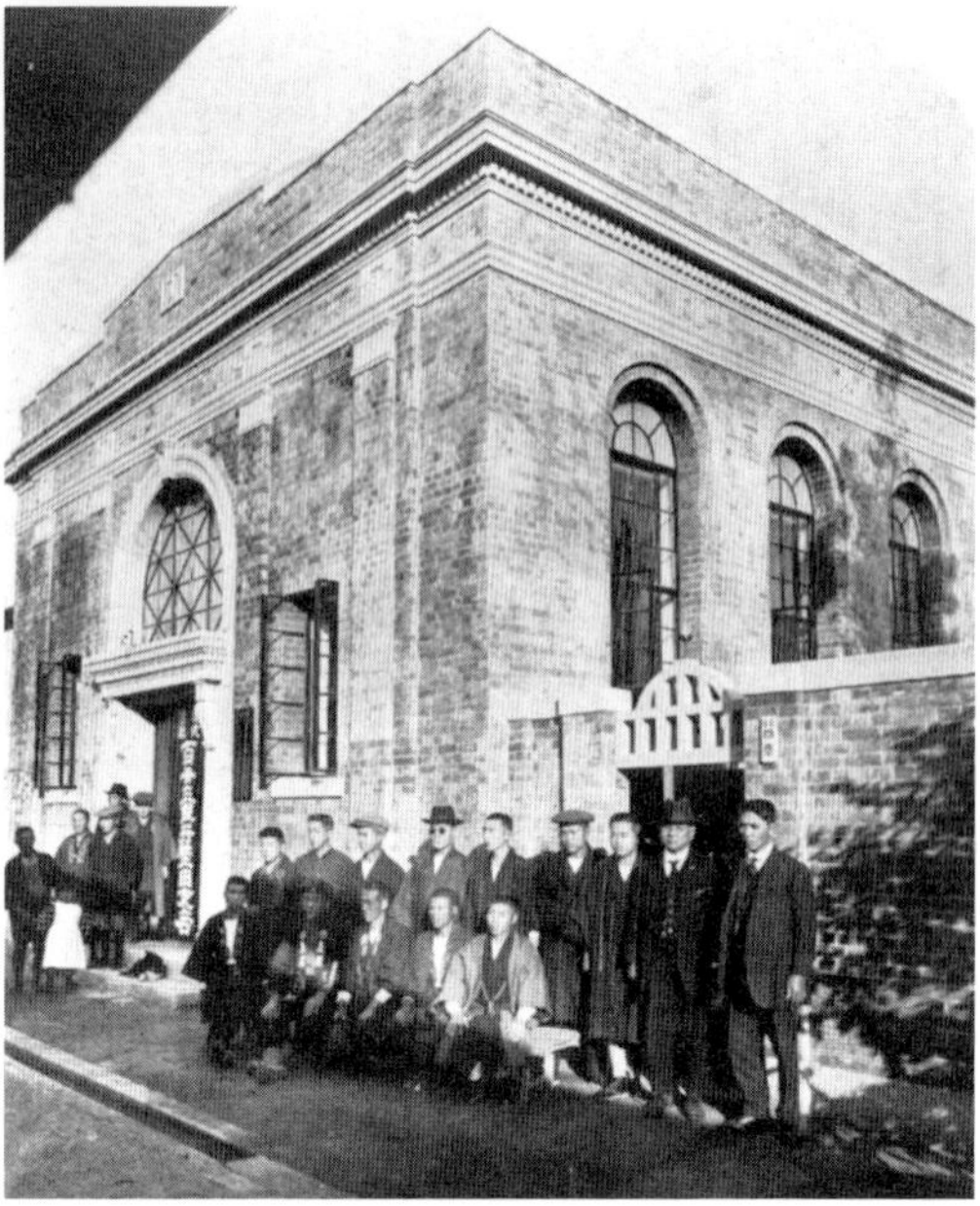
百三十三銀行堅田支店。1922年

動力船ガリラヤ丸によって一足で往き来できた。ヴォーリズは湖畔伝道としてそれらの町々に赴き、各地に近江ミッション支部の活動を起こし、同時にヴォーリズの建築を湖畔の町々に建てていく。

近江の町はそれぞれに歴史をもち、概して保守的な気風が強いところである。ヴォーリズの伝道で若者を引きこんだYMCA活動の伸展も奇跡のように語られるが、古い伝統の町に姿を現したモダンな建築は、想像以上に際立ったはずである。YMCA会館などキリスト教施設の

寺庄銀行。1925年

建物は、その特異な働きで注目されるものだが、町の建築として意識されることは多くないかもしれない。しかし、銀行建築、それに後で述べる郵便局の建物は、生活に関わることで町の建築を代表するものと言える。

一九二二年（大正一一）、百三十三銀行堅田支店の計画のために描かれたスケッチがある。通りの町並みにすっぽりおさまる間口五間ほどの銀行である。両隣にはもちろん和風の商家が並んでいる。しかし、点景に添えられた洋装の紳士、婦人たちの雰囲気からはずいぶんハイカラな町がイメージされる。まだ古風な空気の残る田舎町では、少々とりすました銀行建築が、鮮やかなモダンな建築として浮かび上がっていたのである。

相次いで建った百三十三銀行の堅田支店、今津支店、そして寺庄銀行のデザインを比べてみると、年代が新しいほどデザインは洗練されていくが、中央の玄関上部に半円アーチの大きな高窓を置き、両脇にシンボリックな飾り柱をつけ、その柱上にエンタブラチュア（軒飾り）をめぐらす構成は共通している。そして個別の特色は、オーダー（柱の様式）の違いにより生み出されている。今津支店の建築にはドリス式柱のつくりだす静的な安定感がある。その一方で、渦巻き型の柱頭と溝彫りされた細身の柱が特色のイオニア式オーダーをもつ寺庄銀行は、繊細な優美さをもつものである。これら愛すべき小さなスタイルのモダンな建築は、それぞれの町の風景となって今日に至っている。

ナショナル・シティ銀行

ナショナル・シティ銀行は、一八二一年、米国が当時一八州からなるザ・ユニオンと呼ばれていた頃に創設された歴史をもつ、ニューヨーク屈指の銀行である。

早くから海外に業務を広げていたことでも知られており、日本には一九〇二年（明治三五）に横浜、神戸に支店を開いて米国系銀行のさきがけとなっていた。その後、一九二三年（大正一二）に東京支店、一九二五年（大正一四）に大阪支店を設け、わが国の経済活動と連携して発展したという。ヴォーリズはそういう時期に続いて一九二七年（昭和二）から大阪、神戸の支店建築を設計し、一九二八年（昭和三）、一九二九年（昭和四）に相次いで竣工させた。ともに鉄筋コンクリート造三階建てで、石張りの重厚な外壁、二層吹き抜け天井の営業室空間をもち、小ぶりながら典型的な銀行建築スタイルをとっている。

両者の正面デザインを比較してみると、ともに柱間五間で共通し、その中央に玄関を設け、左右対称のクラシカルな構成をとっている。特に神戸支店（現・旧居留地38番館）ではイオニア式円柱の付け柱、玄関上部にペディメントを配するオーソドックスな古典様式でデザインされている。それに対して大阪支店では、より平滑に扱われた壁面と、中央部に集められた開口部のコントラスト鮮やかな表現が印象深いものである。

ところでナショナル・シティ銀行に関連して、昭和初期にスパニッシュ・スタイルによる社宅群がつくられている。前章の中で述べたように、それらの中で大阪支店の住宅として西宮に建てられた四棟の住宅（一九二九年）、そして神戸支店の住宅として建てられた二棟の住宅（一九三〇年）は、阪神間住宅地域に雰囲気として定着していくスパニッシュ・スタイルのモデル住宅のように作用したものだった。また、ヴォーリズの住宅デザインの中に、スパニッシュがその後の主要な部分をなしていく契機となった作品群としても知られている。

この大阪、神戸におけるナショナル・シティ銀行の社宅群が典型的なスパニッシュであるのに対し、やや趣の異なるのが東京支店長住宅である。

ヴォーリズの銀行建築として東京支店も数えられているが、既存のビルの改築によったものらしく、内容を伝える資料は多くない。それに対して、東京支店住宅（一

ナショナル・シティ銀行大阪支店。1928年

ナショナル・シティ銀行神戸支店。1929年

神戸支店内部

東京支店住宅。1931年

九三一年）は、すでに現存しないものの、『ヴォーリズ建築事務所作品集』の中に大きく紙面を割いて紹介されている。先の大阪、神戸の社宅と比べると、一段と規模が大きく、クラシカルな意匠が織りこまれている。

正面はクラシカルなディテールでデザインされたアーチ形の門を構え、その頂部をバラスタレイドと呼ばれる手摺子飾り、背後にのぞく母屋の屋根にはペディメントを配している。玄関ホールには二本のイオニア式の独立柱が格調高い雰囲気で満たし、ヴォーリズの住宅としては異例の手法が用いられていた。しかしながら、スペイン瓦の屋根、スタッコの外壁、外観に変化を与える煙突の扱いなど、基調はやはりスパニッシュ・スタイルとみられ、それに古典的な意匠を導入して格調の高い表現を試みたものと考えられる。

ナショナル・シティ銀行は一九三九年（昭和一四）、戦争の勃発で日本での業務を一時期閉じた。ようやくなじみつつあった住宅から、社員の家族も慌ただしく退去したという。そして戦後、銀行業務は再開されたが、かつての住宅に、元の暮らしが戻ることはなかった。

様式建築の中でデザインの自由さが特徴と言えるスパニッシュは、先のミッション・スタイルと比較すると、より特色が見えてくる。左右の対称性の有無、単純な半円アーチが主なデザイン要素であるミッション式に対して、スパニッシュの外観デザインは多様で饒舌だ。ミッション・スタイルがカリフォルニア・ミッションの教会堂を原型にした一つの規範を有していたのに対して、スパニッシュはスペインの歴史様式、さらにプエブロ式などカリフォルニアのローカルな手法が混入されることもあるという。

ミッション・スタイルとスパニッシュ・スタイルの典型をシティバンクの社宅建築に見るのだが、ヴォーリズによる数多いスパニッシュはこの両スタイルの間にあり、適度な変化と統一感を表している。

山の上ホテル

――ジグザグの塔

東京・駿河台の高台に、「文化人のホテル」として知られる山の上ホテルがある。御茶ノ水駅からほど近く、人通りの絶えない表通りからホテルに向かってマロニエ並木の小径を入ると、都会の中のエアポケットのように静かな広場があり、ホテルの玄関が待ち受けている。

本館はクリーム色の穏やかな色調のタイル張り、六階建ての建築だが、上部が階段状に逓減しているため、その規模から受ける威圧感はなく、それでいてモニュメンタルな印象を与えるものである。特に最上部の特徴的なデザインは鉱物の結晶体を思わせるもので、御影石による玄関構成と呼応して、この建築にモダンなネオ・ゴシック式、あるいはアール・デコ・スタイルの雰囲気を醸しだしている。

ジグザグ式のファサードは、山の上ホテルのシンボルとして親しまれているものだが、この建築はかつて佐藤新興生活館として一九三五年（昭和一〇）に設計され、一九三七年（昭和一二）に竣工したものである。この新興生活館を拠点に、一種の社会改善運動を目指した佐藤慶太郎のことと新興生活運動について、少し触れてみる。

一八六八年（明治元）、北九州遠賀川のほとりに生まれた慶太郎は、明治法律学校（現・明治大学）を卒業後、郷里に帰り石炭商として歩みはじめた。慶太郎は持ち前の勤勉さと行動力で成功し、佐藤商店は炭鉱地帯における有数の事業主となっていった。そして佐藤慶太郎は、一代にして築いた財を二つの文化・社会事業に費やしたことで、世にその名をとどめたのである。

その一つは、一九二一年（大正一〇）に東京府美術館の建設資金百万円を府に寄付したことだ。美術館建築計画

山の上ホテル（旧佐藤新興生活館）。1937年

は関東大震災で数年遅れるが、上野公園に四〇〇〇坪の敷地が充てられ、早稲田大学建築科の岡田信一郎の設計によるネオ・クラシック・スタイルの東京府美術館は一九二六年（大正一五／昭和元）に開館した。今日の上野の東京都美術館の前身となるものである。

慶太郎は、その後も郷里若松の公共施設や医療施設に寄付を続けていたが、一九三五年（昭和一〇）に日本生活協会を設立して、ユニークな社会事業を立ち上げた。協会設立と事業は、岸田軒造、山下信義ら社会教育、社会運動家らと共同してはじめられたもので、佐藤らは新興生活宣言を発して、母体となる新興生活館の建設にとりかかった。「宣言」によると、健康のための生活改善と、それによる社会改良を目指すもので、自己中心、営利主義を廃して、神中心、奉仕第一主義の霊的生活に更生するという。その基本精神によって、生活の科学化、道徳化、芸術化、宗教化を図り、進んでこれを組織して共同化し、社会化して、社会改善の実を挙げようとするものだという。

こうして、佐藤新興生活館は機関誌『新興生活』を発行し、会館建築は一九三六年（昭和一一）五月に着工され、翌年一〇月に竣工した。会館には財団本部とともに生活参考資料室、栄養食堂、講堂、集会室、研究室、寄宿舎、広間などが設けられ、各種の企画事業が進められた。その意図はまことにユニークな文化福祉事業だったが、新興生活館の円滑な活動は長く続かなかったようだ。一九四一年（昭和一六）に慶太郎が没し、時局は戦争に向かう。終戦とともに会館は接収され、生活協会は三鷹に移った。

会館は接収解除の後、山の上ホテルに貸与され、新たな道を歩みはじめた。特に一九八〇年（昭和五五）には内部が全面的に改修され、ホテルとしての設備を充実させたが、クラシック・モダンと言われる外観はよく保存されている。山の上ホテルの建築は、佐藤慶太郎のユニークな事業精神を建築の内に秘めたヴォーリズ建築であった。

東華菜館
——装飾のごちそう

京都・四条大橋のたもとにあるスパニッシュの西洋館、東華菜館の建築は、京都に親しむ人たちによく知られた個性派建築の一つである。また、この異色の中華料理店の建築が、かつては西洋料理店の矢尾政であり、鴨川に床を張り出して、東山を遠望する京都有数のビア・レストランであったことも、京都人の間では戦前の京都名所の一つとして記憶されているだろう。

もとはビア・ホール

矢尾政の初代店主、浅井安次郎がこの地に店を構えたのは、一八八七年（明治二〇）頃、木造三階建てのいわゆる京風料理店で、看板料理は広島から仕入れたカキ料理だった。矢尾政は明治の中頃から京都でさきがけとなったビア・ホールを併設し、西洋料理店へと変貌していく。一八九五年（明治二八）、平安神宮と岡崎公園を今日に残した第四回内国勧業博覧会が契機となり、京都市民にビールが普及していったと言われ、この頃からビア・ホール・ブームもはじまる。矢尾政も和風店舗に加えて洋館を建て増して、新奇を目指した。もちろんビールは大人向けだったが、子供向けにはアイスクリームや、ソーダ・ファウンテンなる清涼飲料が用意されていたのも、当時の時代を思わせ興味深い。

一九二四年（大正一三）に至り、二代目浅井安次郎は新しいビア・レストランの店舗を目指して、その設計をヴォーリズに依頼した。ところが、ヴォーリズは禁酒禁煙を信条とするクリスチャンである。ヴォーリズにはビールを出すとは知らされず、終始レストラン建築で通した

明治期のビア・ホール時代の矢尾政

という笑えぬエピソードも伝えられている。

建坪八二坪、五階建ての新店舗は、大林組により一九二五年（大正一四）一二月に着工し、翌年一二月に竣工した。京都の目抜き通りといえども、いまだ軒を低くした町屋店舗が続く中で、この華やかな建築がいかに衆目を集めたかが想像できるだろう。

鴨川越しに望むと、何やら意味ありげなモザイク・タイル張りのドームをもつ塔が目に入る。中には高架水槽とエレベーター機械が納まっており、一般的には控え目にデザインされる部分なのだが、逆手にとってこの建物のシンボルとしてデザインされているのである。ドームから目を移すと、最上階五階は外壁面を後退させ、屋上デッキを設けることによって建築上部を階段状に見せている。その階下の四階には最も華やかなバンケット・ホール（大宴会室）が設けられ、その外壁のレリーフ・テラコッタのピラスター（付け柱）が目を引く。

装飾のごちそう

橋を渡って東華菜館の前に立つ。しばらく建物を眺めてみる。玄関とその上部を飾るテラコッタの意匠は必見のところである。スパニッシュの中でもこのような劇的な装飾性を見せる様式は、チュリゲレスク（スペイン・バロック）と呼ばれるもので、装飾図柄の過剰な集積が特色である。さらにここの具象的な図柄は、ことごとく食べ物尽くしという変わり種なのである。ライオンならぬ羊のマスクを頂上に、ホタテ貝や巻貝、魚、野菜の類、タコのユーモラスなレリーフもある。

館内のデザインも外観に劣らない密度があり、しかも外観からイメージされるスパニッシュ・スタイルに加えて多彩なもので、幾何学模様を重ねたチャイニーズ式や、梁を支持するブラケットの曲線のネオ・ルネサンス式などが混入された、折衷式のインテリアである。部屋に備

矢尾政（現・東華菜館）。1927年

えられた種々のクラシックな家具も、それぞれにチャイニーズ調のユニークで立派なものだった。

家具については幸いヴォーリズのスタッフによるオリジナル・スケッチが残されており、それをもとにして日本楽器で製作された。これらの家具は、洋家具史の資料としても貴重なものだろう。どうやらヴォーリズは、京の老舗の西洋料理店のイメージとして、東洋風を折衷しようとしたようだ。

竣工時の各階の構成を見ると、一階はホールおよびカフェテリアとし、それに鴨川の河原に張り出す桟敷席が建築と一体化して設けられていた。二、三階には数室の小部屋が設けられたが、同じインテリアは二つとないという凝りようだ。それに、階段ホールに続いて喫煙室が設けられているあたり、愛煙家にもマナーを要求していたものと思われる。四階はバンケット・ホールで、一階とともに最もインテリアに力が注がれたところで、東山を仰ぐ眺望を生かすため、装飾的なガラスの欄間を組み入れた開口部が大きく設けられた。この窓から見ると、鴨川を挟んで南座の大屋根と、祇園の弥栄会館の高屋根が指呼の間にある。ここに京都ならではの景観があった。

テラコッタで飾られた玄関

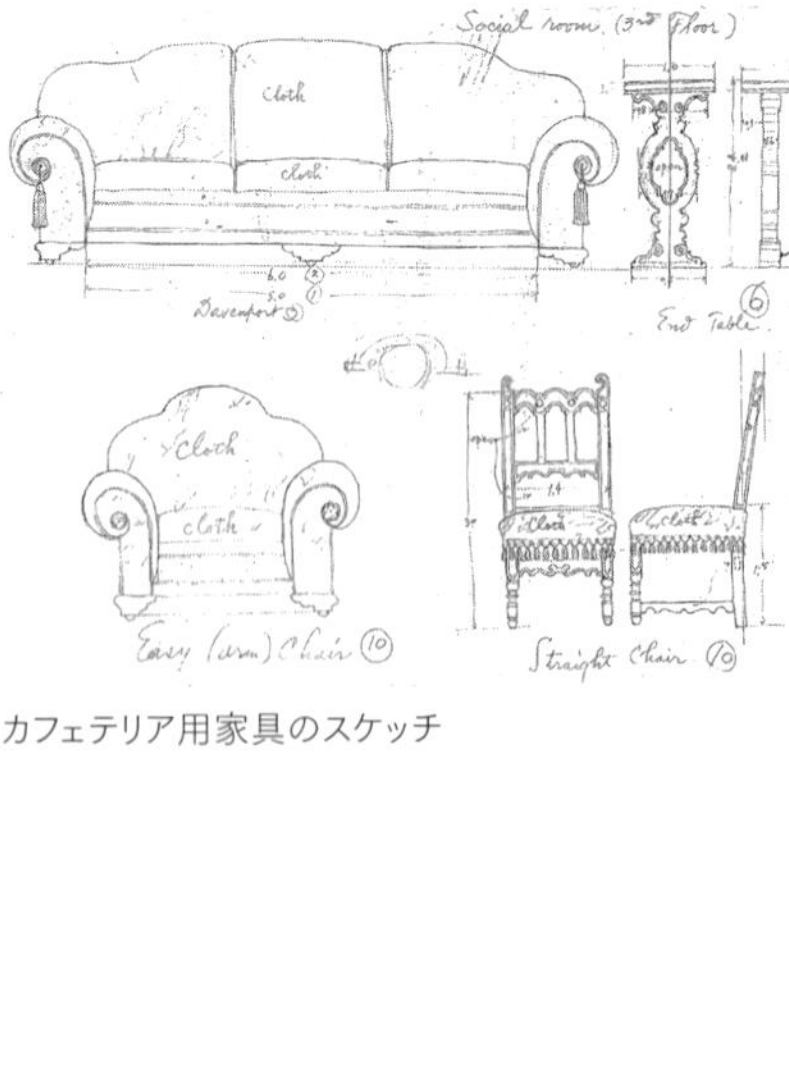

カフェテリア用家具のスケッチ

中華料理店として復活

戦時色が深まる中、洋風レストランの存続は許されず、戦時中は食料倉庫として役目を果たして終戦を迎えた。その時期に店主浅井安次郎は建物の接収を回避するため、中国人の朋友、于永善に建物を託した。それ以来、中華料理店東華菜館としての歩みをはじめることになる。

戦中に照明器具など装飾金物の大半が撤去されていたのを、チャイニーズ・デザインの照明器具、調度品で補充し、いよいよ東洋風、西洋風が混然としたインテリアが生み出された。一九八五年（昭和六〇）には内外ともに全面的な補修工事がなされ、半世紀以上の汚れを落とし、竣工時の華やかさを回復させている。やはり、四条大橋西詰めのランドマークは瑞々しくありたい。街に活力を与えるものであるのだから。

五月の初旬のある日、この稿をまとめようと東華菜館を訪ね、于店主のお話を拝聴した。矢尾政時代に話題が移ると、紹介されたのが浅井安次郎の嫡男安雄氏で、于氏とは先代より続く朋友とうかがった。矢尾政から東華菜館へと、建築のみならず創業者の精神も受け継がれている。

1階カフェテリア

旧八幡郵便局と旧今津郵便局

——湖畔の町の郵便局

湖畔の町において、銀行建築と対をなすように建てられたもう一つのモダン建築に郵便局がある。列記すると、

醒井郵便局（坂田郡）一九一五年（大正四）、
　改築一九三四年（昭和九）
八幡郵便局（蒲生郡）一九二一年（大正一〇）
今津郵便局（高島郡）一九三四年（昭和九）
海津郵便局（高島郡）一九三四年（昭和九）
朽木郵便局（高島郡）一九三六年（昭和一一）
大浦郵便局（伊香郡）一九三六年（昭和一一）

ともに建築的には和洋折衷式で、簡素な建物ではあるが、創意を凝らした自由な表現が見られる。町なかの建築として、こういう素朴な洋風建築が、人々の興味を誘ったのかもしれない。

旧八幡郵便局

近江八幡市仲屋町中《すわいちょうなか》、中央商店街の通りに建つ一棟のヴォーリズの建築がある。クリーム色の荒壁（セメント・スタッコ掃き付け壁）の二階建て、日本瓦葺き寄棟屋根という和洋折衷の建物である。しかしながら、正面玄関まわりが早くに改築され、原形を失っていたのだが、屋根に突き出た妻壁の〒マークのレリーフなど部分的に残る装飾に特色があり、記憶に残るものであった。

郵便局が一九六一年（昭和三六）四月に宇津呂町の新局舎に移転した後、一時期空き家となり、その後、正面玄関は改築され別の用途に使われて久しく、その歴史も埋もれつつあった。そうした一九九四年初夏の頃のこと、この空き家となっていたヴォーリズ建築の存続を危惧する声が、地元の商店主らより挙がっていることに刺激され、筆者も歴史を調べるべく、初代郵便局長小西梅三のご子息小西眞氏のお宅を訪ねた。しかし、容易に大正時代の郵便局についての伝承を求めることはできず、かつて郵便局に勤務された元青年局員の高橋丑五郎氏を紹介いただいた。

そうした聞き取り取材によって、ようやく現役時代の八幡郵便局のことが明らかとなってきた。史料によると、八幡郵便局が現在の仲屋町中八番地に移転したのは一八九四年（明治二七）のことで、一九〇九年（明治四二）に素封家小西家によって新しい局舎が建てられ、特定郵便局

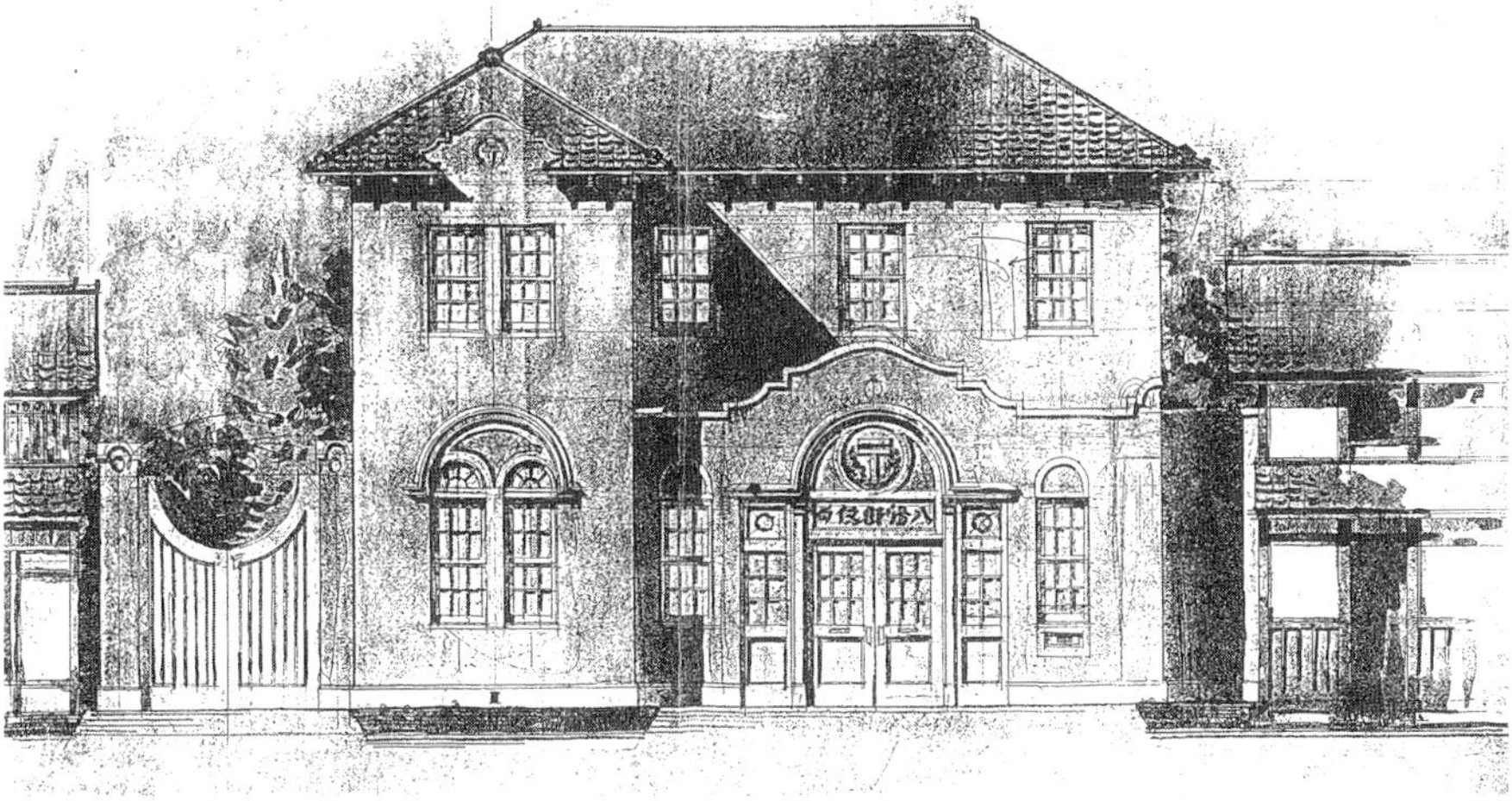

旧八幡郵便局正面図。1921年

として業務がはじまっている。そして、一九二一年（大正一〇）四月にヴォーリズによって正面部分の間口六間、奥行四間の改築設計がなされ、モダンな局舎に建て替えられたのである。

幸いにもその設計図面が残されており、建築の概要がわかるとともに、新たな写真も発見されて、往時の姿がおおむね解明された。つまり、この建物は先にあった町屋建ての正面部分を洋風に改築したもので、その背後に当初の日本家屋をとどめており、和洋が接合した建築となっている。

その建築の特色の第一は、時代を表す外壁と、ユニークな曲線アーチの妻壁の意匠にある。このデザインは、スパニッシュ・ミッション様式に由来するもので、後にヴォーリズがしばしば活用するスパニッシュ・デザインの初出と言えるものなのである。そして、瓦屋根の軒裏に見る刳形付きの垂木の扱いは、早くに消失した近江兄弟社社屋（一九一一年）にあったもので、ヴォーリズ初期における珍しい表現を伝えている。総じて、スパニッシュと和風の町屋造を折衷したもので、個性があり、かつ町並みに違和感なく溶けこんだ建築は、近江八幡で活動したヴォーリズが町の建築として建てたものとして注目されるだろう。こうした郵便局の建築は、後述する今津、醒井、海津、大浦など近江の町々にあり、ヴォーリズの建築活動を伝えているが、なかでも八幡郵便局舎は歴史的な特色をもつ建築と言える。

当時、ここでは郵便取り扱い業務のほか、為替、電信、電話、電報、それに関連する業務などが行われ、二〇名ほどの局員が朝は六時半から働いていたという。二階は主に電話の交換室で、若き女性局員が忙しく働く活気あふれるところであり、ここはまさに八幡の情報センターの役目を果たしていたことが想像される。そして、当時の写真に見る、局長の堂々とした威風に満ちた姿が印象深い。

旧八幡郵便局、玄関部は2004年の復元

一九〇九年（明治四二）の開設当時、小西梅三は八幡商業学校を卒業した二年後で、当時二〇歳とうかがったが、それならまさに学生時代にヴォーリズ先生から英語を学んだ生徒の一人であったはずだ。そのことを吉田希夫氏に尋ねたところ、やはりヴォーリズとともに近江ミッションを立ち上げた吉田悦蔵氏と同期生とのこと。しかし、悦蔵がキリスト派であったのに対し、小西青年は仏教派で、YMCAに対し、YMBA活動で対抗したという八幡時代のエピソードをうかがった。それから一四年後、学生時代のライバルは、当地において実にモダンなヴォーリズ建築を得て、小西局長の八幡郵便局は活動をはじめたのである。

＊

一九九四年は近江八幡市の市制四〇周年にあたり、おりしもヴォーリズ没後三〇年を迎えた年で、近江八幡市名誉市民の一柳米来留・ヴォーリズを顕彰するシンポジウム「兄弟をつくり都市をつくる」、そして展覧会が開催された。このイベントのポスターに八幡郵便局の図が用いられ注目を集めた。このヴォーリズ展は回を重ね、そこから有志によって旧郵便局建築の保存活動（清掃と修理）がはじまり、一九九七年に「一粒の会」が生まれ、その拠点としての「旧八幡郵便局」が広く知られることとなった。

旧醒井郵便局

　米原駅よりJRで東へ一つで醒ケ井駅に着く。旧中山道に沿う宿場町で、「居醒《いさめ》の泉《いずみ》」から湧き出る清流で知られる米原市醒井《さめがい》。その駅前と旧中山道を結び、商店の続く大正通の道筋に、赤い筒型のポストが立つ旧郵便局の建物がある。二〇〇〇年に再生整備され、今は「登録有形文化財旧醒井郵便局舎米原市醒井宿資料館」として活用されている。長い名前の資料館だが、こぢんまりとした町の歴史ガイド館という佇まいであり、この町並みによく溶けこんでいる。

　東海道線が通じ、醒ケ井駅が設けられたのが一九〇〇年（明治三三）のこと。その翌年に、当地で薬種業を営む山岸家によって、店の一角で郵便事業がはじめられていた。その後、現地に新しい局舎を建てることになり、ヴォーリズ合名会社に設計を依頼したものとみられている。

　この建物については、以前より一九三四年（昭和九）のヴォーリズの建築であるように言われていたが、一方で一九一五年（大正四）に作成されていたヴォーリズの建築図面があり、その内容との違いなど、疑問の多い建築であった。

　最初に筆者が訪ねた頃は、特色ある歴史的建物であったが、一九七三年（昭和四八）に郵便業務は終えていて、所有者住宅の一部として使われていた。やがて旧郵便局として注目され、一九九八年に登録有形文化財となったことで改めて関心を呼び、翌年に米原町（現・米原市）の「醒井の里づくり事業」の一つとしてその再生計画が位置づけられたのだった。そうしてこの建物が着目され、その調査と整備計画が進められた。町の担当チームと調査にあたった修復建築家林廣伸氏の働きにより、珍しい写真の発見などがあり、ようやく履歴が明らかとなってきた。

　写真に見る瓦葺き寄棟屋根で、外壁下見板張りの一見古風な洋館、これが、ヴォーリズの設計案をもとにして一九一五年（大正四）一一月に建てられたものであった。屋根の形状が異なるものの、出入口や窓の配置から設計図面との関連がわかる。それが、一九三四年（昭和九）に正面外観など、かなりの改造を経て現在に伝えられていることが明らかになったのである。つまり、外壁まわりの柱など主要な部材、瓦葺き寄棟屋根、そして今も北面に残る下見板張りの外壁など、一九一五年（大正四）創建時の部材が多く残っていることが確認されている。その後、一九二二年（大正一一）には東北部に瓦葺き入母屋屋根の居宅が増築されている。その日本家屋は、大工棟梁西村嘉三郎の建築であることが棟札の記録で知られているが、洋館との関係は明らかではない。

　昭和時代に入り、郵便、保険、電信電話、為替と業務も拡大したことと、東北に接して建てられていた居宅とのつながりを改善するため、一九三四年（昭和九）に大改築が行われたようだ。その主な改築内容は、玄関客溜まりを正面中央に設けたこと、南東に局長室を設けたこと、中央の奥にあった階段室を北東隅に移して、居宅の座敷と続けたこと、そして総二階建てとしたことで、階上に余裕が生まれ、外観は擬石洗い出し仕上げの外壁と、アカンサス模様の柱頭飾りをもつ、クラシカルな洋風デザインへと一新されたことである。

　この改築の設計者については、実はよくわかっていない。しかし、クラシカルでありながら軒のコーニスを単純化し、壁面のアクセントとして黄土色タイルの帯を入れるなど、モダンなセセッション式意匠を心得ていること、そして全体のバランスのよさなどから見て、ヴォーリズ建築事務所が続けて行った可能性が高いと言えよう。

　調査の最中にも訪ねたことがあり、林氏から興味深い発見をいろいろと拝聴した。屋根に〒マークの棟瓦があ

大正期の醒井郵便局。1915年

旧醒井郵便局舎米原市醒井宿資料館とその館内（下）

ったこと、元の階段室が電信室へと変わっていたこと、腰板に残るホゾ穴からカウンターの大きさや珍しい電話ボックスの形状がわかったこと、創建時の照明灯具の跡が残されていることなど、そうした調査と発見の積み重ねが、この建築を文化財的な価値あるものとしている。

この建築の再生が文化財活用の好事例と思われるのは、正確な復元設計がなされたことであり、加えて活用のため、構造補強の工夫が十分に検討されたこと、建築空間をよく生かした資料展示が行われていることである。記念館として開館した早春に再訪し、資料館を預かる山岸宏氏に出会い、郵便局時代のことなどを改めて拝聴した。聞くと氏は初代局長の山岸憲雄氏の孫で、今回の修復調査を通して協力された方であった。日曜の朝だったが、長居をしている間に数組の旅行者らしいグループが館内をまわり、休息コーナーの椅子で一息ついていた。

旧今津郵便局

近江八幡から見て琵琶湖の対岸に、湖西の町今津がある。陸路で行くと大津から五〇キロほどあり、冬には湖北の雪景色に染まるところである。ここは敦賀に抜ける西近江街道と、西に進んで福井に至る鯖街道の分岐点の町で、さらに船で竹生島、彦根にも通じる交通の要地として早くから開けた歴史のある町である。今津に近江ミッションの活動が及んだのは早く、メンソレータム社のハイド氏から一九一四年（大正三）に贈られた伝道船ガリラヤ丸での湖上伝道によってはじめられ、一九二二年（大正一一）にはヴォーリズの設計で今津基督教会館（現・今津教会）の初代の建物が建てられている。以来、近江ミッションの活動は着実に当地に根づき、町の建築としても三棟のヴォーリズの作品が、目抜きの辻川通りに飛び石状に連なって建てられたのである。

一九七〇年代にはJR湖西線の高架駅が開かれ、新しい都市ゾーンが着々と整備されつつある一方で、旧商店街地区の存在が見直され、モダンで愛らしいヴォーリズ建築の点在する商店街の一角は、地元の人たちの間で「ヴォーリズ通り」と呼ばれている。そういえば旧百三十三銀行今津支店（現・今津ヴォーリズ資料館）でヴォーリズ写真展（二〇〇三年）が開かれ、「ヴォーリズと今津」についての展示説明がされたこともあった。そうしたことで、町民有志の間で旧郵便局舎の再生活用のことが話題になっており、数年ぶりでその建物を訪れた。

設計の着手は一九三四年（昭和九）で、一九三六年（昭和一一）に竣工した。建物は木造二階建て、日本瓦葺き切妻屋根のシンプルな構成であるが、階高が高く、また屋根ケラバの出が深いこと、そして玄関のアーチ型出入口の印象的な表現もあり、一種風格を感じさせるものがある。一九七八年（昭和五三）まで郵便局として使われ、その後は電気店の倉庫として用いられているが、建物の骨格はまだまだ健全であり、内部諸室もよくとどめ歴史的価値も高い。幸い設計図面も残されており、平面図には机、椅子の配置から物入れの様子まで記され、電話、電報などの業務も合わせ、当時五〇名近くの局員が働いていた頃の様子もわかる珍しい建物である。

ヴォーリズの建築としては、一九二一年（大正一〇）の旧八幡郵便局と比べると、互いの共通性と個性を発見できるものがあり、また一九三一年（昭和六）の一柳記念館（ヴォーリズ記念館、旧ヴォーリズ邸）とは年代も近く共通点も多い。例えば、板壁とセメント・スタッコを併用した外壁、そして同種の窓や建具が用いられているのである。それに加えて屋根の瓦や持ち送りなど、和風の要素を組み入れており、付近の町並みになじむように工夫

竣工当時の旧今津郵便局舎。1936年

旧今津郵便局舎内

されていることがわかる。

ところで、今津郵便局は一九一一年（大正元）頃、当地きっての旧家出身の前川理平によって開設されたという。氏は明治の末に彦根中学を卒業後上京し、一高を経て東大で法学を学び、郷里に戻ってまもなく、この新しい事業に着手している。創業期のことは明らかではないが、彦根中学に学んでいたことがヴォーリズとの機縁であったと思われる。ヴォーリズは八商（八幡商業高等学校）着任直後から彦根中学と膳所中学にも出校し、英語クラスを担当し、やはりバイブル・クラスを開いていたのである。また、一九一四年（大正三）当時には、ガリラヤ丸で今津を訪れたヴォーリズは理平と再会したのかもしれない。

前川理平は一九三四年（昭和九）に、郵便局舎の設計と前後して今津町弘川にある自邸主屋の設計をヴォーリズに託している。翌年に竣工した住宅は、和風民家の様式にしたがって、重厚な瓦葺きの屋根と真壁造の外壁、そして畳座敷を連ねたもので、ヴォーリズの住宅の中では和風を基本とした珍しいものだった。幸い今回、内部を拝見すると、緩い階段で踊り場の明るいこと、二階の天井が高く洋室の子供室と書斎を置いていること、洗面所の設備など、ヴォーリズの住宅の特色をしっかり備えているものだった。

モダンな構えの郵便局と、和風民家の住宅という、ともに前川理平に関わるヴォーリズの二つの建築は、表現は異にしているものの、和洋を融合した手法において通じるところの多い建築と見ることができる。

あとがき

筆者がヴォーリズを知ったのは、大阪芸術大学建築学科に助手として入ってまもない頃で、翌年の一九七五年(昭和五〇)早春にはたびたび近江八幡を訪れていたおぼえがある。以来ヴォーリズゆかりの諸氏に会見することができ、当時近江兄弟社建築部の小西太吉氏より社内に伝わる「建築図面」の所在を教わった。当時の近江八幡は、瓦葺き町屋の家並みが続くなかに、ヴォーリズの建築が息づくように煙突から煙が立ちのぼっていた記憶がある。その一つに近江兄弟社西館と呼ばれる小さな事務所があった。それが一九一一年(明治四四)に建ったヴォーリズ合名会社の社屋であり、階上の設計室は往時そのままに時が止まっていた。明るい部屋で天井は高く、東側の窓から気持ちよい風が入る部屋であることを知り、ここで十数名の建築技師たちが製図していた当時の事務所の活動が目に浮かぶようで、感動したことをおぼえている。

幸いに、蔵されていた建築図面を大芸大に貸与いただいたことで研究が進み、一九七八年(昭和五三)の日本建築学会大会でヴォーリズの建築図面に関する調査報告を行うことができた。日本の近代建築研究に光のあたった時代で、おりしもヴォーリズの建築に着目されていた山口廣先生にいただいた助言に心躍った思い出がある。

本書は「はじめに」に記したように、ヴォーリズ建築研究の途上で上梓した『ヴォーリズの建築』(一九八九年)を大幅に増補のうえ補筆、改稿したものであるが、内容の過半は先著に従っていることをご了解いただきたい。

拙書の刊行からすでに三〇年に近くなり、取り上げた建築のあり方にも変化が少なくない。また近年に至って注目すべき建物も種々あり、収録建築を見直して、ヴォーリズの建築遺産の集成を目指したものである。

ヴォーリズの建築の独自性は、周知のように近江八幡を拠点に活動したキリスト教団体・近江ミッション(現・公益財団法人近江兄弟社)に位置づけられたものであり、氏のクリスチャニズム、そして注視すべき経済・事業思想に発するものがあると言える。また、建築作品の特色と魅力においては、生活に即した合理的な計画、歴史性や自然味のある感性の存在を指摘することができるだろう。建築設計に関して言うと、わが国の気候風土、和式の生活や美を活用する一方で、米国建築の伝統と新しさ的表現にも目を配り、工夫された建築が多い。つまり、巧みな折衷的手法に特色がある。ヴォーリズの時代においては、モダニズム建築が登場し、工業化の進展と軌を一にして機械的機能性が追求され、そうしたイズムが建築家の個性として注目されていた。ヴォーリズはそうした新しいイズムの表現を求めず、生活のための建築を一貫して求めたのであり、そこにヴォーリズ建築の個性があると考えている。

幸いに近代建築への関心は近年、社会的にも広がり、近代建築遺産としてヴォーリズの建築が注目されることも多く、それは氏のユニークな活動と一編のドラマのごとき生涯へと向けられているようだ。そうしたさまざまな内容について、ヴォーリズを論じた近年の著作、論考などが、参考文献にも挙げたように多々あり、ここでは筆者が触発された高著三点、及び関連する書籍を挙げておきたい。

まずは、奥村直彦氏が「近江ミッション」とヴォーリズのキリスト教思想に関する研究をまとめられた『ヴォーリズ評伝』(二〇〇五年)がある。氏は筆者の駆け出し当時、一柳記念館館長でおられ、伝道者ヴォーリズの行動力の源としての「神の国」思想を熱く語り、建築の背後にあるヴォーリズの精神を探求されていた。一方で、筆者の建築調査を温かく見守っていただき、お世話になった恩人でもある。

加えて、平松隆円氏の『メレル・ヴォーリズと一柳満喜子』(二〇一〇年)は近著であるが、内容は米国人ジャーナリストのG・フレッチャー女史が一柳満喜子の口述をもとに刊行された『The Bridge of Love』(一九六七年)の訳出が中心であり、ヴォーリズ夫妻の自伝的な記録として読み応えがある。

また、住居学、生活学の視点からヴォーリズの住宅に着目された川崎衿子氏の『蒔かれた「西洋の種」』(二〇〇二年)がある。近江ミッション住宅を中心に展開された洋風生活とその理念をまとめた好著であり、近江ミッションの母と呼ばれた吉田柳子はじめミッションに関連する婦人宣教師の活動に光を当てたものである。それによって、社会の育成に寄与したクリスチャニズムの内容が理解できるように思う。住宅設計に関してはヴォーリズの著作『吾家の設計』『吾家の設備』があるが、二〇一七年には現代語表記に改めた復刊がなされ、手に取りやすくなっている。新しい『吾家の設計』『吾家の設備』には一粒社ヴォーリズ建築事務所による解説が付されている。

もう一冊は二〇〇八年春に滋賀県立近代美術館で開か

れた「ウィリアム・メレル・ヴォーリズ展」の図録として刊行された『ヴォーリズ建築の100年』を挙げておきたい。美術館、京都新聞社の主催で開催された展覧会は予想以上に盛況を博したもので、ヴォーリズへの関心を広げた出来事だったと言える。図録の監修、執筆という機会を得たのも嬉しいことであったが、同書に収められた諸氏の寄稿、論考の数々は示唆に富む内容に満ちている。その中でとりわけ筆者が刺激を受けたのが、福田晴虔氏の「アメリカ建築史から見たヴォーリズ」と、海野弘氏の「ヴォーリズとモダン都市」の二編があり、それぞれにヴォーリズ建築の背景として、米国におけるアーツ・アンド・クラフツの建築に触れていることだった。その説示を得てまもなく、その立役者と言えるG・スティックリーの仕事に注目することとなった。氏のクラフツマン・ハウスと称するコテージ建築には、豊かな自然環境に同調するテイストと、それに加えてプロテスタンティズムに由来する合理性と健全性という思想を見出すものであり、ヴォーリズ建築の有力な背景として考えていきたいテーマとなっている。

　同書にはまた、ヴォーリズ建築事務所の後継者である矢野義氏、石田忠範氏らの証言、伝聞がレポートされており、かつての事務所の特色と性格が読み取れる。ヴォーリズを中心に専門技術者の見事なチームワークの活動とその空気が伝えられているのである。ヴォーリズ建築事務所は一九〇八年（明治四一）の設立より戦後の一九五〇年代を合わせると、一五〇〇件余りにのぼる膨大な数の設計を残しており、その活動実態は解明したい課題であろう。その成果を詳らかにする試みとして、一粒社ヴォーリズ建築事務所の英断により、二〇一七年に刊行された『ヴォーリズ建築図面集』がある。

　そうしたさまざまなヴォーリズ建築に関する蓄積を踏まえて、本書の刊行が果たせたこと、筆者としては長年にわたる研究の節目として喜びに堪えない。

　ところで、先の『ヴォーリズの建築』、そして本書をまとめるに際しては、ヴォーリズ有縁の方々、なかでも一柳記念館（ヴォーリズ記念館）の藪秀実館長には何かとお世話になり感謝に堪えない。そして近代建築研究の側面から先学、諸兄とお世話になった方々は多く、一人一人お名前を挙げることはできそうもないが、厚く御礼を申し上げたい。とりわけ、一九九三年にまとめることができた学位論文においては、藤森照信先生はじめとして、審査の労をとっていただいた諸先生に改めて謝意を表したい。

　振り返ると、大学院に進学した時よりの恩師中村昌生先生には、かつて近代和風住宅を研究テーマとするに際して、堀口捨己、藤井厚二についてご教示をいただいてきた。その研究は結実するまでに至らなかったのだが、常々建築に向き合い探求する作法を教わってきたこと有り難く思う。昨今もお目にかかるたびにヴォーリズ建築研究の集成本はどうするのかと、励ましをいただいてきた次第である。

最後になるが、旧著を継ぎながら、判型も改めた新版としての刊行をおすすめいただき、出版の労を取っていただいた創元社の松浦利彦氏に御礼を申し上げたいと思う。

二〇一八年文月

著者

参考文献・論文

（※総論的な文献・資料とI章に関するものをはじめに挙げ、続いてII章以下はその内容に従って参考文献等を挙げた。最後に拙論・拙書を列記した）

〔I　湖畔のユートピア――近江ミッションの建築〕

『The Omi Mustard-Seed』近江ミッション、一九〇七～一九三七年

『湖畔の声』近江ミッション、一九一二年創刊（現在の『湖畔の声』湖声社に続く公益財団法人近江兄弟社の伝道誌）

『A Mustard-Seed in Japan』William Merrell Vories, Omi Mission, 1922

『一粒の信仰』ヴォーリズ、吉田悦蔵訳、春秋社、一九三〇年

『The Omi Brotherhood in Nippon: a brief history of "the Omi mission" founded in Omi-Hachiman, Japan, in 1905』William Merrell Vories, The Omi Brotherhood Book Department, 1934

『近江の兄弟』吉田悦蔵、近江兄弟社、一九二三年

『ヴォーリズ建築事務所作品集　W. M. VORIES & COMPANY ARCHITECTS』中村勝哉編、城南書院、一九三七年

『吉田悦蔵伝』沖野岩三郎、近江兄弟社、一九四四年

『失敗者の自叙伝』一柳米来留、近江兄弟社、一九七〇年

「ウィリアム・メレル・ヴォーリズ」山口廣『日本の建築　明治大正昭和　6巻　都市の精華』三省堂、一九七九年

『教会が見える風景　W・M・ヴォーリズの足跡』荒川久治、地域デザイン研究所、一九九五年

「韓国ミッション建築の歴史的研究」鄭昶源、東京大学博士学位論文、二〇〇四年

『ヴォーリズ評伝　日本で隣人愛を実践したアメリカ人』奥村直彦、港の人、二〇〇五年

『メレル・ヴォーリズと一柳満喜子　愛が架ける橋』Grace Nies Fletcher、平松隆円監訳、水曜社、二〇一〇年

『今津教会90年史』日本基督教団今津教会、二〇一二年

『一柳満喜子文集　教育のこころみ　近江兄弟社学園50年小史』一柳満喜子、近江兄弟社学園、一九七二年

『近江兄弟社学園をつくった女性　一柳満喜子』木村晟、港の人、二〇一二年

『アメリカンホームの文化史　生活・私有・消費のメカニズム』奥出直人、住まいの図書館出版局、一九八八年

『婦人之友』一九二二年九月号、婦人之友社

『主婦之友』一九二四年八月号、主婦之友社

〔II　プロテスタンティズムの花園――ミッション・スクールの建築〕

『同志社百年史』同志社、一九七九年

『我等ノ同志社　創立六十周年記念誌　同志社校友同窓会報第百号』同志社事業部、一九三五年

『同志社年表』同志社社史史料編集所、一九七九年

「同志社の近代建築」前久夫『同志社談叢』2～3号、同志社社史史料編集所、一九八三年

『関西学院五十年史』関西学院五十年史編纂委員、一九四〇年

『関西学院七十年史』関西学院七十周年記念事業中央委員会、一九五九年

『関西学院の100年　1889～1989』関西学院、一九八九年

『関西学院百年史　1889―1989　通史編2』関西学院、一九九八年

『ヴォーリズ×総合的研究』関西学院大学W. M. Vories に関する総合的研究プロジェクトセンター、二〇一五年

「学院いまむかし」武藤誠『関西学院通信クレセント』関西学院、一九七七年

「カリフォルニア巡礼」内藤徹男『SD』169号、鹿島出版会、一九

七八年
『創立五十年神戸女学院史』神戸女学院、一九二五年
『神戸女学院百年史』神戸女学院、一九八一年
『神戸女学院岡田山学舎の建築　歴史調査報告書』神戸女学院、二〇一三年
『聖和八十年史　一八八〇年〜一九六〇年』聖和女子短期大学、一九六一年
『明治学院九十年史』明治学院、一九六七年
『明治学院百五十年史』明治学院、二〇一三年
『東京都港区指定有形文化財明治学院礼拝堂保存修理工事報告書』明治学院、二〇〇八年
『目で見る明治学院１００年』明治学院、一九七七年
『東洋英和女学校五十年史』東洋英和女学校、一九三四年
『東洋英和女学院百年史』東洋英和女学院、一九八四年
『鳥居坂わが学び舎　１９３３〜１９９３　東洋英和女学院校舎の記録』東洋英和女学院同窓会、一九九四年
『生きるということ』村岡花子、あすなろ書房、一九六九年
『横浜共立学園六十年史』横浜共立学園六十年史編纂委員、一九三三年
『創立五十周年記念誌』広島女学院、一九三六年
『創立七十周年記念誌』広島女学院、一九五六年
『創立八十周年記念写真集』広島女学院、一九六六年
『西南学院七十年史』西南学院、一九八六年
『西南女学院三十年史　西南女学院創立三十周年記念』西南女学院、一九五二年
『活水五十年史』活水学院、一九二九年
『活水75年の歩み　ＫＷＡＳＳＵＩ』活水学院、一九五四年
『活水学院百年史』活水学院、一九八〇年
『鎮西学院九十年史』鎮西学院九十周年記念事業部、一九七三年
『鎮西学院百年史』鎮西学院、一九八一年
『創立二十周年記念誌』九州学院、一九三一年
『九州女学院の50年』九州女学院、一九七六年
『九州女学院　写真でたどる70年の歩み』九州女学院、一九九七年
『同窓会報』頌栄保母伝習所同窓会、一九三一年
『エ・エル・ハウ女史と頌栄の歩み』高野勝夫、頌栄短期大学、一九七三年
『母の遊戯及育児歌』フレーベル、アンニー・エル・ハウ訳、頌栄幼稚園、一八九七年
『創立五十周年』プール高等女学校、一九四〇年
『共愛学園九十年記念誌』共愛社、一九七八年
『東奥義塾創立九十五年史』東奥義塾、一九六七年
『八幡商業五十五年史』八幡商業学校創立五十周年記念会、一九四一年
『八商百年史　滋賀県立八幡商業高等学校』八商創立百周年記念事業実行委員会、一九八六年
「Ｗ・Ｍ・ヴォーリズの商業学校教師時代」奥村直彦『キリスト教社会問題研究』33号、同志社大学人文科学研究所、一九八五年
『豊郷村史』藤川助三編、滋賀県犬上郡豊郷村史編集委員会、一九六三年
『豊郷小学校は今　校舎保存にかける住民の願い』本田清春・古川博康、サンライズ出版、二〇〇三年
『古川鉄治郎そして豊郷小学校　明治・大正・昭和を生きた実業家』古川博康、芙蓉会、二〇一六年
『みちのくの道の先　タマシン・アレンの生涯』目黒安子、教文館、二〇一二年
『大阪女学院１００周年記念誌　１８８４〜１９８４』大阪女学院、一九八四年
『ウヰルミナ物語　大阪女学院創立１２５周年記念誌』大阪女学院、二〇〇九年
『国際基督教大学創立史　明日の大学へのヴィジョン（１９４５―６３年）』Ｃ・Ｗ・アイグルハート、国際基督教大学、一九九〇年
『建物に見るＩＣＵの歴史』Ｍ・ウィリアム・スティール監修、湯浅八郎記念館編、国際基督教大学博物館湯浅八郎記念館、二〇一四年

〈Ⅲ　ミッションの礎――キリスト教建築〉
「W・M・ヴォーリズの思想構造　『近江ミッション』成立期を中心に」奥村直彦『キリスト教社会問題研究』30号、同志社大学人文科学研究所、一九八二年
『福島日本基督教会五十年史』福島日本基督教会、一九三六年
『日本キリスト教団福島教会百年史』日本キリスト教団福島教会100年史編集委員会、一九九〇年
「W・M・ヴォーリズの教会設計第一作『福島教会』礼拝堂の研究　日本の初期プロテスタント教会における空間装飾」白成淑、文星芸術大学博士学位論文、二〇一一年
『洛陽教会七十五年小史』日本基督教団洛陽教会、一九六五年
『日本基督教団京都御幸町教会百年史』日本基督教団京都御幸町教会、二〇〇四年
『京都御幸町教会七十年史』日本キリスト教団京都御幸町教会、一九六八年
『大阪基督教会沿革略史』鈴木浩二編、大阪基督教会、一九二四年
『日本基督教団大阪教会九十年史』日本基督教団大阪教会、一九六五年
『大阪教会建築調査報告書』日本建築学会近畿支部大阪教会保存調査委員会編、日本基督教団大阪教会、一九八一年
「神戸とキリスト教（神戸ユニオン教会）」『総研論集』14号、関西学院大学総合教育研究室、一九九三年
『追想向谷容堂　恩師ベニンホフ先生を偲びつつ』布施濤雄・小倉和三郎編、向谷容堂先生記念文集刊行発起人会、一九六九年
『早稲田奉仕園通信51　創立100周年記念特集』財団法人早稲田奉仕園、二〇〇八年
『日本YMCA史』奈良常五郎、日本YMCA同盟、一九五九年
『YMCA史ノート』木本茂三郎、日本YMCA同盟出版部、一九八三年
『神戸とYMCA百年』神戸YMCA100年史編纂室編、神戸キリスト教青年会、一九八七年
『東京キリスト教青年会百年史』斉藤実、東京キリスト教青年会、一九八〇年
「大阪YMCA100年史」大阪キリスト教青年会、一九八二年
『東京YWCA50年の歩み』東京YWCA、一九五五年
『エマ・カフマンと東京YWCA』東京YWCA、一九六三年
『カフマン讃歌　エマ・R・カフマンに捧げる』東京YWCA、一九八五年
『年輪　大阪YWCA50年』大阪YWCA、一九六七年
『History of the Y.M.C.A. in North America』Hopkins Charles Howard, Association Press, 1951

〈Ⅳ　『吾家の設計』――洋和融合の住宅建築〉
『吾家の設計』ウィリアム・メレル・ヴォーリズ、文化生活研究会、一九二三年
『吾家の設備』ウィリアム・メレル・ヴォーリズ、文化生活研究会、一九二四年
『ヴォーリズ著作集1　吾家の設計』W・M・ヴォーリズ、創元社、二〇一七年
『ヴォーリズ著作集2　吾家の設備』W・M・ヴォーリズ、創元社、二〇一七年
『蒔かれた「西洋の種」　宣教師が伝えた洋風生活』川崎衿子、ドメス出版、二〇〇二年
『G・P・ピアソン小伝』小池創造、ピアソン記念館、一九七八年
『田舎伝道者ピアソン宣教師夫妻』小池創造、北見教会出版、一九六七年
『ピアソン会十周年記念誌』ピアソン会、二〇〇九年
『愛の人フィンレー先生』ミス・アリス・フィンレー記念誌刊行会、一九七三年
『恵みのみ手に支えられて　日本基督教団鹿児島加治屋町教会史』日本基督教団鹿児島加治屋町教会、一九九〇年
『いのちを愛して』岡通、新教出版社、一九六一年
『駒井卓先生を偲ぶ会』駒井卓先生を偲ぶ会、二〇〇一年

『佐藤先生を憶ふ』近江八幡基督教会日曜学校、一九三三年
『日本人になった婦人宣教師　亜武巣マーガレット』堀江節子、アームストロング青葉幼稚園、二〇一一年
『私の軽井沢物語　霧の中の時を求めて』朝吹登水子、文化出版局、一九八五年
『軽井沢別荘史　避暑地百年の歩み』宍戸實、住まいの図書館出版局、一九八七年

〔V　都市の華――商業・オフィスビルの建築〕

『大同生命七十年史』大同生命保険、一九七三年
『大丸二百五十年史』大丸二百五十年史編集委員会、一九六七年
『主婦の友社の五十年』主婦の友社、一九六七年
『佐藤慶太郎　美術館と生活館の創立者』加藤善徳、日本生活協会、一九七四年

〔拙稿・拙書〕

「近江兄弟社を中心に残るW・M・ヴォーリズの建築活動資料の調査報告その3　関西学院の学舎について」山形政昭・足立純生『日本建築学会近畿支部研究報告集』日本建築学会近畿支部、一九七八年
「近江兄弟社を中心に残るW・M・ヴォーリズの建築活動資料の調査報告その4　大阪組合教会の建築等について」山形政昭・足立純生『日本建築学会近畿支部研究報告集』日本建築学会近畿支部、一九八〇年
「W・M・ヴォーリズの研究その7　大丸大阪本店建築についての調査報告」山形政昭『日本建築学会近畿支部研究報告集』日本建築学会近畿支部、一九八〇年
「W・M・ヴォーリズの研究その9　ミッションスクールの建築作品について」山形政昭『日本建築学会大会学術講演梗概集』日本建築学会、一九八五年
「W・M・ヴォーリズの研究その10　ＹＭＣＡ会館建築について」山形政昭『日本建築学会大会学術講演梗概集』日本建築学会、一九八六年
「W・M・ヴォーリズの研究その11　ミッションスクールの建築作品について　Ｐａｒｔ２」山形政昭『日本建築学会近畿支部研究報告集』日本建築学会近畿支部、一九八七年
「建築家ヴォーリズ　その人と作品」山形政昭『湖国と文化』3巻2号、一九七九年
「ミッショナリー建築家　ウィリアム・メレル・ヴォーリズを巡って」山形政昭『芸術』5、大阪芸術大学、一九八〇年
「ヴォーリズと阪神間近代洋風住宅」山形政昭『ひろば』１９０号、近畿建築士会協議会、一九八〇年
「大阪教会のデザインと建築的意義」山形政昭『大阪教会建築調査報告書』、日本基督教団大阪教会、一九八一年
「ウィリアム・メレル・ヴォーリズの建築作品」山形政昭『一粒社ヴォーリズ建築事務所作品集』、一粒社ヴォーリズ建築事務所、一九八三年
「同志社の近代建築（下）」山形政昭『同志社談叢』4号、同志社社史資料室、一九八四年
「東アジアのヴォーリズ建築」山形政昭『東アジアの近代建築』村松貞次郎先生退官記念会、一九八五年
「阪神間ハイカラモダンの系譜」山形政昭『ディテール』93号、彰国社、一九八七年
『ヴォーリズの住宅「伝道」されたアメリカンスタイル』山形政昭、住まいの図書館出版局、一九八八年
「息づく建築1　日本基督教団大阪教会」山形政昭『住宅建築』１６６号、建築資料研究社、一九八九年
「関西学院キャンパスの建築（上）」山形政昭『関西学院史紀要』創刊号、一九九一年
「関西学院キャンパスの建築（下）」山形政昭『関西学院史紀要』2号、一九九二年
「ウィリアム・メレル・ヴォーリズの建築をめぐる研究」山形政昭、学

位論文、一九九三年
「ミッション建築家ヴォーリズの住宅とその遺産」山形政昭『阪神間モダニズム　六甲山麓に花開いた文化、明治末期―昭和15年の軌跡』淡交社、一九九七年
「慎ましさのなかの豊かさ　近江八幡のヴォーリズの建築」山形政昭『approach』竹中工務店、一九九八年
「ウィリアム・メレル・ヴォーリズの住宅観」山形政昭『国際デザイン史　日本の意匠と東西交流』、思文閣出版、二〇〇一年
『ヴォーリズの西洋館　日本近代住宅の先駆』、山形政昭、淡交社、二〇〇二年
「W・M・ヴォーリズのミッション・ユートピア」山形政昭『アーツ・アンド・クラフツと日本』思文閣出版、二〇〇四年
「小さい家の、自由な時間」山形政昭『日本の別荘・別邸』別冊太陽128号、平凡社、二〇〇四年
「ヴォーリズの夢」山形政昭『近江八幡の歴史　第一巻　街道と町なみ』、近江八幡市、二〇〇四年
「東アジアにおけるヴォーリズ（W. M. Vories）の建築活動に関する研究その1　韓国（朝鮮半島）に計画された現存図面の整理・分析を中心に」鄭袗源・山形政昭『日本建築学会計画系論文集』72巻611号、二〇〇七年
『ヴォーリズ建築の100年　恵みの居場所をつくる』ヴォーリズ、山形政昭監修、創元社、二〇〇八年
「オーディナリー、そして『永続的満足』という賜」山形政昭『INAX　REPORT』179号、二〇〇九年七月号
「『吾家の設計』と『吾家の設備』にみるヴォーリズの住宅観」山形政昭『住宅建築文献集成』第12巻、柏書房、二〇一〇年
「関西の近代建築44　大丸心斎橋店」山形政昭『建築と社会』二〇一二年一一月号
「神戸女学院の建築」山形政昭『月刊文化財』8月号、第一法規出版、二〇一四年
『ヴォーリズ建築図面集』一粒社ヴォーリズ建築事務所編、山形政昭監修、創元社、二〇一七年

ヴォーリズ年譜

1880年（明治13）　10月28日、ウィリアム・メレル・ヴォーリズ、米国カンザス州レブンワースに生まれる。

1887年（明治20）　アリゾナ州フラッグスタッフに一家で転居。

1896年（明治29）　コロラド州デンバーに一家で転居。イースト・デンバー高校に入学。

1900年（明治33）　コロラド・カレッジに入学。

1904年（明治37）　コロラド・カレッジ（哲学専攻）を卒業後、コロラド・スプリングスのYMCAに勤務。

1905年（明治38）　来日し、滋賀県立商業学校（現・滋賀県立八幡商業高等学校）に英語教師として赴任。

1907年（明治40）　滋賀県立商業学校を解職。英文の伝道誌『The Omi Mustard-Seed』を創刊。

1908年（明治41）　京都YMCA会館新築工事の現場監督を担当。同会館内に建築設計監督事務所（後のヴォーリズ建築事務所）を開設。

1910年（明治43）　米国へ帰国。各地のYMCAを訪問し、海外伝道の支持者を得る。メンソレータム社の創業者ハイドと出会う。約10か月の欧米滞在の後、建築技師のチェーピンらを伴って日本に戻る。

ヴォーリズ合名会社を設立。

この頃、キリスト教団体の近江ミッションを結成。

1912年（明治45／大正元）　ヴォーリズ合名会社軽井沢事務所を開設。

1913年（大正2）　病気療養のため米国へ帰国し、ハイドに再会。メンソレータム社の日本代理店になる。

1914年（大正3）　日本に移住する両親を伴い、近江八幡に戻る。

1915年（大正4）　ヴォーリズ合名会社東京支所を開設。

1918年（大正7）　近江療養院（現・ヴォーリズ記念病院）を開院。

1919年（大正8）　一柳満喜子と結婚。

1920年（大正9）　ヴォーリズ合名会社を解散し、ヴォーリズ建築事務所と近江セールズ株式会社を設立。

1923年（大正12）　著書『吾家の設計』を刊行。

1924年（大正13）　著書『吾家の設備』を刊行。

1934年（昭和9）　近江ミッションを近江兄弟社と改称。

1937年（昭和12）　『ヴォーリズ建築事務所作品集』を刊行。

1941年（昭和16）　日本国籍を取得し、一柳米来留と改名。ヴォーリズ建築事務所も一柳建築事務所と改称。

1944年（昭和19）　株式会社近江兄弟社を設立。一柳建築事務所を解散、建築設計業務を停止。

1946年（昭和21）　株式会社近江兄弟社内に建築部が復活、建築設計業務を再開。

1951年（昭和26）　自叙伝を『湖畔の声』に連載開始。

1957年（昭和32）　療養生活に入る。

1958年（昭和33）　近江八幡市名誉市民の第一号に推挙される。

1961年（昭和36）　株式会社一粒社ヴォーリズ建築事務所が独立し、大阪に事務所を開設。

1964年（昭和39）　5月7日、昇天。正五位勲三等瑞宝章を受章。

1970年（昭和45）　『失敗者の自叙伝』を刊行。

ヴォーリズ建築作品リスト（1906〜1957年）

ウィリアム・メレル・ヴォーリズの建築は、滋賀県立商業学校の教員時代の八幡YMCA会館を第一作とし、一九一〇年のヴォーリズ合名会社の設立、一九二〇年のヴォーリズ建築事務所へと継承され発展した。戦時期の一九四四年より活動は休止するが、一九四六年に再開し戦後期の活動をはじめた。しかし、一九五七年にヴォーリズは病に倒れ療養生活に入り、建築活動より離れた。事務所の活動は続き、一九六一年に設立された一粒社ヴォーリズ建築事務所へと継がれている。

　戦前のヴォーリズの建築作品については、一千数百件余りが知られているが、その中で建築計画案も含め、主要なもの六〇〇件余りのリストとした。そして、戦後初期における主要な現存建築も加えている。作品の分類は、キリスト教会、学校、住宅などの建築種別とし、それを年代順に列記した。さらに、近江ミッションの建築、軽井沢における建築など、ヴォーリズの特色をなす項目を設け、また東アジア地域に残された建築の一部も加えた。表記の建築年は、設計年代で記した。建物名称に続けて丸括弧内に、現在名称が変更されているもの、慣例的に呼ばれる愛称などを記した。

〔近江ミッション〕

1906　八幡YMCA会館　近江八幡（滋賀、以下略）
1911　ヴォーリズ合名会社社屋西館　近江八幡
1930　メンソレータム工場　近江八幡
1933　近江セールズ株式会社東館　近江八幡
1934　八幡YMCA会館（アンドリュース記念館）　近江八幡

＊

1920　米原基督教会館　米原（滋賀）
1922　今津基督教会館（今津教会）第一期　今津（滋賀）
1925　近江ミッション納骨堂（恒春園）　近江八幡
1927　野田基督教会館（近江野田教会）　野田（滋賀）
1929　堅田基督教会館（堅田教会）　堅田（滋賀）
1933　水口基督教会館（水口教会）　水口（滋賀）
1933　今津基督教会館（今津教会）第二期　今津（滋賀）

＊

1916〜1942　近江サナトリアム本館（ヴォーリズ記念病院）、本館（ツッカー・ハウス）、五葉館（希望館）、看護婦寮、新生館、医師住宅、チャペル、更正館　近江八幡
1931　清友園幼稚園・教育会館（ヴォーリズ学園ハイド記念館・教育会館）、清友園幼稚園教師寮（一柳記念館〈ヴォーリズ記念館〉）　近江八幡

＊

1912　吉田邸、ウォーターハウス邸（ウォーターハウス記念館）　近江八幡
1914　ヴォーリズ邸　近江八幡
1915　武田邸　近江八幡
1920　ダブルハウス（榎本邸・武藤邸）　近江八幡
1924　パーミリー邸　近江八幡
1923　浪川邸　近江八幡
1931　佐藤邸（宮村邸）　近江八幡

＊

1912　ヴォーリズ合名会社軽井沢事務所　軽井沢（長野）
1913　ウォーターハウス・コテージ　軽井沢（長野）
1916　パーミリー・コテージ　軽井沢（長野）
1920　ヴォーリズ山荘（浮田山荘）　軽井沢（長野）

1929　軽井沢コテージ別荘番号380　軽井沢（長野）

〔キリスト教会〕

1909　福島教会　福島
1910　京都丸太町教会　京都
1911　天満教会　大阪
兵庫バプテスト教会　神戸
京都バプテスト教会　京都
1912　福井教会　福井
洛陽教会　京都
土浦教会　茨城
築港教会　大阪
霊南坂教会計画　東京
日本メソジスト京都中央教会（京都御幸町教会）　京都
1913　港川基督教伝道所　神戸
谷町教会　大阪
福知山教会　京都
1914　布引教会　神戸
京都教会　京都
1916　博多ルーテル教会　福岡
那覇教会　沖縄
本郷福音教会（根津教会）　東京
1917　小石川教会　東京
神戸メソジスト教会　神戸
膳所教会　大津（滋賀）
1918　大阪教会　大阪
京都プレスビテリアン教会　京都
ルーテル久留米教会　久留米（福岡）
宮崎教会　宮崎
明石教会　明石（兵庫）
麻布教会　東京
奥平野教会　神戸
前橋教会　前橋（群馬）
旭川教会　旭川（北海道）
富山メソジスト教会　富山
伊東教会　伊東（静岡）
1919　小倉バプテスト教会　小倉（福岡）
桐生教会　桐生（群馬）
東神戸教会　神戸
野町教会　金沢（石川）
救世軍会堂　東京
1920　岡山メソジスト教会　岡山
静岡ユニバーサリスト教会　静岡
1921　松本メソジスト教会　松本（長野）
1922　豊岡メソジスト教会（武蔵豊岡教会）　入間（埼玉）
大分基督教会　大分
秋田教会　秋田
東京ユニオン教会　東京
1924　八幡教会　近江八幡
横浜ユニオン教会　横浜
1925　中渋谷クリスチャン教会　東京
長野メソジスト教会　長野
大津同胞教会（大津教会）　大津（滋賀）
広島メソジスト教会　広島
屋代教会　更埴（長野）
1926　福島メソジスト教会（大阪福島教会）　大阪
秋田教会　秋田
飽ノ浦教会　長崎
1927　大井町教会、ウェスレイ教会　東京
日本メソジスト浜松教会　浜松（静岡）
大阪聖パウロ教会　大阪
神戸ユニオン教会（フロインドリーブ）　神戸
福島新町教会　福島

1928　神田ホーリネス教会　東京
1929　池田教会　池田（大阪）
草津教会　草津（滋賀）
野尻集会堂　野尻（長野）
シルレル教会（錦林教会）　京都
石巻教会　石巻（宮城）
野尻集会堂　信濃町（長野）
1930　下関バプテスト教会（めぐみ幼稚園第一園舎）　下関（山口）
水戸バプテスト教会（水戸教会）　水戸（茨城）
1932　京都復活教会　京都
巣鴨バプテスト教会　東京
1933　大垣長老教会　大垣（岐阜）
1935　大島療養所礼拝堂　大島（香川）
博愛社礼拝堂（聖贖主教会）　大阪
救世軍京都会堂　京都
荻窪教会　東京
葺合バプテスト教会　神戸
1936　城北福音教会　大阪
1937　三瓶教会　愛媛
1938　高田教会（紅葉幼稚園）　上越（新潟）
ルーテル小城教会　佐賀
1939　龍ケ崎教会　茨城
秋田教会　秋田
1941　福岡中央教会　博多（福岡）
1950　近江金田教会　近江八幡
1950　ルーテル熊本教会　熊本
博多ルーテル教会　福岡
1952　ルーテル復活教会　名古屋
1953　ルーテル岡崎教会　岡崎（愛知）
1955　ルーテル市川教会　市川（千葉）
1958　信濃村伝道所　長野

〔YMCA・YWCA〕

1911　馬場鉄道YMCA会館　大津（滋賀）
神戸YMCA会館、寄宿舎　神戸
長崎YMCA寄宿舎　長崎
1912　韓国YMCA会館　東京
1913　長崎YMCA会館改築　長崎
御殿場YMCA会館、寄宿舎　御殿場（静岡）
1914　中国YMCA会館　東京
京都YMCA寄宿舎　京都
1916　東京YMCA会館増築　東京
1916・1925　横浜YMCA会館　横浜
1917・1924　日本YMCA同盟会館　東京
1917　甲府YMCA会館　甲府（山梨）
1919　東京YMCAコミュニティ・センター　東京
1920　神戸YMCA会館第二期　神戸
1922　国際YMCAアパートメント・ハウス　東京
1923　名古屋YMCA会館　名古屋
大阪YMCA会館　大阪
1935　仙台YMCA会館　仙台（宮城）

＊

1912　京都帝大YMCA地塩寮　京都
京都府立医科大学YMCA橘井寮　京都
1913　京都帝大YMCA会館　京都
東京帝大YMCA会館　東京
1914　京都市高商YMCA会館　東京
1920　スコット・ホール（早稲田奉仕園）　東京
1935　東北帝大YMCA会館　仙台（宮城）
1936　慶応義塾大学YMCA日吉チャペル　横浜

＊

1914　東京YWCA寄宿舎　東京
1918　東京YWCA会館　東京

1922　大阪YWCA会館　大阪
1932　YWCAホーム　東京
1933　横浜YWCA会館　横浜
1933　横浜YWCA逗子ハウス　逗子（神奈川）
1934　京都YWCA会館増築（サマリア館）　京都

〔学校〕

1911　関西学院原田学舎神学館、寄宿舎　神戸
　1912　普通学部校舎、マシュース邸、ベーツ邸
　1914　ウッズワース邸、クラッグ邸
　1915　寄宿舎
　1917　中学部校舎第二期、ハミル館、高等学部校舎
　1921　文学部校舎、講堂
　1922　商業学部校舎
1911　ウヰルミナ女学校（大阪女学院）校舎増築　大阪
　1934　新校舎改築
1913　日ノ本女学校（日ノ本学園）本館校舎、寄宿舎　姫路（兵庫）
　1937　校舎
1913　北星女学校（北星学園）校舎改築　札幌（北海道）
1913　神戸女学院家齊館　神戸
1914　明治学院礼拝堂　東京
　1915　校舎（新サンダム館）
　1918　住宅
1915　同志社校舎（致遠館）、図書館（書庫）　京都
　1918　図書館（啓明館）、寄宿舎
　1929　アーモスト館
　1938　宣教師住宅
　1940　図書貴重品庫（新島遺品庫）
1915　フェリス女学校（フェリス女学院）体育館　横浜
　1920　寄宿舎

1915　梅花女学校（梅花学園）教員住宅　大阪
1915　九州学院寄宿舎　熊本
　1924　チャペル（ブラウン記念講堂）
　1930　図書館、体育館
1917　福岡英和女学校（福岡女学院）寄宿舎、教員住宅　福岡
　1918　校舎、体育館
1917　宮城女学校（宮城学院）第二校舎　仙台（宮城）
　1936　講堂
1917　梅光女学院チャペル　下関（山口）
1917　青山学院寄宿舎（ウィルソン・ドミトリー）　東京
　1934　講堂（PS講堂）
　1936　住宅
　1938　女子専門部校舎
1918　共立女学校（横浜共立学園）講堂（クロスビー講堂）　横浜
　1930　本館校舎、体育館
　1943　教員住宅
1919　女子学院寄宿舎、体育館　東京
　1923　教員住宅
1920　西南学院高等学部校舎、中学部本館（西南学院大学博物館〈ドージャー記念館〉）、教員住宅（ドージャー邸、ボールデン邸）　福岡
　1935　干隈キャンパス計画
1920　カネディアン・アカデミィ寄宿舎（ウェブスター・ホール）　神戸
　1922　校舎改築（メモリアル・ホール）
　1929　中央寄宿舎
　1932　宣教師館（テンチ邸）、男子寄宿舎（グローセスター・ハウス）
1921　女子聖学院寄宿舎、体育館　東京
　1927　図書館改築
　1938　校舎改築
1921　広島女学校（広島女学院）寄宿舎（ランツ・ホール）、校舎

改築（スラッグ・ホール）　広島
1924　宣教師館（スチュアート邸）
1927　本館（ジュビリー・ホール）、宣教師館、寄宿舎（ゲーンズ・ホール）
1929　宣教師館（カーブ邸）
1936　五日市学舎計画
1921　西南女学院宣教師館　小倉（福岡）
1922　寄宿舎、校務館、体育館
1934　講堂（ロウ記念講堂）
1937　専門部キャンパス計画
1922　ランバス女学院本館校舎　大阪
1922　聖学院寄宿舎　東京
1934　本館校舎
1938　中学校体育館
1924　山梨英和女学校（山梨英和学院）講堂　甲府（山梨）
1924　静岡英和女学校（静岡英和女学院）本館校舎、講堂　静岡
1926　幼稚園
1924　彦根高等商業学校教員住宅　彦根（滋賀）
1935　図書館
1938　同窓会館（滋賀大学陵水会館）
1924　九州女学院（九州ルーテル学院）本館、寄宿舎、体育館（設計J・H・ヴォーゲル）　熊本
1925　活水女学校（活水学院）本館、寄宿舎、体育館（設計J・H・ヴォーゲル）　長崎
1931　講堂、チャペル
1926　共愛女学校（共愛学園）本館校舎　前橋（群馬）
1927　関西学院西宮上ケ原キャンパス総務館、講堂、商業学部校舎、図書館（時計台）、文学館、神学館、商業専門部校舎、社交館（学生会館）、教授研究館、宗教センター、門衛舎、中学部校舎（高等学部校舎）、高等学部寄宿舎、中学部寄宿舎　西宮（兵庫）
1928　日本人教員住宅（5棟）、外国人教員住宅（10棟）
1932　予科校舎（中学部校舎）
1934　文学部校舎、中学部校舎（高等部校舎）
1935　総務館増築
1927　大阪高等医学専門学校本館校舎（大阪医科大学歴史資料館）　高槻（大阪）
1927　啓明女学院校舎　神戸
1928　鎮西学院本館（竹之久保学舎）　長崎
1929　神戸女学院総務館、講堂、チャペル、図書館、文学館、理学館、高等部校舎、音楽館、体育館、社交館、正門・門衛舎、専門部寄宿舎　西宮（兵庫）
1930　日本人教員住宅、院長住宅
1931　高等部寄宿舎、ケンウッド館
1932　エッジウッド館、生活実習館
1933　同窓会館
1936　高等部校舎増築
1929　東洋英和女学校（東洋英和女学院）寄宿舎、幼稚園　東京
1930　教員住宅
1932　本館校舎
1929　頌栄保母伝習所（頌栄保育学院）校舎、宣教師館　神戸
1929　神戸女子神学校（関西学院大学教育学部）校舎　西宮（兵庫）
1930　宣教師館
1929　パルモア学院校舎、住宅　神戸
1930　東奥義塾本館校舎　弘前（青森）
1933　アメリカン・スクール本館校舎　東京
1934　プール女学院（プール学院）本館校舎第一期　大阪
1936　本館校舎第二期、講堂、住宅
1935　遺愛女学校（遺愛女子高等学校）講堂　函館（北海道）
1935　恵泉女学園寄宿舎　東京
1936　八幡商業学校（八幡商業高等学校）本館校舎、講堂、体育館　近江八幡
1936　日本獣医学校（日本獣医生命科学大学）校舎　三鷹（東京）

1939 関東学院寄宿舎 横浜
1939 復活学園キャンプ・ハウス（現・京都復活教会北小松信徒研修所） 大津（滋賀）
1948 大阪女学院ヘール・チャペル、北校舎 大阪
1949〜1957 国際基督教大学本館改修、食堂、礼拝堂、ディッフェンドルファー記念館、住宅 三鷹（東京）
1950 静岡英和女学院教員住宅 静岡
西南学院校舎 福岡
1957 桜美林学園校舎 東京
1958 関西学院ランバス・チャペル 西宮（兵庫）
1959 関西学院大学体育館 西宮（兵庫）

〔小学校・幼稚園・保育園〕

1915 八幡小学校講堂 近江八幡
1923 物部小学校 京都
1926 中大江東小学校 大阪
1928 土山小学校講堂 土山（滋賀）
1933 大溝小学校 大溝（滋賀）
1934 中里小学校 中里（滋賀）
1935 豊郷小学校（豊郷小学校旧校舎群） 豊郷（滋賀）
1940 森下小学校 静岡

＊

1913 善隣幼稚園 神戸
1918 川上幼稚園 金沢（石川）
梅花幼稚園 上田（長野）
常田幼稚園（旧常田幼稚園舎） 上田（長野）
1926 松城幼稚園 浜松（静岡）

＊

1922 博愛社 大阪
1927 四貫島友隣館 大阪
1932 中村愛児園 横浜
1934 四恩学園 大阪
1937 久慈社会館（久慈幼稚園） 久慈（岩手）

〔病院〕

1926 佐伯病院 京都
堀内歯科医院 京都
河村病院 京都
ツハタ病院 東京
1927 舞子病院 神戸
1928 高木病院 京都
稲田病院 京都
栖林病院 神戸
バルナバ病院 大阪
1930 磯田医院 瀬田（滋賀）
1931 磯野サナトリアム 神戸
住井医院（旧住井歯科医院） 八日市（滋賀）
1933 岩瀬医院 近江八幡
1938 甲賀病院 水口（滋賀）
国際病院 神戸
1940 豊郷病院 豊郷（滋賀）
岩田産婦人科病院 京都

〔社会・文化施設〕

1918 徳川音楽堂 東京
1922 アメリカン・ボード・ミッション神戸事務所 神戸
フレンド・ミッション寄宿舎 神戸
1924 豊崎市民館 大阪
1928 水口図書館（旧水口図書館） 水口（滋賀）
1931 神戸ゴルフ倶楽部のクラブハウス 六甲山（兵庫）
アメリカン・バプテスト・ミッション事務所 東京

1933　水戸会館　水戸（茨城）
1934　日夏産業組合（日夏里館）　彦根（滋賀）
1935　佐藤新興生活館（山の上ホテル）　東京
＊
1915・1934　醒井郵便局（旧醒井郵便局舎米原市醒井宿資料館）　米原（滋賀）
1921　八幡郵便局（旧八幡郵便局）　近江八幡
1934　今津郵便局（旧今津郵便局）　今津（滋賀）
海津郵便局　海津（滋賀）
1936　大浦郵便局　大浦（滋賀）
朽木郵便局　朽木（滋賀）
1939　畝傍郵便局　奈良

〔商業・オフィスビル〕

1921　加島銀行京都支店　京都
1922　大同生命ビルディング　大阪
1924　加島銀行名古屋支店　名古屋
1926　加島銀行北陸支店（大同生命北陸支店）　金沢（石川）
1931　大同生命横浜支部　横浜
1934　大同生命札幌支部　札幌（北海道）
大同生命仙台支店改築　仙台（宮城）
1935　大同生命東京支店改築　東京
1936　大同生命岡山支店改築　岡山
1939　大同生命松本支店　松本（長野）
大同生命新潟支店　新潟
1940　大同生命京都支店改築　京都
大同生命大阪中央支店　大阪
大同生命宮崎支社　宮崎
＊
1922　百三十三銀行堅田支店　堅田（滋賀）
1923　百三十三銀行今津支店（今津ヴォーリズ資料館）　今津（滋賀）
1924　寺庄銀行（旧滋賀銀行甲南支店）　甲南（滋賀）
1927　ナショナル・シティ銀行大阪支店　大阪
1928　ナショナル・シティ銀行神戸支店（旧居留地38番館）　神戸
ナショナル・シティ銀行東京支店　東京
＊
1917　大丸心斎橋店第一期　大阪
1920・1927　大丸心斎橋店第二期　大阪
1926　大丸京都店　京都
1937　大丸芦屋配送所　芦屋（兵庫）
＊
1919　浅井商店　大阪
1921　城北土地会社　大阪
1922　小川呉服店　唐津（佐賀）
1924　矢尾政（東華菜館）　京都
教文館、主婦の友社　東京
1927　主婦の友社写真館、不二家ビルディング　東京
日本ジェネラルモーターズ社　大阪
1930　丹心マート　京都
1933　今堀時計店　大津（滋賀）
1934　神原薬局　丸亀（香川）
1935　阿部市商店　大阪
1938　不二家軽井沢店　軽井沢（長野）
1941　中沢商店　高知
1942　舞子温泉ホテル　近江舞子（滋賀）

〔住宅〕

1911　G・グリーソン邸　神戸
1912　ヒル邸　仙台（宮城）
メイヤー邸（メイヤー館）　東金（千葉）
W・E・ホフサマー邸、メソジスト・ミッション・ダブル

ハウス　東京
1913　ワーレイ邸　松山（愛媛）
福音ミッション・ハウス　大阪
福音ミッション・ハウス（スタンフォーシャー邸）　東京
伊庭邸（旧伊庭家住宅）　安土（滋賀）
1914　デトワイラー邸　福井
ピアソン邸（ピアソン記念館）　北見（北海道）
ホワイティング邸　東京
1915　ムラー邸、K・西邑邸、E・カフマン邸　東京
フィンレー邸　鹿児島
ミラー邸、ラッセル邸　熊本
ショーファー邸　青森
1916　K・廣岡邸　東京
K・廣岡邸　神戸
Y・徳川邸　東京
大分の家　大分
ザッグ邸　仙台（宮城）
ランク邸　郡山（福島）
1917　F・H・ブレヤー邸　函館（北海道）
1918　J・スギ・バンガロー　宝塚（兵庫）
丸亀ミッション・ハウス　丸亀（香川）
A・山田邸、K・廣岡邸　大阪
1919　フレンド・ミッション・ハウス（キリスト友会フレンズセンター）　東京
B・F・シャイブリー邸　京都
S・松方邸（西町インターナショナルスクール）　東京
1920　T・N・三井邸、アイル邸　東京
1921　諏訪邸（高碕記念館）　宝塚（兵庫）
E・C・ヘニガー邸　松本（長野）
ミッション・ハウス　大阪
Y・野口邸、S・鈴木邸　東京
1922　E・カフマン邸　野尻（長野）

U・見市邸　大高（愛知）
S・F・モラン邸、H・W・ハケット邸　西宮（兵庫）
C・伊藤邸　神戸
文化アパートメンツ　東京
1923　I・田中邸　芦屋（兵庫）
S・池田邸、K・橋本邸　東京
K・稲畑邸　神戸
F・坂田邸　平岡（兵庫）
K・藤野邸　京都
C・立石邸　津山（岡山）
1924　ワース邸　呉（広島）
T・朝吹邸（高輪館）、K・宮田邸、M・浅井邸、T・朽木邸、K・西邑邸、Y・大林邸　東京
T・古川邸、S・田崎邸　神戸
渡辺邸　大垣（岐阜）
B・堀邸　宝塚（兵庫）
M・松井邸　芦屋（兵庫）
K・忠田邸　近江八幡
グリンネル邸　西宮（兵庫）
H・湯浅邸　京都
1925　F・T・堂本邸、A・J・スチュワート邸　東京
J・E・ニップ邸　大津（滋賀）
U・見市邸　名古屋
T・駒井邸（駒井家住宅〈駒井卓・静江記念館〉）　京都
1926　S・中村邸、K・山田邸　京都
T・西松邸　神戸
T・石川邸　東京
1927　S・船岡邸　京都
K・神田邸　東京
I・井花邸　海津（滋賀）
1928　Y・小寺邸、H・A・セラー邸　神戸
ナショナル・シティ銀行大阪支店支店長住宅、副支店長住

宅、経理課住宅、単身者住宅　西宮（兵庫）

1929　S・松本邸、Y・佐藤邸、K・赤羽根邸、Y・山中邸　東京
S・下村邸（大丸ヴィラ）　京都
J・西川邸改築　近江八幡
S・菅原邸　大阪
S・船岡邸（京都工業繊維大学KIT倶楽部）　京都
K・廣岡邸、C・門野邸、K・加藤ダブルハウス、N・野田邸、T・河路邸、Y・小寺邸　東京
I・阿部邸　西宮（兵庫）
C・コヴィル邸、セード邸　神戸
C・広瀬邸　近江八幡

1930　B・宮本邸　大津（滋賀）
ナショナル・シティ銀行神戸支店支店長住宅、経理課住宅　神戸
M・アーウィン・コテージ　六甲山（兵庫）
K・小林邸、T・S・ケナード邸、A・三角邸、Y・森村邸、ナショナル・シティ銀行東京支店支店長住宅、東京
住井邸　八日市（滋賀）

1931　バプテスト・ミッション・ハウス（白滝山荘）　因島（広島）

1932　T・江藤邸、R・M・アンドリュース邸　東京
市川ダブルハウス　堅田（滋賀）
T・小室邸　名古屋
T・室谷邸　須磨（兵庫）
下村昇之助邸　伏見（京都）

1933　フェルプス邸　東京
K・湯浅邸　西宮（兵庫）
富久邸　堺（大阪）
岩瀬邸（村岡邸）　近江八幡

1934　H・ヴェリー邸　東京
B・近江岸邸　堺（大阪）
R・前川邸　今津（滋賀）
小寺家山荘（六甲ヴォーリズ山荘）　六甲山（兵庫）

1935　Z・松村邸　神戸
B・安村邸（コニファー）　延岡（宮崎）
K・津村邸　大高（愛知）
M・平井邸　東京

1936　H・忠田邸（クラブハリエ日牟禮館特別室）　近江八幡
T・内田邸、ルーマニア公使邸　東京
N・八代邸　舞子（兵庫）

1937　Y・林邸　東京
W・Q・マックナイト邸　宮城
N・広海邸　神戸
K・石井邸　千葉

1938　亀井邸（数江邸）　大森（東京）
T・D・ユックラン邸、T・片桐邸　東京
T・岡邸　貝掛（滋賀）
S・寺村邸　鳥居本（滋賀）
蜂須賀ヴィラ　熱海（静岡）

1939　D・J・マッケンジー邸　静岡
S・砂田邸　東京
J・A・マカルピン邸　岐阜

1940　I・畑井邸、K・田中邸　東京

1942　N・矢代邸　京都

〔軽井沢〕

1918　軽井沢ユニオン教会
M・アームストロング山荘（亜武巣山荘）

1924　診療所（ナーシングホーム）

1926・1937　軽井沢集会堂

1929　軽井沢教会

1930　軽井沢会テニス・コートのクラブハウス

＊

1914 G・P・ピアソン・コテージ
1915 E・カフマン・コテージ（カフマン・ハウス「はこぶね」）
1918 G・N・モーガン・コテージ、K・西邑コテージ
1920 R・M・アンドリュース・コテージ
1924 日向コテージ
1930 朝吹家別荘（睡鳩荘）
1932 ハミルトン・コテージ（旧ハミルトン・アンド・ハード軽井沢コテージ）、Y・近藤コテージ
1933 ドージャー・コテージ
1934 A・I・アーチャー・コテージ、J・D・メーソン・コテージ、R・御木本コテージ
1935 H・川崎コテージ（ドーミー・ハウス）
1936 鈴木診療所（片岡別荘）、E・カフマン・ゲストハウス、西川コテージ、ウェル・コテージ、B・ベリック・コテージ、加藤コテージ
1937 R・カメロン・コテージ、J・スミス・コテージ
1938 S・砂田コテージ
1940 押本コテージ、T・三井コテージ
（近江ミッション・コテージは近江ミッションの欄を参照）

〔東アジア地域の作品〕

◇KOREA（韓国・北朝鮮）

1916 Lovisa Holmes Norton Hospital　Haiju 海州
1917 Methodist Bible Wamen Training School（メソジスト女子神学校）　Seoul ソウル
1919 Keijo YMCA　Seoul ソウル
1920 Pyong Yang High School（平壌中学校）　Pyong Yang 平壌
Paget School Anditorium　Seoul ソウル
Songdo High School（松都中学校）　Songdo 松島
1922 Keijo Japanese YMCA Gym.　Seoul ソウル
1925 Y. Akiyama邸　Pusan 釜山
Rev. H. B. Newell邸　Seoul ソウル
1927 YMCA Secretaries' 住宅　Seoul ソウル
1931 Taikyu Bible Institute Dormitory　Taegu 大邱
Taikyu Girl's School　Taegu 大邱
Hamheung Boy's School　Hamheung 咸興
Hamheung Girl's School　Hamheung 咸興
1932 Andong Church（安東教会）　Andong 安東
Ewha College（梨花女子大学校）　Seoul ソウル
1935 Korean Methodist Church　Genzan 元山
1938 Methodist Mission House　Songdo 松島

◇CHINA（中国・台湾）

1913 Hang Chow Christian College　Hangzhou 杭州
1917 Shanghai YMCA　Shanghai 上海
Hangkow YMCA　Wahan 漢口
1936 双葉学院　Dalian 大連
淡水女学校Dormitory　Tanshui 淡水
1937 Mackay Memorial Hospital　Taipei 台北

図版出典一覧

（※数字はページ番号を示す）

下、38、43、44上、44下、46下、47上、47下、49、55左上、55右下、58上、58中、58下、60右上、60下、70上、72下、77中、77下、78上、78中、78下、81上、81下、87上、87中、87下、88中、88下、90上、90下、91上、91中、91下、92上、92下、93、94右、94左、98上、98中、103下、106、107右、107左、109右、113、114右、114左、120中、120下、125上、125中、125下、129中、130、131、132上、132下、144、148、150、151、153、155上、155中、155下、156、159、162、168上、168下、169、171右、171左、172左、174左上、174下、179、180、184上、184下、185下、188上、188下、196、197上、201、208、210下、215右、215左、217、218下、221下、223、224、227上、227下、229、231上、231下、234、242上、243、244右、244左、248上、248右下、248左下、250、252上、252中、252下、254右、254左、257上、257下、260、261上、261中、261下、280下、281上、281中、281下、298、306、308中、308下

吉田与志也 34

索引

〈著者略歴〉

山形政昭（やまがた・まさあき）

大阪芸術大学名誉教授。関西学院大学国内客員教授。工学博士。一九四九年大阪生まれ。京都工芸繊維大学建築学科卒業、同大学院修士課程修了（建築史、建築計画専攻）。「ウィリアム・メレル・ヴォーリズの建築をめぐる研究」で東京大学にて学位取得後、近代建築を中心に調査研究を続ける。著書に『ヴォーリズの建築』『ヴォーリズ建築の100年』『ヴォーリズ建築図面集』（いずれも創元社）、『ヴォーリズの住宅』（住まいの図書館出版局）、『ヴォーリズの西洋館』（淡交社）など。

ウィリアム・メレル・ヴォーリズの建築《けんちく》
――ミッション建築《けんちく》の精華《せいか》

二〇一八年八月二〇日　第一版第一刷発行
二〇二二年九月二〇日　第一版第二刷発行

著　者　山形政昭
発行者　矢部敬一
発行所　株式会社　創元社
〈本　社〉〒五四一-〇〇四七　大阪市中央区淡路町四-三-六
電話（〇六）六二三一-九〇一〇㈹
〈東京支店〉〒一〇一-〇〇五一　東京都千代田区神田神保町一-二　田辺ビル
電話（〇三）六八一一-〇六六二㈹
〈ホームページ〉https://www.sogensha.co.jp/

印刷　図書印刷　組版　はあどわあく

ISBN978-4-422-50128-4 C3052